怡学 主编
北京佛教文化研究所 编

金城出版社
GOLD WALL PRESS

北京佛教人物考

包世轩 著

怡翁书

图书在版编目（CIP）数据

北京佛教人物考 / 包世轩著． —北京：金城出版社，2014.7
ISBN 978-7-5155-1110-8

Ⅰ．①北… Ⅱ．①包… Ⅲ．①佛教—名人—人物研究—北京市 Ⅳ．①B949.92

中国版本图书馆CIP数据核字（2014）第139693号

北京佛教人物考

作　　者　包世轩
主　　编　怡　学
编　　者　北京佛教文化研究所
责任编辑　柯　湘　李　嶷
开　　本　710毫米×1000毫米　1/16
印　　张　19
字　　数　240千字
版　　次　2014年12月第1版　2014年12月第1次印刷
印　　刷　北京金瀑印刷有限责任公司
书　　号　ISBN 978-7-5155-1110-8
定　　价　79.00元

出版发行　金城出版社　北京市朝阳区广泽路2号院东区14号楼
邮　　编　100102
发 行 部　(010)84254364
编 辑 部　(010)64215770
总 编 室　(010)64228516
网　　址　http://www.jccb.com.cn
电子邮箱　jinchengchuban@163.com
法律顾问　陈鹰律师事务所（010）64970501

北京佛教
BEIJING BUDDHISM

总 序

从佛法本身来说，教、理、行、证的修学次第，已经为佛弟子指明了修学的道路。但是，佛弟子因为自己的资质、喜好的不同，往往有所偏向，于是形成不同类型的佛法，如重义理、重实践等区别。但是，作为佛弟子来说，义理的探讨是为了将佛陀所要开示的真实事理，充分、完整地表达出来，如“阿毗达磨”虽然着重于论证“法”的自性、定义、关系等，但是其本意仍然在于“谛理的现观”，最终归宿于修证。那么，重修证的佛教，主要是从利益众生的角度，重视佛法的适应性、实效性，所以对事相的分别比较少，如初期大乘经典以“般若”、“三昧”、“解脱门”、“陀罗尼”、“菩提心”等作为中心，来表达从发趣、修行、证入的历程。虽然存在着这种不同的侧重，但都是佛法的根本都是以义理知识与实践经验相结合为中心。中国佛教其实已经非常明显地表明了这一点，如天台智者大师的教观并重，这是中国佛教的优良传统。《高僧传》将古代僧人分为十科，其中翻译、解义、读诵便属于义解门；而习禅、明律、感通、遗身、护法、兴福，都是属于实践门一类；最后一科“杂科”则是指出家人的外学修养，傍及世间经书、治世语言、礼乐文章等，无不兼通。

但是，传统意义的佛教义解，主要是注疏经、律、论，在“述而不作”中表达自己的理解与观点，当然也有一些专门性的著作。而且，这些佛教义解僧，都是从自己的信仰与经验出发，通过注疏、论著，来达到实践与弘法的目的。南北朝佛教的兴盛、隋唐佛教的辉煌，都与义解的繁荣是分不开的。而禅宗的发展则为中国佛教注入新的生命，重视主体的体认，自己身心的解脱；净土法门的流行，激发了佛教的信仰感情，为佛教走入社会提供了方便。但是，我们也应该看到，随着禅、净的流行，在这种“简单”、“不立文字”的潮流下，中国佛教徒逐渐失去探讨高深佛理、考察繁琐戒律的兴趣。于是，中国佛教重视义理研究的优良传统便丧失殆尽。

但是，另一方面，佛学研究在佛教界之外却成为一门世界性的学问。近代意义上的佛学研究，应该是开始于欧洲殖民主义者侵入亚洲地区，为了维护自己的殖民统治，必须要深入研究亚洲的宗教及其文化。于是，通过接触梵文、巴利文等东方语言，开始了解佛教的理论，消化佛教的教义。在“理性主义”、“科学主义”思想的影响下，这些学者注重现代佛学研究的客观性、纯学术性，形成了佛学研究的现代传统，于是佛教便成为一种学问——佛学。19世纪后期，日本佛教界开始运用西方的学术研究方法，从而推动了日本佛学研究的兴盛与发达。随着“西学东渐”、日本佛教对中国佛教的影响增强，中国开始有了近代意义上的佛学研究，这在当时中国佛教界引起很大的反响与回应，特别突出的如《大乘起信论》、《楞严经》的辨伪，“大乘佛教非佛说”的讨论，“佛教非宗教非哲学”之辩等。同时，佛教界受到时代流行的学术方法的影响，尤其是太虚大师倡导的“人生佛教”运动，高扬佛教理性主义思想，直接推动了佛教界从事佛学研究，这其中以印顺法师的影响最大。但是，相对来说，学术界则在佛学研究上取得了更为瞩目的成就。

改革开放后，中国佛教进入了一个新的发展阶段，经过二十年的努力，佛教界基本上完成了修复寺院、重塑佛像的工作，寺院呈现出游人如织、香火旺盛的现象。于是，培养人才、弘法、学术研究等工作提到首要位置。然而，人能弘道，非道弘人，各方面人才的紧缺无形中遏制了中国佛教事业的发展。而人才的成长与培养，又与佛教界的观念与重视程度是成正比的。

佛教学术研究真正的根本意义，不仅是了解存在于一定时空中的佛教发展形态，更是从现存的文献、文物中，去伪存真，探索其前后延续、彼此关联的因果性，从而更清楚地认识到佛法的本质，及其因时、因地的适应。了解过去佛教的真相，从中承受根本而主要的佛法特质，作为我们信行的基础，这也是非常有意义的。

北京佛教文化研究所以“以法为依，师道庄严”为所训，佛弟子闻熏正法、清净解脱，僧团弘法、办教育，皆应“以法为依”。僧团要清净和合，必须“以戒为师”，受戒、学戒、持戒，言传身教，行为规范、理念相同、经济待遇均衡的清净僧团才能体现出佛教的神圣性，这就是“师道庄严”；而且，在办教育、弘法、文化出版等事业中，更能注重“法”的清净性与“人”的师道，师资相承，清净布施。

“以法为依，师道庄严”，即“法”要清净，“人”要庄严；在“法”

上，要依法不依人；在“人”上，出家人要清净和合，在家居士要恭敬虔诚，僧俗各住其位，方显“法”、“人”的清净庄严。要实现“以法为依，师道庄严”，要以“法”的教育培养“人”，即要注重人才建设，举办僧教育和居士教育；“人”要修学体证“法”，“法”才能体现、呈现，正法才能落实到世间；“人”要深入理解“法”，即要研究、研讨；“人”要弘扬“法”，“法”方能广大，即要注重弘法、文化出版。所以，教育修学、研究弘法、文化出版，是北京佛教文化研究所的三大功能，也是研究所同仁们一起奉献努力的事业。

研究所成立十年以来，相继出版了《放手拈花》、《走近佛陀》、《北京佛教文献集成》、《居士教学丛书》等近百本书籍，举办“佛教节日与民俗”、“辽金佛教研讨会”、“元代北京佛教研讨会”等多次研讨会。现在，又组织出版《汉传佛教研究论丛》，推进佛学研究的发展，促使佛法能够深入社会人心，达到净化人生的效果。这一切呈现了研究所法师们无数的青春热忱，体现了数千名义工、学员们的付出。

祝愿研究所能够走得更远，越来越好！

怡学

2012 年 9 月 1 日

于北京广化寺

目录

辽燕京慧聚寺法均大师及其嫡传弟子相关史事汇考

一、辽普贤大师法均塔

戒台殿院前面（东）阶下，南北并列两座砖塔。北侧七级密檐砖塔是法均大师灵塔，此塔为辽金时期盛行的八角形密檐叠涩式建筑，通高约 14 米。

塔的形制为：下部为束腰式须弥座，座上用砖雕成的三层仰莲。仰莲上为塔身，塔身正面上部嵌有青石塔额。题曰“大辽崇禄大夫守司空传菩萨戒坛主普贤大师之灵塔、大明正统十三年（1448）中秋日筑坛知幻道孚重建”字样。七层塔檐均为叠涩式。第一层塔檐转角之昂，为批竹昂。其上应使用耍头，但做成昂，称为由昂。以上各层转角处施转角斗栱，华栱居中。当心间两朵华栱，泥道栱则隐约不显。塔刹以仰莲绶花承托宝珠为结束。整座宝塔秀丽古朴，尚保持辽、宋时期僧塔的固有风格。

法均塔建于辽大康元年（1075），至明代正统年间已残破不堪，知幻大师道孚重建戒台寺期间，同时将法均大师灵塔予以重修。

戒台寺著名古松——抱塔松，便生长于塔西部阶上。粗壮的古松枝干斜伸向阶下古塔，枝叶几乎将法均塔抱拢起来，气势苍劲，树冠斜生抱塔，为世间罕有的奇特景象。

二、法均大师遗行碑

塔前《法均大师遗行碑》，是法均大师圆寂后的大安七年（1091）所建，为戒台寺中现存最早的石刻文物。碑通高4.18米，宽1.16米，厚0.24米，甚为高大。碑之龟趺和碑首二龙雕造精细，艺术高超，碑文记录珍贵的辽代佛教史事，文章及书法堪入能品，是辽代文物的佼佼者。碑文记述法均大师的生平事迹，是重要的辽代佛教史料。今将碑文校对整理后一并编入，以供参阅。

马鞍山故崇禄大夫守司空传菩萨戒坛主大师遗行碑铭并序

朝议大夫乾文阁直学士知制诰充史馆修撰骑都尉太原县开国子食邑五百户赐紫金鱼袋王鼎撰并书。

昔仲尼既殁，庐墓者哭而失声；叔子云亡，过碑者感而堕泪。吾始讶其然也？及迹其行事，见有遗爱，未尝不揜卷涕泗将下，固知仁义恩泽，深入生灵骨髓也皆尔。

惟我钜辽，奥有高行。其来也，编甿受赐，庆法命之延龄；其去也，举世无聊，惧佛灯之短焰。垂恩亦甚，与上攸同，则我马鞍山故崇禄大夫守司空传菩萨戒坛主大师其人也。

大师讳法均，无字。其幼稚踪迹，与拾得上人、陆羽高士相类。故乡闾族望，此莫得详，兰茁潛幽，珠英閟润，自非精鉴，孰可前知？则有京西紫金寺非辱律师，目击净器，收而教之。聚砂外不为童游，救蚁间皆自天性。及进具，内解结缚，深畏知觉，造次以善俗，雍容而协道。若莲华在水而不著，金刚遇物而能坏。其于持犯，盖得自然，非矫揉戕贼之可致。虽行在毗尼，而志尚达磨，因负笈寻师，不解衣者多岁。为攻坚木，切救头然，以至名数相应，税金吼石，等论宗旨明，曰义类条贯。其破邪，则龙象之蹴踏；其辩正，则师子之哮吼。主盟后进，凡十数季。

清宁七年（1061）春，朝命与能校定诸家章抄，师协舆论，已在数中。会有人力争胜负，欲代师之次者。师因求退，与息贪竞，时议多之。至秋，燕京三学寺论场虚位，公选当仁，复为众推，辞弗获免。岁满，始授紫方袍，赐德号曰严慧，从旧式也。

及受代，亟辞毂下，来隐是山。一之二之日，同行云奔；三之四之日，檀那景附。交尝甘露，互挹清风，日倍岁增，众常累百。咸雍五季（1069）冬，上以金台（金台指燕京城）僧务，繁剧须人，诏委师佐录其事。虑志可夺，其命难寝，因顺山上下众心之愿，始于此地肇辟戒坛。来者如云，官莫可御，凡喑聋、跛伛、贪愎、憍顽，苟或求哀，无不蒙利。至有邻邦父老、绝域羌浑，并越境冒刑，捐躯归命。自春至秋，凡半载，日度数千辈。半天之下，老幼奔走，疑家至户到，有神物告语而然。

越明年，师道愈尊，上心渴见，爰命迩臣，敦勉就道，因诣阙，再传佛制。以石投水，如火得薪，其志交孚，非喻可及，遂肯与永乐北面，尽西土鸣足之敬。翌日，特授崇禄大夫守司空，加赐为今号。师以外臣求免，上以有力见谕。虽深闭固拒，而不懈益虔，至于再三，然后祗受。上悦甚，因为师肆眚，兼免逋负，仍锡宸什，下贲潜德，云：行高峰顶松千尺，戒净天心月一轮。其见谛重如此。复可如愿，遍利群品，乃受西楼、白霫、柳城、平山、云中、上谷泉、本地紫金之请。所到之处，士女塞途，皆罢市辍耕，忘馁与渴。递求瞻礼之弗暇，一如利欲之相诱。前后受忏称弟子者五百万馀，所饭僧尼称于是。间或有暇，力救无告，孳孳焉常若弗逮，惟恐人知也。议者谓无相好度生之缘，给孤济物之力，兼可备者，其在师乎！以苦节素高，励精过当，因感微恙，遂成沉痼。天书屡降，御药继至，尚犹过中不食，竟夕课诵，仍为榜示，遍晓未悟。非以戒为命、视身若无者乌能然？将没前一夕，其山自鸣，禽兽与人皆惧。师亦知缘尽，与众告别，至辨色，恬然而逝。盖世寿五十五，僧腊三十九，实大康元季（1075）三月之四日也。讣至，上矗然者久，特遣使赙赠，吊慰其徒众，仍委留守中门使、太常少卿杨温峤颛董后事。七众号恸，如丧所天，具缞絰者数百人，捨身命者十余辈，则其恋慕也可知已。即以其月二十八日，具礼荼毗于北峪，火灭后，竞收灵骨，以当季五月十二日，起坟塔于方丈之右。官给外，又创建影堂，左右以石建尊胜陀罗尼幢各一，皆众愿所成，聊为追荐，恩深报重，其道玄然。门人上足裕窥等，咸以夙承法乳，难忘戒香，大惧其美之弗传，有时與化而皆尽，遂相与约议，录师遗躅，讬予文之于碑。况鼎久奉清淡，精知密行，是敢条其一二昭昭之大者，以信于后。自余冥感琐屑之事皆不道，亦以存师之志也。铭曰：

岭南江南，牛头虎溪，一隐高行，名与之齐。能席是美，非系乎位，生荣死哀，道尊悳（德）贵。出蓟门焉西观，目岩岫兮巑岏，伊万庳兮参差，何独尊兮马鞍。非以其下，旧有人邪？神灯发焰，古玉绝瑕。善传佛戒，惊破聋聩，能俾阐提，金刚不坏。高辟度门，远迩云奔，始见龙德，来仪帝阍。师子一吼，天聪去豆，上下交孚，如鸟破壳。茂宠朝临，宸章夕吟，褒美佛使，摧伏众心。古谓世险，其来有渐，如何忽然，水流灯焰。嗟我都人，潮音屡闻，到此无聊，如身在焚。空感灵塔，中藏弊衲，物在人往，声悲响答。惟内行兮巍峨，克比峻兮山阿，勒贞石兮仰止，同百世兮不磨。此文可毁，此实难坠，敢告后学，敬之无媿。

大安七季（1091）岁次辛未闰八月戊戌朔壬午日乾时建。法孙比丘悟揔篆额刻字人王惟约。

（1979 年 12 月在北京图书馆善本室，抄录自馆藏该碑早期拓片）

三、法均大师碑文史事解析

法均大师碑形制完备，雕刻精美，在国内辽代文物石刻中堪称凤毛麟角，极为珍稀。

辽代佛教以律宗的发展崛起为其重要特征，法均大师即是辽代弘传律仪的一面旗帜。崇禄大夫守司空传菩萨戒坛主法均，燕京开悟寺内殿忏悔主、特进守太师、辅国通圆大师法赜，据考为一师同门高僧，他们都是燕京开悟寺金刚大师的得法弟子。开坛传戒，弘持律仪，名动五京。据《大安山延福寺碑》记载，这个律宗系统与从事房山云居寺石经刊刻事业的通理恒策为大师曹洞宗僧系，一同在北京西山推动佛教事业的发展，留下史迹佳话，值得研究总结。

考证逐次进行，先说一下范阳王鼎。

辽代有两个王鼎，均为辽清宁八年进士。一为辽人，一为范阳人（今涿州）。撰此碑之王鼎为范阳王鼎无疑，因大康元年（1075）为法均所建经幢上，镌刻“范阳王鼎撰文”字样，是“受戒弟子范阳王鼎”身份及与法均大师关系的真实记录。

王鼎生平事迹《辽史》中有记述。王鼎（？—1106），字虚中，范阳人（今河北涿州）。道宗清宁进士，通经史，善诗文，道宗朝典章多出其手。通达政体，刚正不阿，道宗遇事多所咨访。先后担任易州观察判官、涞水县令、翰林学士、知制诰、史馆修撰、观书殿学士等职。大康年间（1075—1084），因事得罪，流放镇州。大安年间召还，复官。乾统六年（1106）卒。

王鼎碑文引用西晋羊祜“堕泪碑”典故。羊祜（221—278），字叔子，泰山南城（今山东费县西南）人，博学能文，清廉正直，西晋开国元勋。羊祜都督荆州诸军事，驻襄阳。死后，其部属在岘山羊祜生前游息之地建碑立庙，每年祭祀。见碑者莫不流泪，杜预称之为堕泪碑，堕泪碑为羊祜而建。

关于碑中提到法均行化地之“西楼”。据辽人赵志忠撰《虏廷杂记》称：“太祖自号天皇王，始立年号曰天赞，又曰神州，国号大辽。于所居大部落置楼，谓之西楼，今谓之上京。”辽之上京在今内蒙古赤峰市巴林左旗（林东县）南波罗城。辽圣宗时在今赤峰市宁城西大明城修新都，号中京。辽朝中枢所迁至中京城，上京仍为辽都。据此碑，大安间仍以“西楼”称之。

白霫为今辽宁建平县东，是辽东京辽阳府属地。

柳城即今内蒙古赤峰市，古称百柳城，辽中京所在地域。

平山似是平州之误，今河北省卢龙县。

云中为西京大同府的古称，即今山西大同，有著名的云冈石窟、上下华严寺等佛教圣迹。

上谷泉为上谷郡古称，汉为“泉山县”地，包括今门头沟区西部的斋堂川。主体是河北省怀来、涿鹿一带，即古上谷郡地。其上谷泉系指涿鹿县矾山之“黄帝泉”，泉水盛名，世间罕匹。

“本地紫金寺”——本地指地处北京西山的辽玉河县地，含括斋堂川、大安山。紫金寺也是玉河县属地，在北京市门头沟区田庄村，即法均少年出家的寺院。

法均族里在哪里？碑中提供了信息，他少年出家依紫金寺非辱律师；受“本地紫金寺之请”弘戒；紫金寺就在北京西部山地间。再参之其弟子裕窥，在法均逝后尝有紫金寺之行，举办赈饥等善事，进一步证实紫金寺不仅是法均少年出家之地，同时也是他的家乡。据明《宛署杂记》记载推测，辽代紫金寺在门头沟区雁翅镇田庄村，即现存的“紫荆寺”遗址。

北京西部山地，辽代属南京道六州十一县中的玉河县。不仅如此，辽代本地还出现过一位著名的高僧，即刻制云居寺石经的通理大师，他是矾山县人（今河北涿鹿县矾山堡），少年肄居宝峰寺，宝峰寺在今门头沟区西斋堂西北的山坡间，现残存，仍以宝峰寺称之。

此碑高 4.18 米，宽 1.16 米，厚 0.24 米。龙首龟趺极具辽代艺术特色，且历史艺术价值尤为突出。

关于范阳人（涿州）王鼎，值得多说几句。王鼎的官职镌刻碑上已清楚，在为法均所建经幢间有“受戒弟子范阳王鼎撰文”的记载，所题为大康元年幢。

辽范阳县辖界，包括为河北涿州市及北京房山区南部，是辽范阳县。依据碑文、经幢文的记载，可把辽人王鼎和范阳王鼎的身世经历加以区分，具有历史价值，对辽史研究大有裨益的。

另据《天府广记》卷三十三：“王鼎，涿州人，博通经史。时马唐俊有文名，适上巳与鼎祓禊水滨，因饮索鼎赋诗，鼎援笔立成。唐俊惊其敏妙。举进士，累官翰林学士，当代典章多出其手。”

范阳人王鼎不仅是南京朝官，还是法均大师的“受戒弟子”，以他的身份地位，为法均遗行碑、经幢撰文，当是理所当然的事情。

四、辽大康元年、三年石经幢

戒台殿院外左右分立经幢两座，皆为纪念辽法均大师圆寂所建。经幢以汉白玉石雕造，通高 2.5 米，形制相同，底部是覆盆式幢座，其上为八棱形石柱幢身，经幢顶部设置一个八角石檐加一个扁圆内凹曲线形幢盖。

其一，《佛说佛顶尊胜陀罗尼幢》，大康元年（1075）七月二十四日建。经幢除经咒外，镌刻《行满寺尼惠照建陀罗尼幢并记》，受戒弟子范阳王鼎撰文，采用极纯熟的行草书体，取法王羲之书法风格。

其二，《大悲心密言幢》，大康三年（1077）三月十四日建。经咒外，镌刻《奉为故坛主崇禄大夫守司空传菩萨戒大师特建法幢记》。

这两座经幢造型简洁，坚固秀丽，除文字内容外，其石质、造型结构完全相同。

1. 大康元年经幢考述

大康元年经幢，幢记漫漶过甚。其刻文经查早年拓本一并予以过录。

> 佛顶尊胜陀罗尼并序（经咒未录）。
>
> 行满寺尼惠照建陀罗尼幢并记。
>
> 受戒弟子优婆塞范阳王鼎撰文。
>
> 文曰：噫！尊莫尊于师长，重莫重于君亲，义本在三恩，无與二况。华昨承法雨，润未离身，俱想戒雷，声犹在耳。痛旧山而忽隐毫相，惊新塔而已外毡依。差无化火之能，恨不异云而从。今但坛哀座下，抆泪庵前，求道阴之明，则梁木其坏。思法恩之报，则昊天罔极，其不可已，当如之何？乃建妙幢，上刊密印，讬难思之句义，变无尽之光明。岁增圣道之缘，兼塞妄情之恋。愿于北地，开天眼以照临，不舍下根，运神力而加被，用携信手，直至道场。期此涓尘，少报万一。
>
> 维大康元年（1075）岁次乙卯七月辛酉朔二十四日甲申庚时建。

大康元年幢记撰文者范阳王鼎，与法均遗行碑撰文者显然是同一个人。

这两座经幢间题名僧众，经比较核对完全一致。两座经幢保存完好，唯文字已有漫漶，实为缺憾，当是非常珍贵的辽代石刻文物。

戒台寺山下一带村落历史悠久，出土文物足以为证。2000 年夏季在戒台寺山下的永定镇何各庄村小学校出土石刻佛像一尊，为青石高浮雕一佛二菩萨造像，并带背光。石高约 1.6 米，宽约 1 米，从佛造像风格上看是北朝东魏时期雕造，证实此地佛教传承历史的久远，惟佛造像残毁较严重，为一憾事。

据此辽代经幢间题刻分析，“崇国寺大兜率邑邑长前管内左街僧录净慧大师赐紫沙门裕方”，“邑人前燕京管内僧录诠论大师赐紫沙门裕企”。从这些职司、名衔分析，慧聚寺的传戒资格，完全由辽南京城内的僧官——僧录以及“崇国寺大兜率邑”来决定，他们的认可决定着谁有传戒的资格。

故法均后裕窥、悟敏、悟铢相继为戒坛坛主，仍延续着法均大师开创的传授“大乘三聚净戒”的职能。但在辽末建福元年（1122）确发生变故，慧聚寺佛教律宗的传戒资格被“慧聚寺悟缠”所承续，这显然与南京城官僚与僧官的决定有关。法均大师嫡系弟子所秉持的“大乘三聚戒本”在悟缠短暂持有之后，即由别寺高僧持有而流出慧聚寺。此后，戒本在燕京城各大寺院由别系高僧持有，并仰仗此戒本，在燕京城内从事不间断的传戒过程。此戒本流传有序，自辽末、金朝，一直传持到元朝末年。[1] 足见此戒本秉承之久，影响之深远。

2. 大康三年经幢述考述

经幢八角形，有 5 个石面刻楷书《圣千手千眼观自在菩萨摩诃广大圆满无碍大悲心密言经》；2 个石面刻《奉为故坛主崇禄大夫守司空传菩萨戒大师特建法幢记》；僧众题名占 1 个石面。铭文如下：

> 文曰：于戏！道尊德贵，自古而然；生荣死哀，非□能致。惟感人之深者，则报礼之重焉！伏自我故坛主大师，能事既周，化缘忽尽，四生孺慕号咷，如丧于所天。七众心摧，擗勇疑无于厚地。虽宝棺备礼，白毡送终，尚增难舍之哀，莫抑无穷之悲。遂当遗塔

[1] 危素《大崇国寺坛主空明圆证大法师隆安选公特赐澄慧国师传戒碑》。

前建胜幢，仰凭佛印之大威，上答慈云之巨荫。庶兹尘影俱变光明，俾因地而速见法身，满果海而长为佛事。今法嗣等共思追远，所集至微，岂能必报深恩，聊用表吾诚意。

维大康三年岁次（1077）丁巳三月辛亥朔十四日甲子坤时建。

门人传戒大师讲经律论赐紫沙门裕窥，三学寺经法师诠圆大德讲经律论沙门裕贵，□□大德讲经律论赐紫沙门裕林，净戒大德讲经律论沙门裕文，通净大德讲经律论赐紫沙门裕仁，通净大德讲经律论赐紫沙门裕和，业论沙门裕净、裕正、裕祥、裕谛、裕世、裕显裕转、裕振、裕权、裕徵，赐紫沙门裕依、当寺圆通大德赐紫沙门裕住，崇国寺大兜率邑邑长前管内左街僧录净慧大师赐紫沙门裕方，邑人前燕京管内僧录诠论大师赐紫沙门裕企，邑人提点张□恒、邑人杨□、邑人王□、邑人曹□□，邑长康德从、邑证石玉、邑录邢文正（共计130余人名，略）。

此节中之邑人、邑长、邑证、邑录等，均是寺院的檀信、护法、佛事活动的职事人。据考是戒台寺附近村落的人士，即今门头沟区曹各庄、石门营、何各庄等村落，其姓氏家族至今兴盛。

五、辽法均大师传记

明代《补续高僧传》卷十七记载：

法均，族里失详。兰茁潜幽、珠英秘润，人莫之知。唯京西紫金寺非辱律师异之，收为童子，究律学，谨持犯，得性自然，非矫揉也。虽行在毗尼，而志尚禅悦。寻师指决者十余年，封被危坐，切甚头然，似有发明者。

清宁中被征校定诸家章抄，或有艳之谋为代者，师力求退，与息贪竞，时仪多之。道声遐震，授紫方袍，师号。久之归隐马鞍山，远迩挹其清风。咸雍间上以金台（京城）僧务繁剧，须才德并茂者录其事，佥以非师不可。命亟下，虽欲退辞不可得也。

当是戒坛肇辟，来集如云，师为大和尚，俨临万众，虽遐荒绝域、冒险轻生自万里而来。冀一瞻慈范，一领音教，如获至宝而还。似有神物告语而然者。

辽主渴思一见，上待以师礼，后妃以下皆展接足之敬，旨授崇禄大夫守司空，并传戒大师之号。宠以诗章，有‘行高峰顶松千尺，戒净天心月一轮’之句，其见重如此。后屡应巨刹，一以弘戒为事。所至之处，士女塞途，皆罢市辍耕，忘饥与渴，递求瞻礼弗暇，一如利欲之相诱。总计前后领戒称弟子者，至五百万余，饭僧之数称是。其余因闻而施，触目之为，筹草木不尽义孳孳焉。尝若弗逮，惟恐人之知也。

劳而感疾，虽食饮罕，而进力靡懈，晓示学众，谆谆以务戒为言。以大康元年（1075）三月四日怡然别众而逝。世寿五十五，僧腊三十九。讣闻，辽主悼叹，命太常卿杨温峤董后事。七众哀号，如失恃怙。荼毗收灵骨塔于方丈之右。或吊之以词曰：

出蓟门兮西观，目岩岫兮巑岏。伊万庳兮参差，何独尊兮马鞍。非以其下兮旧有人耶，神灯发焰兮古玉绝瑕。传佛戒兮警聋瞆，提金刚兮摄魔外。高辟度门兮远迩云奔，利见龙德兮来仪帝阍。师子一吼兮天鵽去豆，上下交孚兮如鸟破壳。梵音昼宣兮宸章夕吟，叹师德无既兮悬悬千古之心。

师辞世，继其道者曰裕窥。（《补续高僧传》卷十七）

六、慧聚寺普贤大师法均身世籍贯考证

法均（1021—1075），辽重熙五年（1036）出家为僧，族里失详。“前知则有京西紫金寺非辱律师，目击净器，收而教之。”考此“京西紫金寺”为法均弟子王鼎在碑文中所称其出家之地。且地处“京西”——即辽南京城之西，因此不必

在辽金故城中去寻求了。从“京西”这一地域推断，此紫金寺当在辽玉河县辖地，即碑文所称“本地紫金寺”。玉河县地处西部山区，多为闭塞的乡间村落，故史实失载，王鼎无由下笔，留下缺憾。著者考证，法均少年出家依止的紫金寺，是今门头沟区田庄乡田庄村的一处古刹遗址，旧名为紫荆寺。

据《宛署杂记》卷十九：“紫荆寺，在田家庄。相传隋田真、田广、田庆兄弟三人分居，议分紫荆，一夕枯死。兄弟感悟，复合，荆亦复荣，即此地也。”1984年文物调查，考寺址，东向，位于村中部的坡地间，前为河谷，山林果树梯田，牛羊欢叫，一片牧歌场景。寺院旧址西部一峰突起，山势雄奇，具有风水大气象。当初未考据此事时，著者过此每每驻足盘桓欣赏，不愿离去。寺址仅存民国时期修建的殿宇三间，今称大佛殿，颇简陋，已非旧貌，盖即紫荆寺旧址。“金”、“荆”音同，盖法均碑撰文者王鼎所误记。

京剧著名剧目《紫荆树》、《打灶分家》，均以隋代田姓三兄弟故事为原型，概源于此。

又据法均弟子《裕窥传》亦可证实，“歉岁尝抵紫金寺，赈饥人飦粥，或告爨下乏水，窥以杖揕地，掘尺余得甘注……”据此，可知法均少年出家即在此紫荆寺。裕窥不忘师恩，故尝有紫金寺之行，还有劝渔者、罢狩猎、童子牧牛等事，亦与紫荆寺山区地貌相合。这座山村古老的紫荆寺，即是法均少年出家的寺院，同时可能就是法均大师的家乡。

田庄村紫荆寺西部奇峰高耸，山势雄奇壮阔，洵世间罕见，至今乡民仍以紫金（荆）陀称之。

据此得出结论，法均大师是燕京本土人士，其家乡即辽燕京玉河县田庄村。

法均16岁时在家乡寺院——紫荆寺出家，依非辱律师受戒。“虽行在毘尼，志尚达摩。因负笈寻师……”他对仅仅学习清规戒律表象感到不满足，因此开始四处游学，寻访高僧大德，精进不息后果有所成。“以至名数相应，税金、吼石等，论宗旨明，曰义类条贯。其破邪则龙象之蹴踏；其辩正则狮子之哮吼，主盟后进几十数季。”

这一时期，法均大师修为、学术大进，在燕京佛教界理论和声名地位得以确立。显然法均是一位彻悟律宗底蕴的智者，弘扬律仪的巨匠，遗憾的是，在遗行碑中竟未列举一位他曾参访过的高僧。

清宁七年（1061）春，大师41岁，“朝命与能校定诸家章抄，师协舆论已在数中，会有人力争胜负，欲代师之次者。师因求退与息贪竞，时议多之。”同年秋“燕京三学寺论场虚位，公选当仁，复为众推，辞弗获免。岁满始授紫方袍，赐德号曰严慧。”法均大师在主持三学寺论场时，得到辽道宗赏识，赐紫袈裟，并授“严慧大师”号。离燕京城三学寺后，“亟辞毂下，来隐是山（慧聚寺，今戒台寺）。一之二之日，同行云奔，三之四之日檀那景附，交尝甘露，互挹清风，目倍岁增，众常累百。”

咸雍五季（1069）冬，辽道宗以僧录司“僧务繁剧需人，诏委师佐录其事”，此时法均大师“始于此地肇建戒坛。来者如云，官莫可御，凡瘖聋、跛伛、贪愎憍顽苟或求哀，无不蒙利。至有邻邦父老，绝域羌浑，并越境冒刑，捐躯归命。自春至秋凡半载，日度数千辈。半天之下，老幼奔走，移家至户到。”此时法均声名远近皆知，其在辽南京（今北京）地区至高无上的地位得以奠定。咸雍六年（1070）“师道愈尊，上心渴见，爰命迩臣敦勉就道。因诣阙，再传佛制。”十二月戊午“翌日特授崇禄大夫守司空加赐今号（普贤大师）。”此后法均巡行辽国各地，曾到上京西楼，白霫、柳城、平山、云中、上谷泉、本地紫金寺等地，宣讲经律，“所到之处，士女塞途，皆罢市辍耕、忘馁与渴，递求瞻礼之弗暇，前后受忏弟子五百万余众。”

据明《补续高僧传》卷十九：“辽主渴思一见，上待以师礼，后妃以下皆展接足之敬。特旨，授崇禄大夫守司空并传戒大师之号。宠以诗章，有‘行高峰顶松千尺，戒净天心月一轮’之句。”又据《辽史》卷二十二记载：“（辽道宗）咸雍六年十二月（1071）戊午，加圆释、法钧二僧并守司空。”辽道宗刺舌血以金泥亲书“大乘三聚戒本”，将此戒本授法均，此举是对法均主持戒坛成就的最高嘉赏。

法均大师于“大康元年（1075）三月四日示寂，三月二十八日具礼荼毘于北峪。竟收灵骨，以当季五月十二日起坟塔于方丈之右。又创影堂，左右以石建尊胜陀罗尼幢各一，皆众愿所成。”

法均大师塔前建有遗行碑，大安七年（1091）闰八月立，是在法均大师示寂

16 年后建造完成的。

又据明《补续高僧传》卷十七：法均大康元年（1075）三月逝后，塔于方丈之右。或吊之以词曰：“出蓟门兮西观，目岩岫兮巑岏。伊万库兮参差，何独尊兮马鞍。非以其下兮旧有人耶，神灯发焰兮古玉绝瑕。传佛戒兮警聋聩，提金刚兮摄魔外。高辟度门兮远迩云奔，利见龙德兮来仪帝阍。师子一吼兮天骢去豆，上下交孚兮如鸟破壳。梵音昼宣兮宸章夕吟，叹师德无既兮悬千古之心。”这篇吊词引自法均碑铭，辽王鼎撰写，明代编著的法均大师传皆录自《法均大师遗行碑》，且只字未改。

法均大师圆寂后，荼毘于北峪，即今戒台寺以北三里的一处山谷，即西峰寺。明清时西峰寺存唐慧聚寺俊公塔、元月泉新公石幢塔。月泉幢塔是民国早期戒台寺主持达文和尚移回戒台寺保存的。

两座辽代经幢尚存原址，近千年来从未曾移动过。经幢西部是戒坛院的山门殿，即辽代法均大师影堂旧址，辽代是供奉法均塑像或画像殿宇。

不仅法均大师是辽燕京本地人士，辽代云居寺刻经的通理恒策大师亦是本地——在辽玉河县斋堂宝峰寺出家的著名高僧。法均大师徒孙——戒台寺第五代圆拱，据考是戒台寺山下冯家里人士。这些辽金时期声名卓著的高僧，均是北京西部山地乡民子弟，在中国佛教史上留有弘法业绩。历史上北京西山经济、文化独具特性，相辅相成，成就人才，涌现诸多学行优异且具影响力的佛教高僧。

七、法均与法赜为同门第僧人

关于法均大师师承，有一个线索可供参考。《大安山延福寺碑》，辽天庆五年（1115）立。碑中记载三位著名高僧事迹，即通圆大师法赜、通理大师恒策、通悟大师恒简。其中法赜拥有“燕京开悟寺内殿忏悔主、特进守太师、辅国通圆大师”的崇高身份。

从通圆大师法赜身世师承分析，他与法均是同门第、同辈分的僧人，皆排“法”字辈序。

据辽《大安山延福寺碑》记载：

燕京开悟寺内殿忏悔主、特进守太师、辅国通圆大师者。

师讳法赜，姓郑氏，燕京良乡县南石村人。生而神俊，性异常童，幼喜佛乘，志乐出家，礼燕京开悟寺金刚大师为师，年未满而受戒品。登于学肆，花严为业，才预文义，天朗曜伏，以容仪□伟，骨气昂藏，神用耸拔，辞音朗润。因倦学肆，访寻山水，闻此莲花胜槩杖锡而至，与通理策公同时挂锡。自届此居，心坚志爽，唯务□学。冥心正受乎，寂寂然心虑虚怀。端身坐耸乎，亭亭然旦夕无倦。孤行异操类松竹常青；节志骨刚若硕石弥固。虎奔鹿难一喝而驻足蹲躯，自卜休贞下卦而一缗独立，尝经岛出而自言。日后当为佛法中大器，得岸忘忧，傥无此能甘后坠溺。言讫而进，将及海心则湲换尽绽，蹑蹑唯足下冰凝，左右则滟澒沸腾。雄雄似海神捧出，师之实德道播群方。

道宗皇帝美其道风，行业恢隆，愿一瞻礼，宣请而至。睹师道器宇量环奇，尤加弥重，特赐紫袍、通圆之号。当今天祚皇帝宣请为内殿忏悔主，加特进守太师、辅国通圆之号。钦师弥德，不类于常。自此因缘大化，至于燕西紫金寺开坛，含灵步礼而来受忏灭罪者，日不减二十余万。五京三学龙象皆来奔凑，求摄为资者约千万焉。至乾统四年示疾而殁。五京门徒近□千数；著紫门徒近十有余人；寮宰已下愿摄为弟子丕计其数。寿五十五，灵骨舍利勅葬建塔本寺坟山云尔。

依据碑文可得出结论：法均与法赜为同门，都是燕京开悟寺金刚大师的弟子。法均出家紫金寺，礼非辱律师为师，必然把紫金寺视为祖庭。而金刚大师也把紫金寺视为祖庭，法赜因袭此制，亦有紫金寺之行。金刚大师、法赜或许是在紫金寺出的家，法均、法赜与紫金寺的殊胜因缘，肯定与他们的师承有关。玉河县山区大安山延福寺、紫金寺，都是辽代著名寺院，是创建于唐、辽的大寺院，在北京地区是重要的佛教历史文化遗迹。

辽史专家陈述先生《全辽文》辑录一篇辽代幢文，涉及法均大师身世，特引录于此。

特建葬舍利幢记（咸雍八年段温恭）

夫以觉皇示灭于双林，遗骨争持于八国，洎捧瓶坛，咸兴窣堵，以至一丈六尺之金容，具瞻顿失。八万四千之宝级，相望而成，肇从印土届支那，历世弥深，降年尚远。

迨至于今辰，圣贤出矣，即有燕京西紫金寺前三学寺论主崇禄大夫守司空传戒大师，讳法钧，锺普贤之灵，孕凡夫之体，早识归依之路，幼达苦乐之宜。以智为刃，烦恼潜摧。以惠为灯，暗迷洞照。其行高，千尺拓松森岳顶；其戒洁，一轮明月印天心。德既优茂，心复爱慈，常疚怀于众生，思共成于正觉。

是以去咸雍六祀（1070）四月八日，于马鞍山惠聚寺内开大乘菩萨戒坛，广度于四众，使之灭六根罪，增十善心。诸恶早除，余疾兼免，不听者听，不语者语，手足拘挛者皆得伸之。翌日清朝，四色莲花捧日现矣。余之胜事，纷若难名，无所具录。洎南宋简来求戒者，不可胜录，自古及今，未之有也。

故我涿州新城县衣锦乡曲堤里邑众，中书省大程官刘公讳清等，洎当村院内业经律论大德讳善□，抱玉璞之淳诚，持水轮之净戒，皆一代之□人也。遂同去南北朝驿路上，设无遮之飦，济求戒之人。益励虔诚，潜膺多福，于设飦之所，遂复感应舍利一粒，不逾数日，大小自至二十馀粒。曾遇阴霖，不果设飦。

有当邑门前枢密院大程官刘公讳善，虔请于家内供养。至翌日早晨，圆毫俄现，方圆盈尺，信所谓不可思议殊胜者哉。乃与邑众同弘誓愿，期备窨藏，若起塔则止藏其舍利。功德惟一，建幢则兼铭其秘奥，利益颇多。况尘扬影覆，恶脱福增，岂不谓最胜者欤。于是同鸠净赂，恪募良缘，石采环贞，匠征郢俊，建尊胜幢，葬□如来。

首于当村精舍内前堂东南隅营其鉅址，周稔未逾，殊勋告毕。□然标□□之仪，屹尔耸擎天之势。成集有异，得益弘多，或瞻礼者，永出迷津。或旋绕者，当登彼岸。自是不惟率土之群生，繁祥悉沐，亦使抹尘之多劫，胜刹长存。切以某布金乏地，斯玉有瑕，一无悬市之能，敢有刊石之作。幸众坚托，聊为直书。

皇朝建号咸雍八年（1072）岁次壬子四月大庚戌朔三日壬子午时特建。

（民国《新城县志》卷十五，文末书“涿州范阳乡贡进士段温恭撰”十二字。）

八、辽慧聚寺传戒大师裕窥

辽代慧聚寺（戒台寺）法均大师大康元年（1075）辞世，由其弟子裕窥继任法席。弘扬戒律，大阐宗风，为马鞍山慧聚寺戒坛第二代传戒宗师。裕窥没而传悟敏为第三世，悟敏金皇统元年（1141）圆寂，传于悟铢为第四世。悟铢金贞元二年（1154）入灭，传位于圆拱为第五世，其后事略遂不可考。

据《补续高僧传》卷十七：

裕窥（1050—1119）籍贯失载，守德严戒，有师之风，辽主嘉之，仍袭传戒大师之号，赐崇禄大夫检校太尉，提点天庆寺。并赐御制菩提心戒本，命师开戒坛，说戒一如师在日，年七十而化。

据戒台寺金天德四年（1152）《传戒大师遗行碑》与《补续高僧传》记述考辨，裕窥约圆寂于辽天庆九年（1119），时年70岁，推算当生于辽重熙十九年（1050）。法均大师弘法时期为入门弟子，大康元年（1075）法均大师圆寂时，裕窥26岁。寺僧为法均建二法幢，幢间第一位题名者即裕窥。时称“门人传戒大师讲经律论赐紫沙门裕窥”，在燕京佛教界声望地位已很显扬。据僧传与碑刻，裕窥与其师法均一样，皆乡籍失载，不知是来自何地人士。

但依据裕窥传记记载，约略可考知法均乡籍。“窥性退让，每事不欲上人。劝人完慈止杀，渔者焚网更业数十家。奏罢猎地，置义仓，备凶岁者数处，方说戒时，有食鱼者，肉上现光气，其人惧而茹素，即过黑栰野，有童子牧牛，牛见窥至，跪而迎之。其主即以其牛并童子为奉。中年亦预僧务，僧以事至窥，先好语诱掖，终于无讼，其人辞谢，乃以念珠一串付之。歉岁尝抵紫金寺，赈饥人飦粥，或告爨下乏水，窥以杖挝地，掘尺余得甘注，暨终事取足。窥既去，水亦随竭。此窥跡之概尔，窥如是师，可勿详而悉矣。”

从劝捕鱼、狩猎、童子牧牛、爨下乏水等情况分析，为依山傍水的地理环境，与法均家乡即京西深山区田庄村相同。而歉岁到紫金寺舍粥之举，更有探究的必要。因这座紫金寺正是法均出家为僧的寺院，裕窥秉承师志，不忘师恩，故有于此舍粥之举。

据法均大师传记考述，紫金寺在门头沟区田庄村。裕窥所施行的种种善举，正符合田庄村一带的山村风貌。裕窥到紫金寺等善举，正是为纪念其师法均。这一带山村，辽代属玉河县辖下村落。

裕窥籍贯，为辽中京道大定府富庶县（今辽宁建平县）。据《补续高僧传》卷十七《悟铢传记》:“悟铢出家因礼白霫太尉传戒大师，执弟子之役。”悟铢为慧聚寺第四代传戒大师。悟铢之师即裕窥，白霫为裕窥乡籍，太尉大师系裕窥受辽帝所赐检校太尉之职事，所指即法均弟子裕窥无疑，白霫据考即大定府富庶县地。

裕窥受到辽帝室特殊恩宠，曾提点天庆寺，并主持慧聚寺皇坛传戒事务达 45 年之久。历经大康、大安、寿昌、乾统、天庆时期，历事道宗、天祚二帝。如此长久稳定地担任一座寺院的主持，在佛教史上是较为罕见的历史现象。

裕窥逝后建塔于寺内戒台殿南部坡地间，近年曾有舍利函于此出土，石函现仍存于寺内。

九、金慧聚寺悟敏大师传

悟敏大师历辽末金初两个朝代。曾受业于法均、裕窥二师，又曾参访辽末通理大师、寂照感大师，皆辽代最负盛名的高僧大德，际遇之厚，实天下罕匹的大因缘。

明《补续高僧传》卷十七：

悟敏（1057—1141），临潢孙氏子，幼聪警，十四岁著扫塔衣事佛。时普贤大师（法均）以有道征，见而奇之，录为弟子，携之入京。貌重言谦，洒扫应对，甚得其职。王公大人为加赏识，受经于师，宏轴巨卷，他人读之浃旬，仅能同敏一日而毕。洎普贤示寂，从法兄裕景习业，通唯识论，对众析义，辩若涌泉。宿学硕德无不叹息，以为不可及，敏未尝以是自多。远近争挽说法，不顾而去，谒通理策公，又见寂照感公，密受指迪，所资益深。黜聪明坠肢体者又十年，而后出世，禅以自悦，戒以摄人。

普贤（法均）为戒坛宗师第一世，普贤传窥，窥没而传敏，为第三世。锡紫服师号，所度之众，不减于乃祖若父，復得悟铢而传焉，绳绳不绝，律座益尊。皇统元年（1141）入寂，寿八十五，夏六十五。

敏天资浑厚，不事雕琢，护戒如珠，微细无越，且尚贤务施，至老无倦。主大道场凡二十二处，禀戒者逮五百万。静定之外，课诵行持，皆有常数。或疑以道杂，敏笑曰：八万法门，皆吾心之用，何杂之有！既化，荼毗烟凝成云，五色相映，舍利若小珠，倏一倏多，或相倍蓰，人争取而宝之，异哉！是亦戒光之验尔。

据戒台寺金天德四年（1152）《传戒大师遗行碑》记载，悟敏大师生平有几处与传记有异。碑称普贤（法均）没，从法兄裕窥习业。据碑，悟敏大师皇统元年七月十八日示寂，其年十月八日葬舍利于寺西北隅。

十、悟敏曾参访通理恒策、寂照感禅师

悟敏参访的通理策师（1049—1098），是辽代著名高僧。号通理、字恒策，其最突出的功绩在于续刻房山云居寺石经。据辽沙门志才《大辽涿州涿鹿山云居寺

续秘藏石经塔记》:“有故上人通理大师，缁林秀出，名实俱高。教风一扇，草偃八宏。其余德业具载宝峰本寺遗行碑中。师游兹山（云居寺）寓宿其寺。慨石经未圆，有续造之念。……至大安九季（1093）正月初一，遂于此寺开放戒坛。仕庶道俗入山受戒，……方尽暮春，始得终罢。所获施钱乃万余繦，付门人见右街僧录通慧圆照大师善定，校勘刻石。石类印板，背面俱用，镌经两纸。至大安十年钱已用尽，功且权止。碑四千八十片，经四十四帙。题名为录，具列如左。未知后代谁更续之。又有门人讲经沙门善锐，念先师遗风不能续扇，经碑未藏，或有残坏。遂与定师（善定）共议募功。至天庆七年（1117），于寺内西南隅穿地为穴，道宗皇帝所办石经大碑一百八十片，通理大师所办石经小碑四千八十片，皆藏瘗地穴之内。上筑台砌砖建石塔一座，刻文标记，知经所在。”

这是辽天庆间沙门志才关于云居寺续刻佛经情况的真实记录。关于辽代续刻佛经的通理大师，以及与戒台寺悟敏之因缘已如前述。通理大师为今河北涿鹿矾山人，本名义从，少年出家，肄居宝峰寺崇谨为师（今北京门头沟斋堂宝峰寺）。成名后尝山居在大安山延福寺，以及百花山千佛崖山寺，深得辽帝契重，于内廷说法。时人称之为曹溪的嗣，有天下大名的三人：即通圆大师（1050—1104）、通理大师、寂照感大师。（事见天庆五年《大辽燕京西大安山延福寺观音堂记并诸师实行录》碑）

通悟大师恒简，通理大师恒策均是崇禄大夫守司徒通慧大师守臻得法弟子，事见大安山碑阴所记恒简身世，“遂礼燕京永泰寺疏主臻公为师，与通理策师同门尔。”臻公所指即守臻。

房山车营谷积山院现存辽大康四年（1078）《张君于谷积山院读经记碑》，首题下有“当山疏主崇禄大夫守司徒通慧大师赐紫沙门守臻、当山提点宣法大师赐紫沙门恒亶”题名一行，字迹细小，考证者从未提及。此碑及题记显然与刊刻云居寺石经有关，是疏主守臻校勘准备雕刻的云居寺佛经底本史事的珍贵记录，校勘的地点就在谷积山院。据此题记，可知谷积山院与辽代云居寺刻经事业有关，价值极为特殊。在中国佛教史上，谷积山院具有同样重要的历史意义。而宣法大师恒亶与恒简、恒策一样，同为守臻弟子，一同从事刻经的伟大事业，理当予以褒扬。辽纸本大藏经中，疏主守臻大师校勘过诸多佛经，如应县木塔发现的辽代写经《略示戒相仪》，即“燕京永泰寺崇禄大夫守司徒通慧大师赐紫沙门守臻集”。

悟敏参访的寂照感公据考是辽末宝塔寺高僧，宝塔寺是辽代著名寺院，旧址在阜成门外月坛南侧一带。

十一、金慧聚寺传戒大师悟铢

悟铢（？—1154）、字子平，是法均之后慧聚寺第四代传戒大师。临潢府人，俗姓何，其父何椿是保信军节度使。家有五子，悟铢为第三子，7 岁学诗书，聪慧过人，年 15 恳出家，父母不允，遂不食。后从其志，因礼白霫太尉传戒大师裕窥执弟子之役，受具戒。通诸经论，精旨妙义出老师宿学之上，复见佛觉禅师（燕京圣安寺佛觉大师琼公）于龙泉万笏山。自是宗说无碍，化行平、滦、涿、易间，开圆觉、楞严二十余席，人趣奉法音，如佛在世。

皇统间授中都右街僧录，赐号文悟大师，后遂告退归马鞍山慧聚寺，为第四代传戒大师，主持开坛传菩萨戒事。在慧聚寺期间，大兴土木，了前人未竟之业，于殿西北隅作涅槃堂，曰吾蜕于是，金贞元二年（1154）圆寂。

其后菩萨戒师资格授于圆拱，为第五世。圆拱平生多异迹，宿村寺适遇洪水发，余屋尽坏，独坐室屹然。当升坛说戒，空中现五色霞，霞中列莲花无数。坐处隐然有光，迫近则无。尤留心唯识，每发愿上生曰：慈尊一生补处，吾欲从之，细穷法相耳！

悟铢大师在马鞍山慧聚寺弘传戒律达 14 年。荼毗，舍利盈掬，徒众建窣堵波藏焉。（见明《补续高僧传》卷十七）

关于悟铢的师承，传记称是裕窥的嫡传弟子。而悟铢“复见佛觉禅师于龙泉万笏山”之事，颇足研讨。佛觉禅师琼公，是金中都燕京城内大圣安寺高僧，曾倡法龙泉万笏山。著者认为金代龙泉万笏山即今昌平区秦城旧存之龙泉寺。其寺在元初蒙古国时期是海云大师禅系的弘法寺院，曾有海云塔留存，20 世纪 50 年代修筑铁路，寺塔被拆毁。而金代佛觉大师圆寂后，建塔于昌平银山塔林，古塔至今仍存。

十二、金慧聚寺通妙大师圆拱

据民国早期周肇祥《辽金元古德录》[2]，载有《马鞍山慧聚寺第五代圆拱大师塔碑》一篇，此塔碑所记正是通妙大师圆拱。

> 圆拱，字德明，姓苏氏，家范阳之西冯里。幼有至性，不喜俗间居，每求出家，父母族党爱之不即许。稍长恳恳不已，竟依智度寺儇上人，执弟子礼。……天会中敷夏讲于北山宝峰院，大参。韩郓国公昉、沈公偶至其所，闻师法音，叹未曾有。明日邀师饭于宝集寺，右僧录延洪禅师亦在焉，韩公欲师与详商榷宗旨，师以晚进，逊让再四，不得已从之。挥尘终日，听者忘倦。二公喜曰：学才辩冠三学矣！
>
> 韩公他日过祐国寺，佛觉大禅师誉师之能，祐国曰：融通善教，不滞不拘，圭峰，吾不得而见之，得见斯人足矣。自尔，名振京师，左僧录觉山方师闻之，引至座下，深承印可。学徒质问疑义，每令就师剖析之，声实日彰，应者千里。

考述：据王恽著《大都宛平县京西乡创建太一集仙观碑》[3]，元初有“京西乡冯家里”，即今北京市门头沟区永定镇冯村。圆拱即是此冯家里人士，西距慧聚寺仅十里山路。

此塔碑，正是蔡珪所撰文的《通妙大师碑》内容，此碑应在今北京房山区窦店，立于大定五年（1165）。

圆拱与撰文《马鞍山慧聚寺传戒大师碑》的韩昉交往甚密。

文中之智度寺所指为涿州城内的寺院，今有崇宏高塔屹立。宝集寺则在中都城内，是一座名气非凡的唐、辽大寺。

---

[2] 据于杰先生《金中都》引录。《辽金元古德录》周肇祥稿本，行草书体，装订成几函。著者 1980 年在北京市文物工作队见之，此书稿后不知所终。

[3] 《秋涧集》卷四十。

觉山方公，觉山寺为今北京西山八大处的灵光寺，金代称觉山寺，方公身世失详。

圆拱生前与圣安寺佛觉大师琼公，晦堂大师（名洪俊）皆有相见机缘。二僧皆是金代著名云门宗高僧，与二僧倡答者，有江西佛日尧禅师、庆寿寺玄悟玉禅师。二僧之弟子圆通善国师，少年时即机锋迅捷，“佛日尧从江右（西）至燕，寓大圣安。一夕与佛觉、晦堂夜话次，时圆通善年方十二，座右侍立。佛日曰：山僧自南方来，拄杖头不拨著一个会佛法者。圆通善叉手进曰：自是和尚拄杖短。佛日大惊曰：可乞此子续吾临济一宗，圆通善曰：云门、临济岂有二邪。佛日称赏不已。”[4]

从圆拱与中都高僧交往状况来看，他在金中都的声望地位崇高。佛觉、晦堂、圆通善诸禅师，圆寂后皆建塔于北京昌平铁壁银山，古塔至今仍存。位于北京宣武区牛街西侧的大圣安寺是诸位禅师的弘法道场，是珍贵的佛教历史遗迹，重要的文物见证。在北京城市建设改造过程中，应予以修复并恢复旧有格局，是应该重点弘扬的第一等重要寺院。

圭峰，即唐代华严宗五祖宗密（780—814）。俗姓何，果州西充（今属西川）人。出家后常住陕西鄠县圭峰草堂寺，世称“圭峰大师”。对华严教义有诸多著述，凡二百余卷。对“讲者（禅宗以外诸宗）偏彰渐义，禅者偏播顿宗”不满，认为禅教一致。唐文宗召入内殿，问佛法，赐紫方服。唐宣宗追谥“定慧禅师”。草堂寺，因后秦弘始三年（401）龟兹名僧鸠摩罗什在此译经而闻名。

关于圆拱，他在辽金故城还有一处弘法寺院。

据永乐大典本《顺天府志》记载：“福圣院，按古记考之，旧都城右街有精舍焉，额曰福圣。泉甘地胜甲于西北，金大定年间金吾上将军李常出资质屋迎至通妙大师圆珙（拱）俾居师席，又延沙门竹远者住持，无可居士蔡珪为记其事。后有张本靖助金重修，晏公法师即门人裕正协力复理，木庵老衲性英撰重修碑记。”

木庵性英是金元之际著名诗僧，与虚明教亨和圆拱都有交往。中年住嵩山法

[4] 《五灯会元续略》卷二下。

王寺，并任少林寺住持，至今法王寺还留有“劝虚明教亨住潭柘诗”刻石，“木庵书，法王昭公立石”，刻于金正大乙酉（1224）。题名人还有僧“洪俊”，金中都时期大圣安寺僧晦堂大师，名字就叫洪俊。此诗所记是燕京旧事，刻石的“正大乙酉”（1224），金王朝已南迁开封 10 年，燕京久已置于蒙古贵族管理之下。木庵性英后来被蒙古大军掠至燕京，曾住仰山栖隐寺及其下院固安州鹊台福严寺。

十三、自称法均大师弟子的严行大德悟闲

辽末金初有悟闲唱法西山，其出身经历比较奇特，可看作是法均的弟子传人。今把其塔文引录于此，可对这一佛教法统增加认识与了解。

大金故慧聚寺严行大德闲公塔铭并序

银青光禄大夫翰林学士承旨刘长言撰。

严行大德悟闲，白霫人。姓张氏，初名伟，字保之，幼失所怙，为宿植善因，蚤暮真谛。十岁从天庆即伸大师受经业，日数百千言。十七返亲舍更读儒书、工辞赋，才誉籍籍，一举中进士第。历官州县，由北京都市令以选入枢密院通亩，任职六年出补香河令，更两考有能声。

先是民间有冒耕官闲田，公被檄与府官检括，时夏麦且熟，恐民不得获。既行涉积水，阳失辔坠而溺，从者惊援之，及出即移病归卧，请展期。比愈得报再行，则皆获矣。邑户佃圭田，凡留守要人者，率藉形势免科调，问之以例对。公曰：皆王民也，例谁为者，一以法令从事，役以故均而大忤权贵，至檄召诣府，屡加催责，公执不改，卒依行之。其守如此，累阶至尚书郎。

一日读首楞严经十习六交因报之说，感悟发心，取香三瓣，炷于顶门及两肩爇之，默祷自誓。又以诗寄平生友人兼平章曰：万缘躁恼丛如发，试看临时下一刀，从此不近妻妾。犹身为榷盐官，谨于推捡，故则奸吏并留□□公至□□□□丝毫不敢加。公资刚毅有

志略，切于行道而疾恶如仇，有使□者□抑不能忍见跪拜者。谓有以计岁月，立功名属世多故，復不能委曲轩轾，以徇权勋。或时刘欣长孤傲睨曰：放知有耿介不胜言者，浸不得意于是，慨然欲求出世间，得自拔流俗，独念老母恩不可报也。来问跪白言：有为皆幻，惟一大事可以于尘垢脱生死，愿允耳！于亲归近圣道，以答劬劳。母曰：汝志如是，吾顾不能耶，欣悦听许，公拜谢。未几，先命二妻一子相继出家。

乃以天会六年（1128）正月，弃官入鞍山之慧聚寺，亲友闻者争劝止，朝省亦遣人趣召竟不至。执僧悟柔自言：伟误罹世网，崎岖半生，今喜亲许出家矣。愿从壤削，用道修典，惟师摄受，为我落发。柔与其徒愕曰：府君宦举有闻，且通朝野，斯言谓何？岂绐我乎。

公曰：断之于心久矣，语一出口天地诸圣实临之，□□送□□□□成书之，剃度，公乃取鞍山先师画像置堂中，焚香作礼自称门人。而易□□□□□□□□□□□□□□知□□□□□授严行之号以旌品来众，昔天会元年……而诵，所为深入辞……上京复从今平章政事……昔尝访师之居，门巷……倾听二人皆…………严肃已，若是先……德之及充坐……恩得归乃上……论语，孟子……言囊以不果……径山禅师弟子也……节母氏亦从……谒青州希辩禅师……律韬光匿影趣公……至忘□疏足行……心太湖雨道院……体制当如谐公以下……寺堂庑数十椽怠焉……辩师为一出，施者……如怀古人缁素…………日，趺坐顺化，阅世六十八……照服勤训诲……丈夫矣！铭曰：道无异致，教或因时，会其有极，孰将同之，语大丈夫，惟严行师，刚克厥爱，勇出于慈，宦学四方，阅世泡幻，谁无厥论，日曷以忧，万缘丝纷，益久愈乱，智锭为访，慧恂立断，心境双融，亲疏等施，云何于此，焉恃从□，示人方便，躬履实地，破闇导迷，如檩月指，问师安归，应现十方，视斯岿然，即大道场，浮云去来，孰在孰亡，有不还者，巍巍堂堂。

贞元元年（1153）五月二十四日。开府仪同三司平章政事上柱国沈王食邑一万户张通古建。

考述：此幢式石塔以汉白玉石雕件砌筑而成，幢塔通高 5.6 米，六角形，计七层石檐。造型颇为秀丽精绝，现存于房山区长沟镇西甘池村西部山坡间。

幢塔下部为束腰式幢座，承托仰莲石件，再上为六角形幢身，幢身石面上额题“严行大德灵塔”，其余为塔铭文字。其上七层石檐逐层内收，幢顶为三层仰莲为结束。

严行大德悟闲，弃官为僧，在慧聚寺（今戒台寺）出家，礼法均大师画像为师。后又去仰山栖隐寺，在著名高僧青州希辩禅师门下参学。

唯幢塔文字剥落甚多，其行事之详不可详知，圆寂后建幢塔于甘池村西。

这位悟闲，与辽裕窥大师是同乡，都是白霫人。他金代初期在戒台寺剃度为僧人，与戒台寺悟敏、悟铢是平辈的僧人身份。并在仰山栖隐寺青州希辨大师门下参学请益，洵是得道高僧。

节自《戒台寺志略》文稿，2000年于京西九龙山下居庐

辽代无碍大师燕京史迹遗存考察

据清末京师大学堂教习奉宽先生所著《妙峰山琐记》记载，妙峰山灵官殿以西的平坡间，旧有大云寺遗址。“寺西翠微中，有辽代舍利经版塔。东面甃石刻塔记一方，大康九年正书，未经前人著录。……塔记纵广今营造尺一尺二寸强，正书，八行。云：大辽国大云山院塔记。于内有释迦佛舍利、定光佛舍利、无碍大师戒珠、大藏经故版。同建众僧：首座遵式二座遵德、监寺遵勗、院主遵益、尚座遵寿、都知遂贞……大康九年（1083）癸亥岁五月日丙子记。”

无碍大师是辽代著名高僧，最初名诠明，后改诠晓，是辽南京城内悯忠寺（今北京法源寺）的“座主、钞主”僧人。目前可知他主要的事迹是主持重建悯忠寺内太子殿，据大典本《顺天府志》“悯忠寺”记载：“……释迦太子之殿，乃无碍大师诠明创始所建，辽圣宗统和八年（990）也。”无碍大师“笔受弟子钞主智光”在统和二十三年（1005）参与重修云居寺并建“千人邑会”。钞主是辽代悯忠寺刻印《契丹藏》经典事务的主持者，无碍大师与弟子智光因此而知名。

又据智光撰《新修龙龛手鉴序》得知，统和十五年其作序时称：“智光，字法炬，燕台悯忠寺沙门。”（宋德金《读龙龛手镜》札记）

罗炤研究员近年研究认为，辽代《契丹藏》先后有两个版本。统和本 505 帙，无碍大师诠明主持了统和本《契丹藏》大藏经的编校和刊刻。重熙、咸雍本 579 帙，由“燕京右街检校太保大卿大师赐紫沙门觉苑”主持编订刊刻。

据大典本《顺天府志》“悯忠寺”记载：“……释迦太子之殿，乃无碍大师诠明创始所建，辽圣宗统和八年（990）也。”

在应县木塔中发现辽刻《上生经疏科文》十一卷。《上生经疏科文》卷首有“燕台悯忠寺沙门诠明改定”的题刻，“时统和八年岁次庚寅八月癸卯朔十五日戊午故记。燕京仰山寺前杨家印造，所有讲赞功德回施法界有情”。修建悯忠寺（今法源寺）释迦太子殿，以及此经疏科文，皆是无碍大师诠明的重要作为。无碍大师著述甚多，辽统和《契丹藏》即由他主持编定，时称“燕京悯忠寺抄主无碍大师诠明”。敦煌写经中也保留有无碍大师撰写的论述经典，即《金刚般若依天亲菩萨论赞略释三》，末尾有“燕台悯忠寺沙门诠明科定”的题记。

辽《上生经疏科文》究竟是印于妙峰山前仰山寺，还是辽南京（今北京宣武区广安门一带）仰山寺，一直是史学界争论不休的一个笔墨官司。妙峰山大云寺旧址发现与无碍大师有关的塔记，并记载塔内存有无碍大师戒珠和旧经版，足以说明《上生经疏科文》印于此地，而不是辽南京城内。无碍大师及弟子们一直致力《契丹藏》的编纂，他们的名字就是刻经事业的代表。仰山寺前杨家就是妙峰山前的仰山栖隐寺，绝对毋庸置疑。仰山寺是座创于辽代之前的古老寺院，在金元时期非常鼎盛，青州希辨、万松老人先后唱法于此。金章宗曾到仰山游历，并作有诗章。元代有万山行满禅师塔，塔铭由赵孟頫书撰。

而妙峰山大云寺是座历史更为悠久的古寺，从寺名分析，当创建于唐代。

无碍大师的影响极为深远，其僧塔至今居然仍有留存，这便是现存于北京市大兴区于垡乡里河村的古塔。此塔石额刻有“无碍禅师之塔”字样，并刻有元初至元九年（1272）年号。此塔显然是辽代所创建，金代已经残破，元代初年予以重建。现存无碍大师塔为七层密檐式砖塔，通高约 12 米，瘦劲颀长，塔六角形，塔身为内凹弧形的“孤身式”，为典型的元塔的建造手法。下为束腰基座以及平座，仰莲，塔身正面嵌石额“无碍禅师之塔，至元九年月建。”石额上为券式窗，密檐下为单翘三踩斗栱，塔檐逐层略有收分，惜塔顶已极为残破。2002 年无碍大师塔得到修复，部分地再现了昔日风姿。

再联想到与妙峰山仅一山之隔的大觉寺，寺内有辽咸雍四年（1068）《大辽阳台山清水院创造藏经记碑》，记载玉河县南安窠村邓从贵合家成印佛经事。其中还有三家村师人 ××× 的题名，三家村即今三家店村。同时与三家店村相近的龙泉务村有辽代瓷窑，不仅烧制几十种白瓷器物，甚至还烧制三彩釉的器物和佛像，称为“辽三彩”。

这说明辽代这一带经济相对繁荣，因而有印造佛经的经济实力。妙峰山大云寺旧址有辽代无碍大师塔及遗物的记载，说明无碍大师统和年间的刻经事业，显然与清水院觉苑刻经事业有着某种继承的关系。而且在此地，这种印造佛经的历史相当悠久。

云居寺内统和二十三年（1005）《重镌云居寺碑记》，此碑与《千人邑会之碑》（应历十五年，965）刊于同一碑之正面。前碑由“燕京左街悯忠寺抄主无碍大师笔受弟子沙门智光撰记”，追记了朝官王教的父亲王正参与云居寺修复事宜，以及“皇朝应历十四年，（云居寺）寺主比丘谦讽，完葺一寺，结邑千人”的史事，并追述王正与悯忠寺“座主无碍大师为心照神宣”。因此特请无碍大师弟子与其父亦是挚友的智光撰记此碑。

当时王教为“诸行宫都署判官都官员外郎，赐紫金鱼袋”身份，无碍大师为悯忠寺座主，智光则是无碍大师的弟子。应历年间修寺院，建千人邑会是寺主讽谦与王教之父王正的善举。此碑真实地记录了无碍大师与云居寺刻经事业有着最直接的关联。抄主即掌管校阅校刊佛经职司的高僧。此碑所记无碍大师，无疑即统和八年建造悯忠寺释迦太子殿的无碍大师诠明。

（民国时期溥儒《白带山志》所录碑文，因缺少历史人物的名衔信息，所以研究价值大打折扣。近年碑文类出版物也多有这种不足。）

智光撰文石碑的时间是辽统和二十三年（1005）。而与智光碑文同碑重刻的“千人邑会碑”内容，则是辽应历十五年（965）的旧事。所记为王教之父王正（南京朝官，谏署）及寺僧讽谦重修云居寺纪事碑。

另外在北京大兴区于垡乡里河村现存无碍大师密檐塔一座，塔高十余米，为七级密檐塔，塔身为内凹的弧身形式，重建于元至元九年（1272）。或许是辽代为无碍大师所建造，经元代重建，已是元初的风格。

因此，妙峰山大云寺的历史可以上溯到唐、辽时期，这是完全没有问题的。

辽代无碍大师、永泰寺疏主守臻、通理恒策、纯慧大师等都是著名的学问僧。对于他们的学术成就已有不少的研究成果，特附录于此，以见一斑。

一、纯慧大师非浊实行幢记

京师奉福寺忏悔主崇禄大夫检校太尉纯慧大师之息化也，附灵塔之巽位，树佛顶尊胜陀罗尼幢，广丈有尺。门弟子状师行实，以记为请。

大师讳非浊，字莫照，俗姓张氏，其先范阳人。重熙初，礼故守太师兼侍中圆融国师为师。居无何，婴脚疾，乃□匿盘山，敷课于白伞盖。每宴坐诵持，常有山神敬侍，寻克痊。八年（1039）冬，有诏赴阙，兴宗皇帝赐以紫衣。十八年（1049），敕授上京管内都僧录。秩满，授燕京管内左街僧录。属鼎驾上仙，驿征赴阙。今上以师受眷先朝，乃恩加崇禄大夫检校太保。次年，加检校太傅太尉。师搜访阙章，聿修睿典，撰往生集二十卷进呈，上嘉赞久之。亲为帙引，寻命龛次入藏。

清宁六年（1060）春，銮舆幸燕，回次花林，师侍坐于殿，面受燕京管内忏悔主菩萨戒师。明年二月，设坛于本寺，忏受之徒，不可胜纪。九年四月示疾，告终于竹林寺，即以其年五月，移窆于昌平县。司空豳国公仰师高躅，建立寺塔，并营是幢。庶陵壑有迁，而音尘不泯。

清宁九年（1063）五月讲僧真延撰并书。

按《日下旧闻考》载辽《奉福寺佛顶尊胜陁罗尼幢记》即此文。《拾遗》引《析津日记》曰：广恩寺，辽之奉福寺也，在白云观西南，地名栗园。按《辽史》南京有栗园，萧韩家奴尝典之。疑即此地也。近年房山县北郑村辽塔址出土应历五年《佛顶尊胜陀罗尼幢记》，有“北衙栗园庄官”衔名。（引自陈述先生《全辽文》）

这个幢文，真实地记载了辽纯慧大师非浊海山的身世经历，是研究大师生平的珍贵史料。清宁九年四月大师圆寂后，司空豳国公在北京昌平县为其建立寺塔，并建造此幢，用以记录大师生平事迹。

这一系僧人法脉传承为：燕京奉福寺“守太师兼侍中圆融国师澄渊”，传法于燕京奉福寺纯慧大师非浊海山（郎思孝），纯慧大师得法弟子是燕京昊天寺妙行大师智志。此时已届辽末，智志的弟子在辽末金初阵容强盛，具见《大昊天寺妙行大师行状碑》（乾统八年沙门即满撰文），以及刻在此碑碑阴的《中都大昊天寺妙行大师碑铭并序》（金大定某年，中都大圣安寺沙门广善撰文）。

建造纯慧大师非浊幢塔的司空豳国公，据考是辽初的耶律合里只。

《辽史》卷八十七列传第十六记载：“耶律合里只，字特满，六院夷离堇蒲古只之后。重熙中，累迁西南面招讨都监。充宋国生辰使，馆于白沟驿。宋宴劳，优者嘲萧惠河西之败。合里只曰：‘胜负兵家常事。我嗣圣皇帝俘石重贵，至今兴中有石家寨。惠之一败，何足较哉！’宋人惭服。帝闻之曰：‘优令失辞，何可伤两国交好！’鞭二百，免官。清宁初，起为怀化军节度使。七年，入为北院大王，封豳国公。历辽兴军节度使、东北路详稳，加兼侍中。致仕，卒。合里只明达勤恪，怀柔有道。置诸宾馆及西边营田，皆自合里只发之。”

二、无碍大师诠晓事略

诠晓（936—1011），旧名诠明，即辽圣宗统和时期（983—1011）燕京悯忠寺上生钞主无碍大师。为经书作解称“注”，为注解再解称“疏”，总汇疏再解为“钞”。“钞主”应该是为疏作解的总领。诠晓被封为“无碍大师”，为总领群经讲解和注钞的大学问僧。

据综合考证，无碍大师诠晓生于五代后唐清泰三年（936），卒于辽圣宗统和二十九年（1011）。

辽应历十五年（965），诠晓已近不惑之年，他与房山云居寺主持谦讽，盐铁判官朝仪郎右补阙王正都是挚友。王正在云居寺立《重修云居寺一千人邑会之碑》。云居寺《重修范阳白带山云居寺碑记》以及《重镌云居寺碑记》两碑记，俱镌刻在此碑之阳面，右面刻《重修范阳白带山云居寺碑》；左面刻《重镌云居寺碑记》。碑额篆书“重修云居寺一千人邑会之碑”，碑阴为“重修云居寺千人邑会”邑首、邑众及僧侣题名。碑用本地所产大理石雕成，通高 287 厘米，宽 105 厘米，厚28厘米。自240厘米处收分，上出额首。碑文凡49行，行64字，字径3×3厘米，至今碑文大多仍清晰可辨。

辽圣宗统和八年（990），无碍大师诠晓创建悯忠寺释迦太子之殿。唐初卜地建悯忠寺、赐匾额，而后兴建双塔；唐会昌（841—846）年间，灭法时期，悯忠寺独存；唐大中年间（847—859），悯忠寺增大。唐昭宗景福年间（892—893），悯忠寺建七楹三级之阁，皆系皇帝或地方军政首要所为。

辽统和十八年（1000），无碍大师诠晓64岁。他奉旨在云居寺已经驻守了很长时间，主持指导《契丹藏》的刊刻事业。诠晓奉辽圣宗之命删除焚毁禅宗的经论，主要是《六祖坛经》和《宝林传》。辽圣宗下旨在云居寺刊刻石板大藏经的同时，即委派诠晓等僧人认真清理佛佛藏经，“再定经录，世所谓《六祖坛经》、《宝林传》等皆焚，除其伪妄。”

高丽大觉国师义天《跋飞山别传议》云:“近者大辽皇帝诏有司，令义学沙门诠晓等再定经录。世所谓《六祖坛经》、《宝林传》等皆焚，除其伪妄。条例则《重修开元续录》三卷中载之矣。自《开元释教录》后，相继翻传经论，及拾遗《律》、《传》等，从大乘理趣六波罗密多经，尽续《开元释教录》，总二百六十六卷，二十五帙。伏以钞主无碍大师（诠晓），天生睿智，神授英聪，总讲经纶，遍糅章抄，传灯在念，利物为心。见《音义》以未全，滤检文而有阙。因贻华翰，见命菲才，遣对曦光，轧扬萤烛。然或有解字广略，释义浅深，唐梵对翻，古今同异。”无碍大师诠晓在“再定经录”的过程中审定了《开元释教录》，著述的《续开元释教录》，以及辽圣宗至辽兴宗年间高僧希麟受诠晓委托撰述的《续一切经音义》，一同成为《契丹藏》雕版以及云居寺刊刻石经的底本，这个底本到金代一直在延续使用，没有更易。

辽统和二十三年（1005），诠晓已年逾古稀。盐铁判官朝仪郎右补阙王正的儿子、诸行宫都署判官王教，见其父早年所立石碑已残缺，便出俸禄钱重修。而无碍大师诠晓更亲自写信让弟子智光作重镌碑记之文，以记其事。此碑文珍贵的史料价值向无疑义，因此碑有明确记载称:“燕京左街悯忠寺钞主无碍大师笔受弟子沙门智光撰记，石匠李延照刻字。”

无碍大师诠晓晚年曾造菩萨像，著《上生经疏》四卷，辨明生死两界。临歿前，留言是被神象接引上天了。

日本《大正藏》卷五十一中有辽沙门非浊集《三宝感应要略录》三卷之卷下“第十四释诠晓法师发愿造慈氏菩萨三寸檀像感应”云：释诠晓法师发愿造三寸刻檀慈氏像，祈誓生兜率天，著《上生经疏》四卷，以明幽玄。梦其像渐长大，金色光明赫灼，对诠明微笑。诠明白像言：“我等愿求生兜率天，将得生不？”像言：“我既得释迦文大师要势付属，不念，尚不舍之，况有念愿？”作是已，还复本像。诠明秘不语他人。没后见遗书中知其感应。临终之时，傍人梦见百千青衣人来迎，诠明指天而去矣。

高丽僧《义天录》中，所收诠晓著作有六种七十五卷：

1.《法华经会古通今钞》之《十卷科》四卷，《大科》一卷。

2.《金刚般若经宣演科》二卷，《宣演会古通今钞》六卷，《消经钞》二卷，科一卷。

3.《弥勒上生经科》一卷，《大科》一卷，《会古通今钞》四卷。

4.《成唯识论详镜幽微新钞》十七卷，《应新钞科文》四卷，《大科》一卷。

5.《百法论金台义府》十五卷，《科》二卷，《大科》一卷。

6.《续开元释教录》三卷。

在我国学术界，已知诠晓的著作有三种九卷：

1.《法华经会古通今抄》之卷二、卷六。1974 年于河北省应县木塔四层秘藏中发现。《妙法莲花经玄赞科文》，即《法华经疏科》四卷之卷二残卷，见于敦煌伯希和（法国）P. 2159 纸背。

2.《上生经疏会古通今钞》之卷二、卷四残卷、《上生经疏应新钞科文》残卷。1933 年见于河北省赵城广胜寺金藏，后编入《宋藏遗珍》。前者将诠晓误写为唐释，而后者记佚。经过和《义天录》以及河北省应县木塔发现的经文对照，都是诠晓之作。《上生经疏科文》，在河北应县木塔中所见，正是统和八年（990）诠晓主持修建悯忠寺时在燕京刊刻的。

3.《成唯识论述记应新抄科文》之卷三，发现于木塔四层，这是一部重要的关于佛学认识论的著作，具有很高的哲学价值。《成唯识论述记科文》之卷一、卷二残卷。1933 年出赵城广胜寺，后编入《宋藏遗珍》，误记为“大唐慈恩寺翻经沙门窥基撰”。按此二残卷之首纸均阙。从各纸接缝处小字题记，证实是金代在晋南募化所刻。每纸二十八行，行二十字左右，版式与木塔所出《成唯识论述记应新抄科文》相同，内容相继。应该为诠晓所作。因为世所见窥基的作品，虽然同为唯识论内容，但行文差距明显，何况行文中每每提到玄奘和窥基。这样，赵城金藏的两卷和应县木塔出土的卷三，基本完璧。这是中国佛学和哲学史上的一大幸事。

诠晓的著作，不仅在辽朝有影响，而且对宋朝、日本、高丽均有一定影响。辽咸雍八年（宋熙宁五年，1072）入宋的日本学僧成寻，在其《参天台五台山记》卷六之宋熙宁六年（辽道宗咸雍九年，1073）二月二十八日有如下记载：

大宋国熙宁六年（1073）癸丑二月廿八日（壬寅）“二入夜，三藏有请，即参问。储种种珍果，有酒菜。地北多学慈恩宗。予学玄赞由被告示。小僧问《摄释镜水抄》有无。答无由。给以契丹僧作诠晓抄，释玄赞书也者。三藏问八解脱大小乘观差别，以天台义答了”（《大日本佛教全书·游方传全书第三》十五卷）。

按：成寻索要的《摄释镜水抄》，即唐释栖复作《法华经玄赞要集》三十五卷，但开封没有这书。所给予的是“契丹僧作诠晓抄，释玄赞书”。看来，当时诠晓不但在辽国有势力和影响，而且在宋朝、日本都有很大影响。诠晓的这部著作流传日本后，有多家注释，但是，注释繁多，使得本文难以区分辨别。因此多认为诠晓已经没有著作流传。

实际上，这部书是有底本的，就是应县木塔所出《法华经玄赞会古通今新抄》。宋熙宁六年（1073）距统和时期（983—1012）已有半个多世纪，宋京开封传法院三藏师尚以诠晓著作赠日本游方僧，足见诠晓著作在宋朝颇受重视，日僧成寻历经努力才辗转得到。

唐玄奘法师的弟子慈恩寺沙门窥基，信仰弥勒净土，曾作《百法明门论解》、《成唯识论述记》、《观弥勒兜率天经赞》、《金刚经赞述》、《法华经玄赞》等百部章疏，集慈恩宗之大成，被称为慈恩大师。辽代诠晓更为上述五经作《会古通今钞》、《应新抄》及诸《科判》，由此可知诠晓为燕京慈恩宗的代表学者。诠晓的著作对于研究辽代佛教史特别是慈恩宗的活动情况，是一批珍贵史料。

素来不显扬自己的慈恩宗经、律、论，由于和律宗有着义理方面的关系，在此时，成为云居寺刻经的主要底本。在石经未回藏之前，在藏经馆陈列的时候，最引人注目的就是“大唐三藏法师玄奘”所译经的刻本。而慈恩宗的创始人就是玄奘，玄奘的徒弟窥基又加以发扬光大，诠晓在辽代接踵其后，使慈恩宗大行其道，唯识论哲学得到发扬光大。云居寺诠晓、谦讽、可玄、智光、通理大师等，先后都曾修学窥基的《因明大疏》和《成唯识论述记》两部著作。

当时，除主持刻经的通理恒策大师外，非浊海山（郎思孝）、妙行大师志智，也都是闻名于世的律宗高僧。非浊和兴宗皇帝相互诗文唱和，多为以律宗为宗旨，从现存遗留诗歌分析，非浊均以平等身份与兴宗唱答的。

非浊大师，字海山，号莫照，辽燕京奉福寺住持，任辽国“上京管内都僧录”。出家前他是一位辽代的进士，俗名郎思孝，颇富文名。辽重熙十八年（1049），他印造汉、藏、西夏文《弥勒上生经》等计达25万卷。

辽清宁二年（1056），非浊受检校太傅太尉爵，赐“纯慧大师”。非浊继承德云大师遗志，利用新得的宋新译经，以及前得的二十卷手稿，于重熙十八年（1049）将一切佛菩萨名号经搜集齐全后，奉呈给辽兴宗。辽兴宗颁旨，将这部经典收录于《大藏经》内的同时，也在云居寺进行雕刻。非浊将一切佛菩萨名号集全，其后不久便刻入房山云居寺石经之中。

三、纯慧大师非浊海山事略

宋代佛学著译很多，其数量远超辽朝，但在佛教思想史上的影响十分有限。辽代佛学著译在数量上虽不如宋朝多，却很受学者重视，在中国佛教思想史上占有重要地位。辽代佛学著译不以数量取胜，而是以其学术性见长。

辽代名僧辈出，具有学术价值的佛学著译层出不穷，对宋、高丽、日本等国都有一定影响。但颇为遗憾的是辽僧著作传世的并不多。

辽大安六年（1090），高丽沙门义天撰《新编诸宗教藏总录》（又称《义天录》）三卷，收录辽僧俗佛学著作 58 部，这是关于辽佛学著作最早也最多的著录，包括辽境内盛行的法相宗、华严宗和密宗的论著，诠晓（明）的目录书《续开元释教录》，音韵文字著作有希麟的《续一切经音义》、行均的《龙龛手镜》。

20 世纪 30 年代，野上俊静对辽僧著作做过归纳。20 世纪 50 年代后，新考古材料的发掘和整理大大丰富了研究素材。中国佛教协会所编《房山云居寺石经》的《总目》著录辽僧慈贤的译经 10 种 14 卷。山西应县佛宫寺释迦塔内曾发现一些作者不详的辽代刻经、写经。朱子方、竺沙雅章根据《义天录》，房山云居寺石经，应县木塔内辽代刻经、写经，对辽朝的多种佛学著译作了缜密的考证和详细解说。竺沙氏认为辽朝佛学著译学术价值很高，无论对同一时代的宋、高丽、日本，还是对后世的金、元佛教都有重大影响。

辽华严宗学者以纯慧大师非浊海山、鲜演和辽道宗皇帝最为杰出。

纯慧大师非浊、字海山，号莫照，兴宗时人，辽燕京奉福寺住持。曾任辽“上京管内都僧录”，奉福寺内殿忏悔主、赐崇禄大夫、检校太尉、纯慧大师号，地位崇高。

纯慧大师俗姓郎、名思孝，早年习儒业，举进士，在郡县当过小官吏。后来厌弃尘俗，出家为僧，后在辽佛教界“行业趋绝，名动天下”，亲王贵族皆师事之。

纯慧大师是一位博学的佛学大师，研究《华严经》用力颇深，著有《大华严经玄谈钞逐难科》一卷，《大华严经修慈分疏》二卷，《略钞》一卷，《科》一卷。

目前可知纯慧大师非浊著作有四部:《随愿往生集》二十卷、《首楞严经玄赞科》三卷、《三宝感应要略录》三卷、《大藏教诸佛菩萨名号集》（亦名《一切佛菩萨名集》）二卷。

据考证，辽代学僧多有专攻，然不专一经一宗，有诸经皆通的学养，不少人还兼通儒学。如纯慧大师非浊海山（郎思孝）既治《华严》，又习戒律，对《涅盘》、《法华》、《般若理趣分》、《大宝积》、《观无量寿》、《报恩奉盆》、《八大菩萨曼陀罗》诸经皆有注疏和科文。

道殿是一位会通华严之圆融思想与密教教义的学问僧，著有《显密圆通成佛心要集》。觉苑著《大日经义释演密抄》，广征儒书、经史、旁及子、集，以证释典。诠明除精通唯识学外，还撰有《续开元释教录》，这显然需要博览群经。

纯慧大师非浊海山是妙行大师志智恩师，而志智则是秦越大长公主的儿子，他出家为僧后，曾担任燕京大昊天寺住持。纯慧大师非浊海山在朝野均具影响力，辽重熙十八年（1049）他曾印造汉、藏、西夏文《弥勒上生经》等二十五万卷，影响较大。

辽清宁二年（1056），纯慧大师非浊海山晋检校太傅太尉，赐“纯慧大师”号。

纯慧大师非浊海山继承德云大师遗志，在得到宋朝新译经典后，以前二十卷新创手稿，在重熙十八年（1049）将一切佛菩萨名号集全，并呈送辽兴宗。兴宗颁旨，将这部经典刊刻在《契丹藏》内，同时在云居寺石经中也予以雕刻。经通理大师时期不懈努力，律宗的律论经典全部雕刻完成，自此云居寺所藏石经中经律论三藏刊刻完备，洵是巨大功德。这是辽代对云居寺刻经事业——也是对中国佛教事业的重大贡献。

近年来日本佛教学者竺沙雅章提出：10—12 世纪，辽朝居于东亚佛典流动的中心地位。辽朝的佛典不断向高丽、日本、北宋输出，东亚一些僧人求佛法都到辽国。辽僧撰述的佛教章疏常被宋人引用，《契丹藏》里许多章疏经高丽传向东亚各国。《义天录》著录了许多辽朝佛教典籍，《高丽藏》也受到《契丹藏》的影响。辽僧志福、非浊的著作传入日本。其中，纯慧大师非浊海山备受兴宗、道宗的褒奖，他“撰《往生集》二十卷”，深得道宗嘉赞，并“亲为帙引，寻命龛次入藏”。

此书由高丽传入日本，对日本平安朝末期及镰仓幕府时代之文学、佛学均有重要影响。今名古屋市宝性院真福寺藏戒珠所辑《往生净土传》，神奈川县金泽文库收藏的《汉家类聚往生传》，都是在纯慧大师非浊海山影响下撰述的佛学著作。

10—12 世纪，东亚佛教文化圈的著名学僧中，辽僧所占比例甚多。辽国出了众多学富五车，才华横溢，成果斐然的学问僧，佛学界可谓群星璀璨。他们当中许多人在佛学界的影响远及宋、高丽、日本，历金、元、明、清四朝而不衰。

唯识学名僧诠明是“国际型”学者，其著作影响到北宋、金、元。

辽僧其他许多著作也向外传播，对周边佛学形成辐射。而同一时代的北宋佛学界却显得相形见绌，除了高僧契嵩外，很难找到可以和辽代名僧学问相提并论的学问僧。

辽代佛学不是孤立存在的，它与周边国家及地区的交往十分活跃。

竺沙雅章认为《契丹藏》里含有《开宝藏》的内容，《开宝藏》可能经高丽传到辽。刘浦江先生《文化的边界——两宋与辽金之间的书禁及书籍流通》指出辽代佛学著作可能通过高丽传入北宋，虽然《开宝藏》传入辽缺乏直接文献依据，但《契丹藏》里可以发现《开宝藏》的踪迹，估计极有可能是宋朝赠与辽朝的。

神尾弌春的《契丹佛教文化史考》首次发现高丽佛经题记提到辽朝，表明辽代佛教对高丽的影响。妻木直良指出高丽藏经雕造对契丹本藏经的作用及重要性，用辽、高丽双方的数据确证《契丹藏》曾传入高丽。池内宏《高丽朝的大藏经》论述《契丹藏》传入高丽不止一回，辽僧的著作多数流入高丽，并首次注意到《义天录》与辽朝佛教的关系。

冢本善隆的《在日本遗存的辽文学的影响》认为，名古屋真福寺传来宋戒守的《往生传》，金泽文库藏《汉家类聚往生传》受辽僧非浊《随愿往生集》（今已不传）极浓厚的影响。

日本佛教学者竺沙雅章认为，中国佛学存在唐—辽—金—元的传承关系，辽在当时的东亚佛教文化圈中居于中心地位，而高丽是佛典流动的枢纽。这是在仔细梳理，研究各方材料的基础上提出的值得重视的新见解，有利于破除“中原文化中心论”。

以上附录部分引自《辽代学术史》论文。

本文录自本人著《金顶妙峰山》书稿，2001年于京西

《辽天庆五年大安山莲花峪延福寺观音堂碑记》疏证

——辽通理恒策禅师身世法脉及其僧团考略

北京市房山区大安山乡西苑村旧有古刹延福寺，村民俗称此寺为“艳佛寺”。寺内旧存辽末天庆五年（1115）碑石，碑座已失，石碑呈圭首状，通高1.16米，宽0.8米。碑周边平雕双框，内有莲花、蔓草纹饰。碑额刻“大安山莲花峪延福寺观音堂记”。

碑文首题《大辽燕京西大安山延福寺莲花峪更改通圆通理旧庵为观音堂记并诸师实行录》。此碑由寄居本寺的云游僧琼焕撰文并篆额。[1]

大安山在京西房山区，距京百余里，山势高峻，为北京西山深处。大安山北部之主峰为摘星岭，摘星岭之东为门头沟区大寒岭；摘星岭以西则为佛崖山、百花山、白草畔诸峰。这道山脉自东而西长达80余里，其南为北京市房山区山地，其北隔山是北京市门头沟区东西走势的80余里的斋堂川。

唐末，幽州节度使刘仁恭在大安山设宫馆，储燕地美女，做土皇帝，并设置玉河县。[2] 五代时期至辽末玉河县延设，初期的玉河县衙设于斋堂。大安山以及

[1] 石碑1984年文物普查时发现，现存北京市房山区文物管理所。北京石刻艺术博物馆存有拓片。

[2] 包世轩《辽玉河县辖界考》，1982年提交北京史研究会年会论文（首图地方文献存有年会论文合订油印本），1982年及1983年年会论文均如石沉大海，未印发，部分作者将年会论文投发于别处。后经北京市文物研究所所长于杰先生推荐，与1983年年会论文《熊自得与斋堂》一同编入《北京文物与考古》1986年第二辑。

其西部的史家营乡和摘星岭北部的斋堂川一直隶属玉河县管辖。大安山东南为良乡县地，其西南范阳县。范阳县和玉河县的西部、西北部是辽西京道奉圣州（今河北涿鹿县）辖下的矾山县，可汗州下的怀来县。

大安山延福寺，可知辽统和十年（992）已经存在。[3] 此寺之创建年代还要早一些，不晚于唐末。

该碑全文记载了燕京地区的三位著名高僧的情况，本文予以重点探讨。另外涉及一些历史地名，以及寺院亦予以考述，以期使一些佛教史实和人物身世事迹丰富完善起来。

一、曹溪的嗣问题

曹溪有两种解释，一曰禅宗六祖曹溪慧能；另一所指为禅宗的曹洞宗。曹洞宗以唐代洞山良价和他的弟子曹山本寂开创而得名，为禅宗五家之一。关于北京地区曹洞宗的传承情况，永乐大典本《顺天府志》记载："大万寿寺，在旧城。按古记考之，本中都大万寿寺。潭柘，禅师之古道场也。燕京之西有古刹，距京城百里，泉石最幽处名檀（潭）柘。师讳从实（五代后唐时期人），从湖南来，乃曹洞二代孙。辽太宗会同年间至世宗天禄初（938—950），有开龙禅师智常弘潭柘之道于燕，创此寺（大万寿寺）。"

所记为后唐（924—936）时期曹洞宗初入燕京地区史事，并涉及辽初曹洞宗的传承状况，一直延续到金代，青州希辩亦曾唱法于此寺。大万寿寺是五代、辽金时期燕京地区曹洞宗的大本营。曹洞宗另一处重要基地即京西仰山栖隐寺。

另据乾隆四年（1739）《岫云寺志》（即潭柘寺）记载："后唐从实禅师。师与其徒千人讲法潭柘，宗风大振。后示寂华严祖堂。建塔（潭柘）山中。余姚谢迁《嘉福寺碑记》载其事。"据寺志，从实禅师之骨塔，建于潭柘寺西南五里的莲花峰山腰处，因年久失修，已塌毁无存。

---

[3] 《辽玉河县清水院统和十年经幢考》，《北京文博》1995 年第 1 期（创刊号）、第 2 期连载。

五代后唐至辽代初年燕京地区曹洞宗僧众，以潭柘寺为祖庭，皆因后唐从实禅师开创之功也。

二、关于“法眼玄孙”问题考证

碑文所述，辽大康年间（1075—1084）、大安年间（1085—1094）“南宗时运，果有奇人来昌大旨。”辽末，这三位“奇人”、“僧中之龙”，皆为本土人士，是燕京地区土著居民出身，继承、担当着禅宗五家中“法眼宗”的法统。通圆大师、通理大师、通悟大师，以他们的修为代表着辽代中后期燕京地区，乃至辽代禅宗的正统地位。正如碑文所记载的那样：“唯三上人（和尚的尊称）乃曹溪的嗣，法眼玄孙，为此方宗派之原，传心之首者矣。”

据南宋景定年间（1260—1264）“四明东湖沙门志磐”编纂《佛祖统纪》（卷第二十九诸宗立教志第十三“达磨禅宗”）记载：

> 述曰：六祖（慧能）之后为二派：一曰青原思，思传石头迁，其下为曹洞、云门、法眼。一曰南岳让，让传马祖，其下为临济、沩仰，是为五家宗派，道一而已。而言五其宗者，由人世心病益多，故治法屡为之变。一棒一喝、一唱一和，机用纵横，殆不可以一律齐，犹应病与药之义。汾阳作广智歌，明十五家宗风，是盖示后人以遍参之意，可不知乎。

大安山辽碑，曹溪指禅宗六祖慧能。法眼指禅宗五家的法眼宗创始人文益（885—958），又名谦光，俗姓鲁，余杭人（今杭州），七岁落发，后在越州（绍兴）开元寺具戒，在明州（宁波）阿育王寺习律。曾游学福州谒长庆慧稜、临川（江西抚州）崇寿院，州牧礼请住持。在此开始传法。在南唐国建立（937）初期，被李昪礼请到都城金陵（今南京）报恩院，赐号净慧禅师。再迁清凉寺，开堂演法，“诸方丛林，咸遵风化，异域慕其法者，涉远而至，玄沙正宗，中兴于江表。”南唐李璟中兴元年（958）文益禅师圆寂，谥大法眼禅师。

法眼文益是青原行思禅师下第八世，历经唐末入五代十国南唐人。主要的弘法活动在五代十国的南唐（937—975）。文益禅师圆寂后，南唐中主李璟封谥“法眼大禅师”，后世因称此宗为“法眼宗”。

碑中所谓“法眼玄孙”指文益禅师以下的第四代法裔，因此可以考虑诸位高僧皆是法眼宗的传人。法眼宗得以传入燕京地区的情况，还有待深入地加以探求。

临济宗五祖山法演禅师（？—1104），绵州巴西邓氏。少落发受具。预城都讲席，习百法唯识论。据《释氏稽古略》记载:“蕲州五祖山禅师，名法演。夏六月二十五日升堂辞众入寂。师生绵州邓氏，嗣白云端和尚，端嗣杨岐会，会嗣慈明圆禅师，临济下九世也。嗣师之法者，佛果勤（圜悟也）、佛鉴勤、佛眼远，世呼曰三佛。远之嗣曰黄龙、牧庵忠等。忠之嗣普庵菩萨、印肃等（普灯录）”。

依据临济宗法演禅师在世时间判断，如果把辽天庆五年（1115）《大安山莲花峪延福寺观音堂记》碑中三位僧人归入临济宗“法演玄孙”，显然不妥。辽碑中记载“法眼”绝不会是误记，他们也不是临济宗五祖山法演禅师后裔。尽管分属不同国家，如果按年代时间分析，法演与他们都是年龄相近之人，即便依据传法辈分的特殊情况划分，法演禅师与他们之间也不存在代际差距，更别提竟相差四代辈分了。

通圆大师，通理大师、通悟大师此碑记述行实可资参证。显然当时僧众心目中此三人有崇高的地位，故有“曹溪的嗣、法眼玄孙”的记述，法眼宗这一禅宗法脉当是历史的真实存在。

通理大师弟子复有寂照大师，名寂照感，辽中后期住南京城（今北京），唱法于燕京宝塔寺，名气非凡。金初慧聚寺（今北京西山戒台寺）律僧悟铢曾参学其门下。

三、辽房山石经续刻倡导者通理大师身世考

辽代通理大师最伟大的功绩在于续刻房山云居寺石经之壮举。通理大师身世，史籍文献失载，于此考述以彰扬之。

通理大师（1049—1098），辽僧界尊称通理策师。通理大师为其尊号，系道宗

皇帝所特赐。大师名恒策，字开玄。生于辽重熙十八年（1049），圆寂于寿昌四年（1098）。“姓王氏，上谷礬山县新安人也。”其籍贯为辽西京道奉圣州（涿鹿）下礬山县新安镇人。礬山县旧地为今河北省涿鹿县矾山镇，此矾山县为奉圣州下辖县，元初撤并。据辽统和十年经幢，辽代矾山县有“新安镇双峰院”。据此知新安为矾山县辖下村镇，镇中有双峰院寺院。

通理策师少时“肄居宝峰寺崇谨为师，七岁遇恩得度，本名义从”。这是大安山碑的记载，大师少年在宝峰寺出家为僧。

关于大安山碑之通理恒策即刊刻云居寺石经的通理大师，足以为证的材料有两条。

据辽沙门志才撰《大辽涿州涿鹿山云居寺秘藏石经塔记》:“……有故上人通理大师缁林秀出，名实俱高。教风一扇，草偃八宏，其余德业具载宝峰本寺遗行碑中。”

据《房山石经题记汇编》一书第442页记载:“《菩萨善戒经》：孟士端书，添续成办石经功德主，当寺通理大师赐紫沙门恒策。提点善意大德沙门崇斁，校勘沙门志妙。校勘沙门可选、校勘沙门志经、校勘沙门崇育、校勘沙门志瑕、校勘沙门玄敷、校勘沙门善定、校勘沙门志鲜、校勘沙门善雍、校勘沙门道窘、校勘沙门慧济、校勘沙门善伏。大安九年（1094）十月日。”（条二十一、下五五七九）

通过这些记载，两相对照，大安山碑以及石经塔记所载通理大师确确实实是同一个人。大安九年石经之题记，则更加明确地证实通理大师即通理恒策。参与校勘的弟子如志瑕、志鲜、善定、善伏的名字，则更为人们所熟知，至此诸君之疑惑可以抛开了。读碑考据的乐趣，正在于此间的对比、感悟与发现。

这座宝峰寺是否即辽统和十年经幢间所列的“新安镇双峰院”呢？笔者推断显然不是，那么通理大师七岁出家为僧的宝峰寺在哪里呢？

这座通理大师幼年出家为僧的宝峰寺，在辽玉河县斋堂。位于北京门头沟区斋堂镇西斋堂村西北二里的山坡间，现仍叫宝峰寺，建筑、格局犹存，呈现清末风貌。

斋常以北十里，白铁山前有唐辽大寺“白贴山院”（《辽统和十年经幢考》一文有载），唐代创建，元代重修改称灵岳寺，此寺今存，仍称灵岳寺，寺貌颇壮观，保留元代风貌。而宝峰寺即灵岳寺的下院。灵岳寺有元至元三十年（1293）《重修灵岳寺记》碑，据碑称："西斋堂宝峰寺乃灵岳寺之下院也，（缘）恩公义重修佛殿、钟楼，僧舍亦革故鼎新而已。恩公谓门人曰：余自住山勤于修造，今颇成趣，欲刊石以纪之……"据此可知，西斋堂宝峰寺是金元时期业已存在的古寺，辽代宝峰寺状况虽不明了，但肯定已经存在。这座宝峰寺即通理大师少年出家寺院，通理大师遗行碑亦应立于寺内。

西斋堂宝峰寺，南距大安山延福寺约 50 里，沿多条古道翻越南部百花山都可抵达。西斋堂村西部 20 里清水村，有辽代古刹清水院，存辽统和十年（992）陀罗尼经幢，幢间有辽大安山延福寺僧众题名。

通理大师 23 岁，在燕京永泰寺守司徒守臻大师门下得法，道宗母亲宗天皇太后、辽道宗对之推崇，特赐紫袍、通理大师之号。

辽大安九年（1093）通理大师开始着手房山石经的续造。辽沙门志才《云居寺秘藏石经塔记》曰："师（通理）游兹山，寓宿其寺，慨石经未圆，有续造之念兴，无缘慈为不请友，至大安九年正月一日，遂于兹寺开放戒坛，仕庶道俗入山受戒，叵以数知海会之众，孰敢评之。师之化缘实亦次之。方尽暮春，始得终罢，所获施钱乃万余镪。付门人见右街僧录通慧圆照大师善定校勘刻石。石类印板，背、面俱用，镌经两纸。至大安十年（1094）钱已费尽，功且权止。碑（刻石）四千八十片，经四十四帙，题名目录具列如左。未知后代谁更续之。又有门人讲经沙门善锐，念光师遗风不能续扇，经碑未藏，或有残坏，遂与定师（善定）共议募功，至天庆七年（1117）于寺内西南隅穿地为穴，道宗皇帝所办行经大碑一百八十片，通理大师所办石经小碑四千八十片，皆藏瘗地穴之内。上筑台砌砖建石塔一座，刻文标记，知经所在。"

这是辽代通理大师镌刻房山石经情况的真实记录。据大安山延福寺碑，通理大师"造《梵行直释》三卷;《记文》四卷; 口有遗文盛行于世。至寿昌四年（1098）戊寅二月十三日寅时入灭"。通理大师门人善锐、善定将石经板建塔瘗藏的天庆七年（1117），已是大师圆寂后近十年的事情了。"通理大师灵骨舍利分葬四处，各起灵塔"，已不可确知其地。推测大师祖庭之斋堂宝峰寺应建有灵塔，并有大师遗行碑，亦如延福寺碑所记载的那样。唯此碑不及通理大师续刻佛经之事，实为一憾。

通悟大师恒简、通理大师恒策，都是崇禄大大守司徒通慧大师守臻的得法弟子，已见此碑。另大康四年（1078）《谷积山院读经记碑》，记有“当山疏主崇禄大夫守司徒通慧大师赐紫沙门守臻、当山提点宣法大师赐紫沙门恒亶”。这位恒亶显然也是守臻得法弟子。

四、慧聚寺悟敏参访通理和寂照二大师

关于曹溪的嗣盛名的通理大师和寂照大师，生前还与辽金时期的慧聚寺（北京戒台寺）传戒宗师悟敏有师生之谊。悟敏是辽末金初燕京地区著名的律宗高僧，名标僧史，尤富盛誉。

今戒台寺内存《传戒大师遗行碑》，立于金天德四年（1152）。此碑记述了辽代咸雍年间普贤大师法均为慧聚寺戒坛开山第一代。“始授高弟太尉大师裕窥，再传嫡孙悟敏者，即第三代也”。

关于悟敏在通理大师、寂照大师门下之参学，《传戒大师遗行碑》有所记载。碑曰：“师（悟敏）孙氏，临潢府临潢人，八岁教书再阅辄能成诵。十四岁从浮图法。时普贤大师（法均）方召赴辇毂，一见录为门弟子。”从法均为侍童，“言谨洒扫应对甚得其职，后执卷授经大部凡八帙，他人读之浃旬，仅能同师一日而毕。其过人多类此。”法均大康元年（1075）示寂后，悟敏从法兄经主大师裕窥至报德寺，20 岁进具（受具足戒）。又研习《唯识论》达 7 年之久，“即究通奥义启席演说，剔疑析滞，辩若泉涌，宿学硕德叹息座下。”又经过 5 年讲肄时光，“益厌文字之说，感慨叹曰：此乃道之荃蹄，滞之则去道愈远，胡然务博以溺志为哉。”之后“乃遁居山林养心缮性，至佛崖山谒通理策师，言下有省，豁然知所归。又造寂照感师，密受指迪所资益深。”此后“乃于雕山栖云寺招延高道，无远近之问。食者日众，而诸侍益多。久之太尉窥师（裕窥）顺世（入寂），遗命以戒本授师（悟敏），有司上闻可奏。明年选□天庆寺，又二年赐紫服锡号传戒，时有辽天庆九年（1119）也。又二十载于皇朝皇统元年（1141）七月十八日示寂，寿八十五，

夏蜡六十五。其年十月八日葬于寺西北隅。”此碑由悟敏的同门第僧人“燕京管内右街僧录传菩萨戒文悟大师赐紫沙门悟铢立”。悟铢是慧聚寺第四代传戒宗师。

据此得知，悟敏在辽末金初成为律学高僧，曾拜谒通理大师（通理恒策）于佛崖山，亦知他曾造访过的寂照大师就是寂照感。佛崖山，笔者考证系指百花山上的寺院，历史上有千佛崖、千佛山等不同的称谓，在大安山以西约 30 里，现属房山区史家营乡，此寺清代重修称护国显光寺。大安山延福寺、百花山显光寺、瑞云寺历史悠久，瑞云寺史迹丰富，金元以来寺僧所传为曹洞贾菩萨派禅法。关于百花山寺院，《宛署杂记》、《帝京景物略》、《日下旧闻考》均有详略不等的记述。佛崖山以北路经马栏村、约 40 里即达西斋堂宝峰寺。

宝塔寺寂照大师在辽代僧众心目中地位崇高，惜其身世及行实失载，详情不知。这是有“曹溪的嗣”大名的通理大师、寂照大师与慧聚寺悟敏的交往史事，是辽代僧史上一段重要的史实与奇缘。

百余年来，有关通理大师身世的重重谜团，终于云开雾散，明澈无疑了。号通理者，有金大定年间任竹林寺、潭柘寺住持的广慧通理，有清乾隆间达天通理，皆是著名的高僧，不可不察也。

五、辽代燕京紫金寺：名僧趋赴之地

《大安山延福寺观音堂记》碑称“通圆大师法赜，……至于燕西紫金寺开坛，含灵步礼而来受忏灭罪者，日不减二十余万。”在燕京城的西部有紫金寺。

《马鞍山故崇禄大夫守司空传菩萨戒坛主法均大师遗行碑》（辽大安七年闰八月立，马鞍山即今北京西山戒台寺）中记载，法均（1021—1075）辽重熙五年（1036）出家为僧，“前知则有京西紫金寺非辱律师，目击净器，收而教之。此“京西紫金寺”是法均大师的祖庭无疑，遗行碑中称紫金寺地处“京西”。

《补续高僧传》卷十七，有“慧聚寺传戒大师裕窥”传记，“裕窥（1050—

1119)，籍贯失载[4]，守德严戒，有师（法均）之风，辽主嘉之，仍袭传戒大师之号，赐崇禄大夫检校太尉，提点天庆寺。并赐御制菩提心戒本，命师（裕窥）开戒坛，说戒一如师（法均）在日。年七十而化。”“窥性退让，每事不欲上人，劝人完慈止杀，渔者焚网更业数十家。奏罢猎地、置义仓，备凶岁者数处。方说戒时，有食鱼者肉上现光气，其人惧而茹素。即过黑枨野，有童子牧牛，牛见窥至，跪而迎之，其主即以其牛并童子为奉。中年亦预僧务，僧以事至，窥先好语诱掖，终于无讼，其人辞谢，乃以念珠一串付之。歉岁尝抵紫金寺，赈饥人饘粥，或告爨下乏水，窥以杖捣地，掘尺余得甘注，暨终事取足。窥既去，水亦随竭，此窥迹之概尔，窥如是师，可勿详而悉矣。”

法均少年出家的“京西紫金寺”；通圆大师法赜所抵“燕西紫金寺”；裕窥歉岁尝抵的紫金寺，所指为同一座寺院，并且是辽代一座很著名的寺院。从“燕西”、“京西”方位判断，以及裕窥抵紫金寺赈饥人饘粥、或告爨下乏水，以至牧牛、罢猎、渔者焚网更业等情况分析，此寺在辽南京城西部的山地间可猎，临近河流可渔，此山区缺水。

这座紫金寺，正是辽道宗时期名声甚大的法均大师少年出家为僧的寺院，可能也是法均大师的家乡，故其弟子裕窥不忘师恩，尝有紫金寺之行。据考证，紫金寺在今北京市门头沟区西部山地间田庄乡田庄村。辽代属析津府玉河县地，地处“京西”、“燕西”，方位契合。故辽代的紫金寺，不可在辽南京城中去寻觅了。

田庄村一带山势起伏，奇伟秀丽，旧有古刹，名曰紫荆寺。据明《宛署杂记》卷十九：“紫荆寺，在田家庄。相传隋田真、田广、田庆兄弟三人分居，议分紫荆，一夕枯死。兄弟感悟，复合。荆亦复荣，即此地也。”考察寺址，位于田庄村中部的坡地间，寺址坐西朝东，前临沟谷。

1984年文物调查时，仅存三间民国期间重修的寺殿，村民称之为“大佛殿”，殿亦东向，已非旧貌，一直为村小学校使用，盖即紫荆寺旧址。紫金系紫荆之雅化或讹传，“金”、“荆”音亦相近。

---

[4] 据《高僧传》“悟敏传”考证分析，裕窥是白霫人，今辽宁建平县。

紫荆寺址佛殿坐西向东，亦合辽代寺院规制。（注：近年有人访问田庄村村民，据讲，紫金寺旧址西部突兀高峻的山峰，叫“紫金陀”，著者多年前的研究判断，进一步获得证实。）

京剧著名剧目《打灶分家》、《紫荆树》均以隋代田姓三兄弟故事为原型，同样源于此。

辽代通圆大师法赜“至于燕西紫金寺开坛，含灵步礼而来受忏灭罪者，日不减二十余万”，人数除有夸大成分外，所指似为寺院在庙会期间前来参加佛事活动的乡村邑社组织人员而言。法赜与法均为同门弟子，皆排“法”字辈序，从法赜在开悟寺金刚大师门下得法分析，法均可能也是金刚大师弟子。从诸位禅师顶礼紫金寺举止判断，这位金刚大师的祖庭或许也是燕西紫金寺。在辽代紫金寺确实是名僧辈出、龙象腾骧的著名寺院，历史价值尤为突出。

六、辽代通理大师的师承及弘法诸弟子

通慧大师守臻，燕京永泰寺疏主、崇禄大夫、守司徒通慧大师赐紫沙门守臻。守臻大师门下高僧云集，龙象腾骧，是辽代著名的佛学理论家。

兹将钩沉到的通慧大师守臻门下诸大德名号事迹列入，足见其门庭人才辈出的状况。

通理大师（1049—1098），讳恒策，字开玄，姓王氏，上谷矾山县新安人。是永泰寺疏主守臻得法弟子，道宗皇帝时为内殿忏悔主，主持宫廷佛事。大安九年（1093）在云居寺开坛传戒，聚钱续造石经，数量巨大，功绩甚伟。

通悟大师（？—1111），讳恒简，姓高氏，蓟州玉田县三女河人。守臻得法弟子，与通理恒策同门，永泰寺内殿忏悔主，授检校太尉。

通圆大师（1050—1104），讳法赜，姓郑氏，燕京良乡县南石村人。礼开悟寺金刚大师为师。道宗、天祚帝加其“燕京开悟寺内殿忏悔主特进太师辅国通圆大师”封号。与通理恒策同时且相契，大康十年在云居寺任“尚座沙门”，曾参与刻经事宜。

法赜题名见“牛温仁等造经题记（大康十年）”：“朝散大夫尚书都官郎中通

判涿州军州事飞骑尉赐紫金鱼袋牛温仁、前内客省使知涿州军州事耶律恭、推忠同德功臣崇禄大夫行刑部尚书兼门下侍郎同中书门下平章事监修国史知枢密院事上护军安定郡开国侯食邑壹千户食实封壹佰户梁颖。军事判官承务郎守太子洗马云骑尉赐绯银鱼袋齐毂、奉宣校勘讲百法论沙门法明、奉宣校勘讲面法唯识论沙门法式、奉宣校勘讲上生经沙门可寿、奉宣提点诵法华经沙门法选、见都知沙门法积、见尚座沙门法赜、见寺主沙门季令。大康十年（1084）八月日碑五十七条讫”。（题记刊于《宝星陀罗尼经》七卷九条。又《宝星陀罗尼经》十卷二十条大安元年行杰书，法忍刻。）

寂照感，通理大师弟子，燕京宝塔寺僧人，乾统十年（1110）与通悟大师恒简重修大安山延福寺。

弘赜（1021—1108），大安山延福寺山主，俗姓李氏，良乡县西紫草务里人也。乾统八年（1108）二月十日奄然归寂。

正慧大师，姓齐，永清县人。少年出家礼燕京天王寺三藏为师，后回礼永泰寺守司徒疏主大师守臻为师，成为守臻得法弟子。名衔为“永泰寺崇禄大夫、检校太尉传菩萨戒、内殿忏悔主正慧大师”，门下有善隐、善仙、善规等，与通理大师同辈，为恒字辈僧。即房山张坊石幢塔塔主，名字塔文未载。

宣法大师，赐紫沙门恒亶，守臻得法弟子。据辽大康四年（1078）《谷积山院读藏经之记》碑，有“当山疏主崇禄大夫守司徒通慧大师赐紫沙门守臻，当山提点宣法大师赐紫沙门恒亶”。“昼夜六时，恒闻梵呗，轨仪严整，僧侣精勤。加以“兴善崇胜司空大师怀本”提振而主领之。”这种举止绝不仅仅是读经，守臻题名证实，谷积山院是校勘云居寺石刻佛经底本的重要寺院，其历史价值值得重新加以评估。

悟空大德，刘五拂，比丘尼，大安中从母太夫人谒见通理策上人，拜之为师，为通理大师得法弟子。兴宗、道宗朝太尉刘六符三女，寡居后誓志不再嫁。寿昌二年正月五日，（1096）剃发于云居寺东玄心寺，时年 56 岁。寻授十戒，为沙弥尼。其年四月十二日，领六法；十九日，圆大比丘戒；七月，赐紫方袍，赐号悟空大德。方半载，一切事毕，人皆嗟异。乾统元年（1101）辛巳正月五日建塔。（《辽代石刻文编》）

崇昱大师，即崇育，通理大师得法弟子。大安九年（1094）《菩萨善戒经》题记有他的题名，并有通理大师、崇敎、志妙、可迯、志经、志瑕、玄敷、善定、志鲜、善雍、道窘、慧济、善伏等题名。俗姓李氏，安次县崇福里人。二十岁礼当县义隆法师为师。授口税金论于燕台永泰寺疏主臻师。年二十四于本寺启讲唯识论、瑜珈论，次岁开花严大经，周满三遍，玄谈七十席。大安初……首抵王家岛，先有通理策师住止于此。师受以达摩传心之要，一见情通，事无重告。至八年结心相与返诸西峰，驻锡于石经山云居寺，与师同办石经，复更数祀。次又迁往佛岩山丈室寂居，门绝宾友。暨天庆四年（1114）秋八月因还本刹，拜先师塔。……俗龄七十有六，僧夏六十。……至九年（1119）二月建石塔于先师茔穴乾位。……天庆十年岁次庚子朔九月二十三日乙时建。（《崇昱大师坟塔记》）

善伏、善定，皆是通理大师弟子，辽末辅佐刻经事业，贡献突出。金初刻经持续进行，二师继续刻经事业。后皆得到中都僧官委任，适得其所。如乾统七年（1107）《大方广圆觉修多罗了义经》题记："故通理大师门资勘造经主讲律比丘善伏"、"提点石经录判净行大德赐紫沙门善定"。

此碑石涉及辽代重要的佛教历史价值，尤其对燕京地区的禅宗史意义重大。其重要的佛教史价值值得深入研究，特此疏证，至此而已。文中涉及诸僧身世，可参阅北京市文物研究所编《北京文物与考古》第四期《京西伽蓝名僧记》一文，已经把五代、辽金燕京地区曹洞宗重要僧人事迹考证汇集，对此期燕京佛教曹洞宗大事因缘的研究助益非浅。

大辽燕京西大安山延福寺莲花峪更改通圆通理旧庵为观音堂记并诸师实行录

寄当蓝云水沙门琼焕撰并篆。

粤以觉雄现相，醒悟含灵，大士传灯开道，道眼宗裔大系于西印竹国，芽惊法雨普沾于东土震旦咸滋。

永平岁摩腾入汉，藏初兴；普递（菩提）达磨来梁，玄风创扇。由是禅讲隆兴久传，庯宋至我大辽历业已来，教传盛而：三惠齐生。宗未隆而一心阙印，致口唱，教虽隆，见性得地者口矣。

至康安二号，南宗时运，果有奇人，来昌大旨。遂以寂照大师、通圆、通理此三土人，捷生间出，□□中之龙焉。传佛心印，继累代之高风，□无胜幢，作不请文。俾祖光回照，□灯无昧者，始自三师。玄风大扇，开迷云而显惠□智□发光，没前疑而通后滞。潜资鞭影得法益心者不记。圣教暨今禅俊如林，洋洋乎满周沙界，得法传心濬乎，名相莫拟。斯乃学□虽众，原其根本唯三上人乃曹溪的嗣，法眼玄孙，为此方宗派之原，传心之首者矣。是知后学修进，玄机激扣，咸有所归者，岂不□悉焉。

琼焕仰诸遗行，异迹超伦，虑成寝隐，无闻后进，强为纂录，以俟来哲。

后面有相关法师的介绍。

燕京开悟寺内殿忏悔主特进守太师辅国通圆大师者：

师讳法赜（1050—1104），姓郑氏，燕京良乡县南石丰村人也。生而神俊，性异常童，幼□佛乘，志乐出家，礼燕京开悟寺金刚大师为师，年未满而受戒品。登于学肆，花严为业，才预文义，天朗曜伏，以容仪口伟，骨气昂藏，神用耸拔，辞音朗润，因倦学肆，防寻山水。闻此莲花胜暨，杖锡而至，与通理策公同时挂锡。自届此居，心坚志爽，唯务□学。冥心正受乎，寂寂然心虑虚怀。端身坐耸乎，亭亭然旦夕无倦。孤行异操类松竹常青，节志骨刚若硕石弥固。虎奔鹿难一喝而驻足蹲躯，自卜休贞下卦而一缗独立。尝经岛出而自言，它日当为佛法中大器，得岸忘忧，傥无此能甘后坠溺。言讫而进，将及海心则湲换尽绽，蹑蹑唯足下冰凝，左右则滟溺沸腾。雄雄似海神捧出，师之实德道播群方。

道宗皇帝美其道风，行业恢隆，愿一瞻礼，宣请而至，覩师道器宇量环奇，尤加弥重，特赐紫袍、通圆之号。当今天祚皇帝宣请为内殿忏悔主，加特进守太师、辅国通圆之号。钦师弥德，不类于常。自此因缘大化，至于燕西紫金寺开坛，含灵步礼而来受忏灭罪者，日不减二十余万。五京三学龙象皆来奔凑，求摄为资者约千万焉。至乾统四年（1104）示疾而殁。五京门徒近□千数；著紫门徒近十有余人；寮宰已下愿摄为弟子丕计其数。寿五十五，灵骨舍利敕葬建塔本寺坟口云尔。

永泰寺内殿忏悔主通理大师者：

师讳恒策（1049—1098），字开玄，姓王氏，上谷攀山县新安人也。世袭农业，家积纯善，父名保寿，母名刘氏，昆季三人，第三爱子也。生有异表幼而神俊，肄居宝峰寺崇谨为师，七岁遇恩得度，本名义从。

幼岁曾伏二虎，百法为业。十六启讲，后习性相，靡不圆通。永泰寺守司徒欲摄为资师，资道合方改今号，自兹左右抠衣无倦。二十三岁从师门下，宗天皇太后、道宗皇帝见重，特赐紫袍、号通理焉。至于涿州，讲罢之日，杖锡孤征，暨至于此。结茅薙草，宴居林下，精进弥勤，心通转益，笃爱此山，朝夕无倦。

五京缁素响师道风者，若葵心向日；谘决心疑者，如蚁之慕□；暂预瞻仰者，莫不消殃而致福；亲承垂训者，咸得去危而获安。可谓清凉热烦、增福之田者矣。

主上闻风宣请为内殿忏悔主。由是外缘四备，隐志难成。坚请下山顺缘赴感，复加检校司空，牢让不受。至于永泰寺开讲，五京缁侣闻风而至，龙象学徒，日不减三千之数。踞登猊座，启翳玄开，玉麈挥而性相融，宣玄机叩而箭锋相拄。涌泻玄河之辩，□□乃根之机。可谓问难云兴、洪钟普应；随问应训、疑云风卷；一日宣扬、众心开悟。□□施为成大化焉。造梵行直释三卷；记文四卷；□有遗文盛行于世。

至寿昌四年（1098）戊寅岁二月十三日寅时入灭，是时奉圣巨桥折为两断，二岸旅人拥滞无数。其中神人太□，唱师人灭之期语报。含灵用表征祥之应。寿五十，腊四十三。

荼毗之日，无云雨雪，状若天口，焰似紫莲，光明间错，双睛不烬，颌齿犹存。灵骨舍利分葬四处，各起灵塔。度菩萨戒弟子一百五十余万，皇储已下及百官等八十余人；公主国妃已下等五十余人；并礼为师，善字训名上首学资一百余人；剃度门徒四十八上人。师之灵异弥德不可具陈云尔。

据上二师旧隐此地，前后萍盂约五六次。每来挂锡，或经一稔二稔，或居一季二季，刬除妄想，均平定惠，玄味励修，孜孜无倦。通理获悟观音之辩，毗卢亲记；通圆静力心凝，同道咸知。实谓智高德满，（碑阴）生融为□祥之枢机，罄三藏之洪辞。遗一言一偈与方类，以为诠量。垂一行一德，千古为规绳。□□切志，笼罩古今；悲慈利物，盖覆乾坤；历代已来，孤运而已。详夫随□是感，应物现形，虽异迹颇多，然以首初建□晦迹藏用，志行发解，无越于兹。是知此遗迹之处，不可因循而亡矣。

永泰寺内殿忏悔主检校太师行鸿胪卿通悟大师者：

师讳恒简（？—1111)，姓高氏，蓟州玉田县三女河人也，母王氏。在襁褓间喜见□□佛□，及长志慕出家，遂礼燕京永泰寺疏主臻公为师，与通理策师同门尔。

受具之后宗习识论，□于学肆，寻于山水。后造通理之室，因论□子之义，□下亡□深入堂奥。自□已专随缘者，杖锡名山，得诣中都青峦古迹而挂锡焉。未经数载，州民送馔四时而□□不□□□辐辏周成而□□□□续来居。自此已来，玄学依附，不减八百之数。由是□□□□□□□□□□□□□启教□□消□□乃□□提纲□谓□祖师大体焉。中京檀信□奇师解行，坚请下山，入京开化。学徒闻风齐至，□不减七千之数。其余中□前□□□众不减五千徒。

主上闻风，宣请而至，亲□礼敬□□道器□亲九□讲□，为内殿忏悔主，并赐紫袍、加检校太师、通悟之号，自尔已后，弥加钦重。因是燕京开化之后，杖锡名山，特来此参拜老人之庵。睹斯而□□便揖□□□□□杖锡东征，至□□路昌□西山石榴道礼请驻锡，未经旬日，于天庆元年（1111）正月初一日□有遂为以圣僧□身□世，□乃□□□而□长往。灵骨敕葬于本寺云水堂下。

□琼焕自弃讲学，历诸丛会，访寻古迹，志在林泉。复闻大安山莲花深谷景静山□□□□景即知是通理、通圆旧隐道场，群贤养道之所，杖锡寻访特来斯地。此方径庵荒漏，绝于人迹。□林前□□□而□远□空庵二座，蓬蒿侵没，左右□民。复睹峰峦八面，恭望□安厨松桧□□庇护，庵伴中□平□□晚陷莲寓之状。□岗□□耸秀，盘曲之形将□右□隐清池□授之□彭祖，左泊隐寿寨峭壁也。下睹则棉栽深垓，创志伏声□□□□□□□□□挂锡更不能游至于此。

乾统十年（1110），有通理法裔寂照大师，于燕京宝塔寺三千讲肆杖锡而至。偶然契会简公，欲重修之，□及本庵居为观音堂□□□□□□□□□□□□此劈不□缘始遭时□□□□□□当寺提点□□□□□□□□□□□师旦夕无倦，才顾亲承名□去世。自届此居，恒□□□图画真容，寅昏礼供。不但唯顺自心孝道，□亦酬简公□□，遂以勉强□□。今见周圆，用报先□□福资照□于中添画出□□□真容者，为此大建，玄门初兴，□人同□就中□寂照师尊□长于访古，风雨偏多。暨至开化，三大齐唱，以斯因缘不可因缘□□□□□□□德备□□□□□□□□亦令将来□□生善人知□□□□由□□□□承袭之，□难忘□□之心，用自短智，嘉四□之德者，若□□□于大□螺量饮于溟涬。

但□□□□□一二，启悉弥勤，俾彼例焉。愚素少知见，复寡文藻，强为记□，实非简牍，伏企四来英彦，少加哂尔。

复有当寺故山主者，师讳弘赜，俗姓李氏，良乡县西紫草务里人也。师幼而神爽，长而壮勇，辞音清朗，骨气□隆，受具之后，独掌儒道英俊时时亲附，缁门龙象频频知重，扶苦危也。山□大材，举足而归命咸安，鬼虐临人，高跻振而方病顿愈，□□□也。豪势贵贱者闻名咸愿归心，□□者见形廓，靡不信伏。可谓内外同遵，真俗双运，宇量过人，名闻五京。与上诸师时□人也。

师之异相难可具陈，后至乾统五年（1105）二月二十二日委嘱山门与上足弟子道坚，讫至八年(1108)二月十日奄然归寂。所度门徒二十余人。寿八十八，腊七十一。灵骨葬于本寺云尔。

天庆五年（1115）□□二月□午日朔十三日记。参访比丘知非书。

□从法师当蓝同居住持人等列名如后：坊里大圣院首座沙门法诠。良乡县大历寺沙门圆戒、习经沙门善中、善纯、道悟、道真、圆觉、行寂。与法师同建人，当寺尊宿等列名从后：山主门徒：首座沙门助净、当寺提点讲论沙门道坚、讲经沙门道性、住持沙门道源、讲经沙门道琛、讲经沙门道□、道鉴、道益、善□，当年寺主讲经沙门道□、现尚座道信、现都知善晓等合寺共六十余人。

（碑侧）“涿州范阳县西北乡独树村贺公严并男二人、寿哥、闰哥镌。良乡县东开俗弟子韩口驾、乞奴，法号道俊。”

（注：此碑阴漫漶过甚，虽经努力校录，错讹依然难免。为窥全豹，特全文编入，以俟高明予以订正。）

本文最初登载于1997年初《房山区文史资料》；1997年《北京文博》第三期正式发表；后编入《北京辽金文物研究》文集，2005年北京燕山出版社出版。此次编入文集，本人又予增补，即第二章节加入五代至辽初燕京的法眼宗问题一节。2013年12月8日述于京西九龙山下居庐。

金代广慧通理所参汴梁佛日禅师考

北京著名古寺潭柘寺有金代高僧广慧通理七级密檐砖塔，他是潭柘寺乃至中国佛教史上有名的祖师，明代人编著高僧传对其身世有所介绍，但对他在北宋首都汴梁参学并得法的情况则语焉不详，留下千古遗憾。今天有必要对这一宋金佛教师承问题加以讨论，以延伸扩展宋金时期中国佛教史研究的深度及广度。

一、广慧通理禅师倡法竹林寺、潭柘寺

金代广慧通理禅师身世行实，显然载于潭柘寺塔院其塔碑。此碑由金永定军节度使杨邦基撰写，立于大定十五年（1175）。明代《补续高僧传》卷十二：“圆性传”，即广慧通理禅师的传记。传后有附记称：“明河曰：此传取诸塔石，石文乃金永定节使杨邦基撰。”此传记讹误疏漏处不少，并且不能指出广慧通理所参佛日为何人，留下不少遗憾，今一并考辨订正之。

乾隆间《潭柘山岫云寺志》所载“广慧通理禅师”，显然也采自塔文，与《补续高僧传》之传记可以互校之。两篇传记各有千秋，不可偏废。

《潭柘山岫云寺志》：“广慧通理禅师。师名开性，俗姓侯，顺州怀柔灵迹里人。九岁依都城嘉福寺戒振出家，十五受具戒。天眷初（1138）参佛日于汴梁，未几豁悟心法，作颂日。日首肯，以正法眼藏付之。乃潜南行，历齐鲁，时昭禅师居越峰，将造之。是夕有神人冠服甚伟，语昭曰：广慧大士明日来，当扫馆宇以待。诘旦师至，众咸异之。后数主大刹。大定年间僧善诲十余辈，请主潭柘。师念潭柘从古祖师道场，禅学扫地二百余年，吾将起废，正在兹时，遂往经画。

众以规模弘大，惧难遽集。师曰：第恐诚不至耳！诚若至，奚患无成。方凿石际，有大石误坠，众悉骇避，师恬不顾，才去师不半寻而止。咸谓师志愿精悫至神佑云，十有一年工始告止。大定十五年（1175）六月三十日，沐浴易衣说偈，跏趺而逝。寿七十二，腊五十七。荼毗后建塔于潭柘虎首之阳。得法者五人：善照、了奇、圆悟、广温、觉本。有语录三编行世，所著寺中规条，至今遵守无敢遗轶焉。”

此篇传记，有一句似应改作：“师念潭柘从实禅师古道场，禅学扫地二百余年……”其余皆不误，可以凭信。

《补续高僧传》载师传记为：

圆性，顺州怀柔侯氏子，自王父以上皆隐晦无闻。父琦，母杜氏梦异僧授以神珠而娠，迨诞室有光。童时断荤血，举止端肃，九岁请于父母，愿为僧，许之。依都城奉福寺振公为师，十五受满分戒。习唯识、起信论，有叩之者，答之如响。义精旨妙，皆出入意表。久之叹曰：是法，非思量分别之所能解，果在言乎！

天德初（著者按：原误，应为天眷初，1138年），佛日禅师入汴，师袖香谒之。佛日嘿识其器，而施锥劄，师益自克炼，不四旬恍然有入，佛日肯之。及佛日赴辽阳之请，师侍行，抵惠安，举为立僧，指元切要，一众钦服。

后以皇后教旨，住韩州功德院，未几舍去。渡大河，历齐鲁，时昭禅师居越峰，将造访之。是夕，昭坐室中，见一大神伟服立于前，白曰：广慧大士来也，当除馆以待。诘旦，昭整众延伫食，时师至矣。众大骇！昭虚心尽敬，以所见告焉。师笑而已。浮汴而洛，抵关右，所至老师宿学，皆为师下。

天德初（1149），被旨主竹林。明年徙惠安，明肃皇后[1]遣中使奉以磨衲衣，并金帛诸物，佐开堂之费。久之，竹林旧众，念法乳不已，佥曰：吾师也，惠安安得拥留，权巧以归之。时海陵领留钥，

[1] 海陵玖母。海陵王即位后，追谥其父完颜宗幹睿明皇帝。世宗即位改谥明肃皇帝。

向师道风，赐广慧通理之号，洎紫方袍、旃檀宝塔、大士像，竟符越峰神告之语。

大定间，迁潭柘，将大有营建。或以寺久废，规模宏大，惧难克集，请少损之。师曰：吾心计已定，第恐不诚尔。不十年而潭柘落成，视旧有加焉。其始工也，凿山之际，有巨石崩坠，轰声如雷，众骇避。师恬弗为顾，石至师而止，不远寻尺，若有神御之者。

其在竹林时，竹林实辽长公主赐第，制侔宫阙，虽为梵刹，而台门尚存。师谓非僧居所，宜亟命撤去。得故砖百万，为方丈基甃。仍以其余，即故基为俗室，而鼎新其门。凡所成务传永久，尽竭衣盂所不惜。律身持物，凡可以久行益后者，皆著之令典，使传将来。用志之精专如此。以大定十五年（1175）六月化于潭柘，世寿七十二，僧腊五十七。

明河[2]曰：此传取诸塔石，石文乃金永定节使杨邦基撰。谓佛果自西蜀来汴，以心印传佛日，佛日传广慧，为南岳下十七世。则佛日为妙喜无疑矣。及后云：师侍佛日赴辽阳。又云：数从佛日入禁中说法。考时校处，又似非妙喜。茫然不知佛日为何人。若果妙喜，何年谱传灯不载此事。年谱但云：女直之肆骄，取禅师十数，师为首选，虏酋壮，传不少屈。由是一众获免其行，得无师实行，如杨所云而后返。作谱者为之讳也耶。抑佛日非妙喜。佛果下别有一佛日耶。杨文定有所据，必有一人当之。大都妙喜始终，如青天白日，不容隐讳。笔此以俟高明考订。

综合广慧通理禅师以上两个资料，《补续高僧传》记作“圆性”不准确，当从《岫云寺志》中记述，名“开性”为准。潭柘寺寺僧修志资料，当取自金代节度使杨邦基撰写的碑文，乾隆年间此碑或许尚存。传记中“天德初参佛日禅师于汴梁”，显系天眷初年之误，可依从《岫云寺志》的记载。

[2] 明河：明代《补续高僧传》的编著者。

依据广慧通理禅师身世资料，可知他生于辽乾统四年（1104），寿七十二，当圆寂于大定十五年（1175）。他少年出家的奉福寺是一座辽金古刹，旧址在辽金故城内西北部。中都城内大竹林禅寺名气非凡，向为燕京临济宗祖庭，广慧通理曾在此当过一任主持。

辽金故城内的大竹林寺，旧址约在今广安门外大街手帕口西街一带。

广慧通理（1104—1175）一生经历大致如此。另有未入其法嗣，有过参学机缘的“中都潭柘山龙泉寺政言禅师”，政言也是潭柘寺的一任主持，是香山慈照禅师的法嗣。他受师之命往竹林向广慧通理参学，究通教理，而后声名鹊起，成为金代著名的禅师（详情见政言禅师篇章）。

据《补续高僧传·圆性传》下附记：“佛果自西蜀来汴，以心印传佛日，佛日传广慧，为南岳下十七世。”圆性实际名叫开性，即广慧通理禅师。以上之语载明取自塔石，即广慧通理塔铭碑，也就是杨邦基所撰碑文内容。

塔铭所言不虚，不管佛日禅师为何人，按高僧辈分的排字推测，广慧通理禅师的确是南岳下第十七世。

南岳慧能大师下第六世为临济义玄禅师，义玄有嗣法弟子 20 余人，最著名者为兴化存奖。复传于南院慧颙、风穴延沼、首山省念、汾阳善昭、石霜楚圆。楚圆下有黄龙慧南和杨岐方会并列，至此形成禅宗的“五家七宗”。杨岐方会传白云守端等 12 人，守端传法演等 22 人，其中最著名者为“三佛”，即佛鉴慧懃、佛眼清远、佛果克勤（时人以“川勤”称之）。

佛果克勤（1064—1135）是四川彭州崇宁人，北宋名僧，嗣法弟子达 75 人之多。佛果克勤名闻京师汴梁（开封），宋帝赐“佛果”、“圜悟”等号，著有《碧岩集》。佛果克勤传法于佛日，佛日传于广慧通理。广慧通理正符南岳慧能下十七世名次。与杨氏撰广慧通理塔文相合。

自佛果晚年（逝于绍兴五年，1135），历佛日禅师，正值金国南侵灭亡北宋（靖康二年，1127）前后，他们先后都在北宋都城汴梁居止弘法。而广慧通理参学佛日于汴梁，为天眷初年（1138），此时的汴梁早已是金国的领土（后改称为金国的南京），金国已拥有淮河以北广阔的土地。金国时与建都杭州的南宋相对峙，是当时的历史格局。

这位佛日禅师在汴梁曾传法于广慧通理禅师。当时有著名的佛日禅师名妙喜，如果不是妙喜，那又是谁呢？明代末期僧人明河编纂《补续高僧传》，关于佛日禅师是谁未能说清楚。几百年来，这件史事作为历史谜团，一直未获破解。

二、关于佛日宗杲（大慧、妙喜）

《补续高僧传》中广慧通理参侍过的佛日禅师，显然不是妙喜。乾隆年间，编辑《潭柘山岫云寺志》时对潭柘寺塔院中“佛日圆明海云大宗师之灵塔”，清僧们也是一头雾水，认为此塔是“金代别有一佛日圆明禅师，大定年间人。金末元初时有一释名号俱同者，不得相混”。其实这座僧塔是元初临济宗海云大宗师之塔，与金代佛日禅师毫无牵涉。

因在元初海云大宗师塔东北处就是广慧通理塔，又有汴梁参学佛日的记述，编著寺志者们便认为这是金代佛日禅师之塔，也就是广慧通理禅师所参汴梁佛日禅师的塔。其实这是一个很大的讹误，必须加以纠正。一位金代佛日禅师给潭柘寺历史增添了多少谜团！从明代到清代，直到当下产生了多少猜测。

佛日宗杲（1089—1163），字昙晦，号妙喜，封号大慧。宣州宁国人，俗姓奚，早年游方参学，名声大振。尤以“话头禅”之宗风闻诸丛林。宣和七年（1125）抵汴梁（开封）投佛果克勤门下。得法后，在汴京名气非凡，宋钦宗赐号“佛日大师”。其行踪不离北宋、南宋疆域。其事迹载于《大慧普觉禅师塔铭》、《大慧普觉禅师年谱》。靖康二年（1127）汴京陷落，宗杲行迹遍于江浙、广、闽等地，与金朝占领的汴京没有任何关联。

所以广慧通理天眷年间参侍的佛日禅师不是宗杲。明代编纂《补续高僧传》的明河也知不是此人，故有“佛果下别有一佛日耶，杨文定有所据，必有一人当之”的表述。

三、金僧圆盖秉承五祖演之法脉

关于佛日禅师，还有一个线索可作参考，有助于此问题的探讨思路。

《金文最》卷一一一，载《钦定热河志》“利州精严禅寺盖公和尚墓铭”一篇，由赵秉文撰。据此墓铭载：“临济自佛果沿而下之，至于佛日；自四明泝而上之，至于佛鉴；俱出于五祖（山名）演（法演）。而佛鉴传南华昺，昺传四明逵，逵为今北京（金中京大定府，金贞元元年，1153 年改称北京）松林北迁第一祖。师（圆盖）四明之孙，微公之子也。张其姓，讳圆盖，永昌阜俗人。十九弃俗而僧，廿弃律而禅，参玉泉名公、□安宝公，以机缘不契，退而叹曰：大丈夫肩荷佛祖未生前大事，直须全身放下始得。遂退居灵岩佛髻山，结茅栖隐者数载，山空无人，以水流云飞为受用……明昌六年（1195）五月跏趺而逝，寿六十有四，僧腊三十。”

与佛果、佛日不同，佛鉴一系的传承脉络在金代初年便已踪迹难寻了。

利州，金大定府属州，驻阜俗，旧址为今辽宁省建平县西北部。墓铭提到佛果、佛日（宗杲妙喜），虽语焉不详，但所指确实为佛果克勤和佛日宗杲。虽与广慧通理无关，但却真实地记录了佛鉴一系临济宗法脉，北迁金国北部地区的佛教史实。佛日当时大名鼎鼎，不用直载其名，便尽人皆知，所指为宗杲（妙喜）。而广慧塔石所载佛日，又不是宗杲，而是另一位受赐“佛日”封号的高僧。这位广慧通理禅师参侍过的佛日到底是谁呢？

四、关于《善照怀鉴塔铭》中的佛日圆证禅师

广慧通理禅师门下得法者五人：善照、了奇、圆悟、广温、觉本。其中善照塔铭留存，提到一位佛日圆证禅师，可作为考证的谈资。

据国图藏拓片，《怀鉴禅师碑铭》，首题“中都竹林禅寺堂头怀鉴禅师碑铭”，大定九年（1169）三月二十三日立。“中议大夫中都路都转运副使上骑都尉武威县开国子食邑五百户赐紫金鱼袋贾少冲”撰文，正书，26 行，满行 39 字。

怀鉴禅师（1121—1168），沈州章义人，俗姓马氏，名善照，字怀鉴。自幼“志慕释氏”，父母不允，强为娶妻，十九岁怀鉴遁出家门，年廿有二复归旧里，时以皇统普恩受具，再诣团山，宗主谓师曰：东京佛日圆证和尚大振宗风，汝往师之。师然其言，乃诣惠安投诚挂单，礼东京大惠安寺佛日圆证，昼夜习参，虽

未□超已得正修行路。时广慧通理禅师初为立僧，以师（善照怀鉴）为侍者。

（佛日圆证）尝谓左右曰：此子（善照怀鉴）将为吾家大法器也。及广慧之游方山，师振衣而从，以广慧通理为师，后任燕京大竹林禅寺堂头。大定八年（1168）圆寂，世寿48岁。

广慧通理在汴梁参佛日禅师，“天眷初（1138年），佛日禅师入汴，师袖香谒之。”并在佛日门下得法。据《怀鉴禅师碑铭》记载年序推断，广慧通理与善昭怀鉴在大惠安寺佛日圆证禅师门下时，当为皇统年间（1141—1148）。皇统年间二十二岁受具戒的善昭怀鉴，此时应该有二十六、七岁，而广慧通理则已年近五旬。因无法证实广慧通理在汴梁参究的就是大惠安寺的佛日圆证禅师，因此暂不做考虑。

辽末金初燕京西山白瀑寺也有一位圆正法师，本是大崇仙寺僧人。可参见本书《北京西山伽蓝名僧记》一文的记述。

五、有天下大名的佛日惟岳禅师

《金文最》卷一〇〇，辑录有《长清县灵岩寺妙空禅师塔铭》，是金皇统二年（1142）张岩老撰。广慧通理禅师在汴梁参侍过的佛日禅师在此终于露出鳞爪矣。

1. 塔铭记载的佛日惟岳禅师

塔铭载：

> 皇统元年（1141）六月二十八日，管勾济南府十方灵岩禅寺，寺门传法妙空大师奄化于寺之方丈。时室后梨花再发……门弟子礼源等葬师于本山之西，而起塔于其左。师之法姪询公继师主寺事……灵岩自昔为大禅刹，实观音建化道场。举天下胜绝之地相甲乙者，不过二三处，故前后主僧，非一时高名大德，时君不轻付畀。
>
> 政和甲午（政和四年，1114年）住持者缺，守臣有请，命左右街诸禅师举堪充其任者。时师方住汝州南禅，众以师名闻之，乃可其请。师奉命而来，过京师（汴京）赐紫衣，又赐号曰妙空……既

至灵岩，开堂演法，大振玄法。参徒常不减数百，历廿八载……

师讳净如（1073—1141），俗姓陈氏，福州侯官县人。年十七师积善寺长老旋湛落发为僧。……至饶州（治所为鄱阳，今江西波阳）荐福寺，时道英禅师传道于彼……密授荐福之印。崇宁初（1102）至京师（汴京），净（如）因佛日禅师惟岳有天下大名，王公大人，日夕造谒。师为惟岳传者，贵人见其语论精深，器识宏远，多称赏之。时汝州南禅偶虚，众僧仰师名行，礼请住持。……师在南禅十年，寺宇为之一新。……当兵火间，保聚山谷，演法如常，盗贼无有犯者。……又能书，大字得颜柳气质。晚年辟谷，所食者果实菜茹者，十余年殊不见其癯瘠，则与释之攻儒道异矣。作颂辞众云：……六十九年一梦身，临行何用切二说。掷笔而化。宗门系出临济，初闻道于荐福英禅师，英实开元琦道者适子，琦出江西黄龙老南禅师。师即黄龙之裔孙也。师两席度弟子百有余人。……皇统二年（1142）岁次壬戌六月一日。

据《妙空（净如）禅师塔铭》，北宋崇宁初（1102）都城汴梁，有位“佛日禅师惟岳，有天下大名。”妙空大师参侍佛日惟岳，并居止汝州南禅寺十年。尔后，于北宋政和甲午（1114）出任灵岩寺住持，并赐紫衣和法号。在灵岩寺开堂演法达28年，身世历经宋、金两朝，皇统元年（1141）逝于灵岩寺。妙空（净如）禅师，时人又尊称之为方山禅师。

2. 文献记载的佛日惟岳禅师

据元初熙仲著《历代释氏资鉴》卷十，记述佛日惟岳禅师身世如下：

就慈德殿升座。拈香云：率土之家土，莫非王土。且此辨香产何土宜？若也道得，白石有消日，氤氲无尽年。尽虚空遍法界，为云为盖。应现无穷，上荐仙游。径生佛国，提纲略。（云云）若约三乘十二分教，偏圆顿渐。半满一音，不免执指为月。入海算沙，直似澄潭月影。后夜钟声，随扣击以发音。逐波澜而不散，犹是生死岸头事（云云）。

故我大宋真宗皇帝颂不云乎：初祖安禅在少林，不传教法只传心。后人不悟真如性，密印由来妙理深。大哉真如妙理，至幽至深。非大机大器，不能领悟。何也？见闻觉知便乃之聚，当岐铁山在路自然。少室峰前壁立千仞，曹溪路上水泄不通。于其中间，祖风不无凌迟。颓纲亦将委地。虽然如是，法无定相，道假时彰。建大法幢，演大法义。兴此大事因缘，利乐有情不在他时。所谓大圣人，知之而也现于世。广宣流布，廓周沙界，实千载之一遇哉。（云云）。只如舍卫国王，欲往灵山见佛。来诸臣僚，山河大地，草森丛林，并须同去见佛。若一草一木不去，吾则不得见佛。大众只今乾坤之内，宇宙之间，山河大地、草木丛林，去亦不去，来亦不来。湛湛无弘巍巍不动。乃文乃武，乃禅乃律，同在九重天上。慈德殿前，同时见佛。诸仁者，见则不无。且道作么生见？（良久云）重瞳日月无尽，隆准山河秀有余。臣僧惟岳，伏奉圣旨。令长此座，举扬般若。奉为大行皇太后，此土缘终。地方报，届于五七，上荐仙游。恭惟皇太后，净慧本然，至神独运，来示母仪之迹。德替三朝，去酬法界之因。果圆十地，伏愿兜率天宫。陪摩耶佛母，一处逍遥。无垢世界，共娑竭龙女。同成正觉，回耀体光。昌明宗大祥，诏六院长老，入内壬了。

崇宁元年（1102）正月，哲宗大祥，诏六院长老入内谭禅。岳升座已，御药侍宣：净因长老惟岳，阐扬般若，深振宗风，特赐佛日禅师，祠部十道金帛等。宫保李傧端愿荐以章服；荆国大王奏赐慧觉师号；徽宗亲书‘法雨’二字赐之。

师讳惟岳，福之长溪陈氏子，七岁入西林天福禅寺出家，礼彻和尚下发，游方参圆照本禅师。神宗诏本住惠林，师随侍入京，首众于惠林。圆照还只，师住华严、迁净因。后乞归乡国，从之。坐化于鼓山，阇维舍利无数，分瘗于西林建塔焉。

从这个记载得知，惟岳禅师在北宋都城汴梁净因寺居止期间，遇到国变而未南渡。大约即金天眷初年，广慧通理在净因寺惟岳禅师位下参学，其后由广慧通理陪同他至金国境内弘法，曾到达东京辽阳府。

其中“后乞归乡国”这句话大有名堂，即指佛日惟岳禅师从金国返回到他在南宋的家乡福建，后坐化于鼓山，并建塔于西林天福寺。

从身世经历看，妙空与佛日惟岳禅师相侍时间并不长，且仅是参礼并有相见机缘，而未入佛日惟岳禅师法嗣，这是明显易见的。这位北宋朝廷赐紫、赐法号的妙空禅师，竟把参学佛日惟岳视为大因缘，足见佛日惟岳禅师在北宋时期的声名地位十分崇高。

据此可以认定，潭柘广慧通理在汴梁所参佛日，正是这位佛日惟岳禅师。妙空与广慧通理都是佛日惟岳禅师的弟子，属同门同辈，而且都在金国境内：一在燕京竹林、潭柘唱法；一在灵岩寺弘法。二人都得法于佛日惟岳位下，在禅门内身份地位都颇为崇高。

广慧通理参佛日，是北宋灭亡后，金人南踞汴梁的天眷初年（1138）。其后他跟随佛日惟岳禅师“赴辽阳，抵惠安寺，举为立僧，指元切要，一众钦服”。

这一段参学经历以及陪伴佛日在金国政治中心辽阳府举办佛事活动，奠定广慧通理禅师的声名地位。广慧得佛日之传，天德初（1150）被旨主燕京竹林禅寺，明年复徙惠安寺（辽阳），明肃皇后、海陵王均有赏赐。大定间迁潭柘，大事兴建寺宇，十年后逝于寺。建塔于潭柘寺南部塔院，此塔屹立至今达800余年，保存尚好。

从妙空初参佛日惟岳的崇宁初年（1102），再到广慧通理参佛日的天眷初年（1138），此时的佛日惟岳禅师，这位“有天下大名，王公大人日夕造谒”的高僧，大约已是七十多岁的高龄了。

以张岩老撰文《妙空大师塔铭》分析，佛日惟岳禅师在宋、金之际名气非凡，佛行超群，人皆钦服，其事迹载入塔铭。宋、金之际的佛日惟岳禅师，在金国的弘法事迹目前所知尚少。笔者据此大胆探究，广慧通理汴梁参侍之佛日，即佛日惟岳禅师。

3. 有关佛日惟岳禅师的另一篇史料

关于佛日惟岳禅师，还有一个史料也附列于此，以窥全豹。

据明洪武间《续传灯录》卷十四：

东京净因佛日惟岳禅师。福州长磎人、姓陈氏。七岁投西林院彻上人出家，遍扣知识。参圆照禅师，因侍立次闻举劫火洞然因缘，豁然有省。给侍久之，出世常州承天，迁东京华严，复迁净因。开堂日，哲宗皇帝遣中使降香。师登座问答罢，乃曰：此个法门不在筌蹄，岂干问答。直饶尽十方刹土抹为微尘，一一微尘尽为衲僧。各如满慈鹙子，穷天玄辩竭世枢机。到这里一点用不着，何以故？生佛圆融自能平等。人人鼻孔辽天，各各壁立千仞。盖不知真随妄转、法逐缘迁。自昧灵光枉投异趣，所以破有法王运无缘慈。驾三乘舟楫渡五姓波澜，翻恋澄潭月影静夜钟声。故使怀州牛吃禾，庐陵米价长。又不免劳初祖达磨逗器支那，教外菱花不磨砖镜，衣中骊领不数他珍。未挂古帆见成公案，由是悟取无悟底面目。迷是不迷底乡关，三际无私十方同畅。自家田地枯木生枝，古庙香炉寒灰再焰。莫不一切语言文字，资生产业皆与实相不相违背。若然者，无影树下合同船渔翁鼓舞。中有黄金充一国，野老讴歌共乐升平同跻寿域，自是天长地久海晏河清。且道共乐升平一句，作么生道？良久曰：罗浮打鼓韶州舞，久立珍重。

建中靖国元年（1101）皇太后上仙，被旨同六禅长老就文德殿升座。师拈香曰：率土之土莫非王土，且道此一瓣香产何乡土？若也道得，白石有消日，氤氲无尽年。尽虚空遍法界，为云为盖，应现无穷。上荐仙游径生佛国乃敷坐？师乃曰：最初说法者不知末后句，末后说法者不知最初句。最初句适来慧林禅师已为诸人说了也，说则说了。末后句且如何说，若约三乘十二分教，偏圆顿渐半满一音，不免执指为月，入海算沙，直似澄潭月影，后夜钟声。随扣击以发音，逐波澜而不散，犹是生死岸头事。

故乃菩提达磨观象神州有大乘器，所以泛杯千顷浪，登陟万重山，首造于梁。梁以果因有为之法而垂问，达磨揭圣谛第一义而奉答。梁主未契，遂之嵩少，九年面壁，不立文字。迥出三乘，直指人心，见性成佛。当时神光二祖立云：断臂得髓明心，一花五叶，结果自成。六代传衣，后人得道，自此东华方信有正法眼藏，涅槃妙心。中下随根迷悟相半，信知此事非大根大器不能领悟。何以故？见闻觉知是法，法离见闻觉知，便乃火聚当岐铁山在路。自然少室峰前壁立千仞，曹溪路上水泄不通。于其中间祖风不无凌迟，颓纲亦将委地。虽然如是法无定相，道假时彰建大法幢演大法义，兴此一大事因缘。利乐有情不在他时，须际会千佛前后知之。今日幸遇大圣人出现于世，广大流布廓周沙界。实千载之一遇，至若尧舜禹汤端拱垂衣。无为之化，不为不至，若乃开方便门，示真实相。十方嘉会四聚同延，辟古佛之家风，发含生之大本。未可与今日同时而语，何谓也？释提桓因与善现，发明般若，唯止真空。波斯匿王为庆喜特指不迁，犹存俗谛。惟此教外别传向上一着，彰显当今。岂非希有之缘应在震旦，然溪山各异，云月是同，同声相应，同气相求。方知此事无古无今，无彼无此，高而无上，广不可极，渊而无下，深不可测。毛吞巨海，芥纳须弥，在天同天，在人同人。在天则为日为月，为照为明；在人则为君为臣，为忠为孝。

以此而推，百亿日月，百亿须弥山，百亿四大海，根身器界，情与无情，同一体性。莫不仁者见之谓之仁，智者见之谓之智。百姓日用而不知，其能会万物于自己者，其唯圣人。由是灯灯续焰，叶叶相承，百千世月点慧灯，光融三界；十万里星排祖榦，凉荫四生。是知法轮再转于支那，帝日长辉于震旦。始然者法无大小，物无适莫，皆被其光，皆蒙其泽。以至草木禽鱼，无远不及。秪如舍卫国王，欲往灵山见佛，敕诸臣僚。山河大地，草木丛林须同去见，若一草一木不去，吾则不得见佛。大众，秪今乾坤之内，宇宙之间，山河大地草木丛林，去亦不去，来亦不来。湛湛无私，巍巍不动，乃文乃武，乃禅乃律。同在九重天上，慈德殿前同时见佛。诸仁者见则不无，且作么生见？良久曰：重瞳日月明无尽，隆准山河秀有余。皇情愉怿，赐号佛日禅师。

初神宗阐大相国寺为六禅，圆照首膺诏旨，至师复承恩遇，丛林增光焉。

这是佛日惟岳禅师的又一篇史料，大师唱法，孕含万物，滔滔不绝，口若悬河，惟岳禅师超脱风采，活泼泼鲜灵妙逸禅锋，跃然纸上。

六、江西佛日尧禅师

另有一个材料，涉及到金中都燕京云门宗僧人佛日禅师。这一系僧人以金中都大圣安寺为弘法营垒，以京北、京东，如铁壁银山、红螺寺、蓟县盘山为弘法区域。金世宗时期的青州佛觉与晦堂二位禅师，禅门内外影响巨大，系大圣安寺的住持僧。他们曾在圣安寺内，与弟子圆通善国师一同接待过自江西来燕京的佛日尧禅师，时在金大定初期或稍早。

另有玄悟玉禅师，是燕京大庆寿寺的名僧，与圆通善国师年龄相仿，活跃于大定中后期乃至金章宗时期，深得金廷契重。

据《续指月录·尊宿集》记载："青州佛觉（琼公）禅师颂仰山师子曰：'一色无过指示人，白银世界里频申。超然推倒还扶起，争似东风煦日新。'一日佛日尧禅师诣师道场，自挝鼓上堂，抑扬云门、临济宗风，平分半座，不辞而去。"

此佛觉禅师，又名云门佛觉、青州佛觉、佛觉琼公，为云门宗高僧。在燕京主持巨刹大圣安寺，在寺时，佛日尧禅师与其多有过从，上堂击鼓，当机不让，互呈机锋之状，于此可见一斑。

佛觉似与青州希辩唱法的燕京仰山栖隐寺有关。青州佛觉、晦堂俊公、圆通善国师唱法于昌平县铁壁银山，三人圆寂后均建塔于是山，古塔留存至今。

《续指月录·尊宿集》还记载佛日尧一段故事。"圆通善国师。佛日（尧）从江右至燕，寓大圣安。一夕与佛觉、晦堂夜话次，时师（圆通善）年方十二，座右侍立。（佛）日曰：山僧自南方来，拄杖头不拨著一个会佛法者。师（圆通善）

叉手进曰：自是和尚拄杖短。（佛）日大惊曰：可乞此子，续吾临济一宗。师（圆通善）曰：云门、临济岂有二邪。（佛）日称赏不已。”

云门宗佛日尧禅师从江西到中都燕京，住大圣安寺，与佛觉、晦堂二师交往甚密。一夕聊天，圆通善国师时年仅 12 岁，为晦堂之侍童，一旁侍立。答对言语不凡，深得佛日尧赞赏。圆通善还曾陪同“金世宗游圣安寺瑞像殿，世宗问：礼则是？不礼则是？圆通善答道：礼则相敬相重；不礼则各自称尊。帝大悦。”所答亦深得世宗爱悦。得法后住延圣寺，弘法一方，位及国师之尊。此则为佛日尧、佛觉大师、晦堂大师与圆通善国师等在中都史事。

佛日尧、佛觉琼公、晦堂俊公当活跃于金海陵王至金世宗初期，是名播朝野的禅僧，深受金朝帝后尊崇。而玄悟玉、圆通善则年辈较小，得法于世宗后期，直到金章宗时期，是他们在世弘法阶段。他们在金中都燕京大弘法化，且与江西佛日尧禅师有参学弘法机缘。

耶律楚材《湛然居士集》卷八收录《燕京崇寿禅院故圆通大师祖朗碑铭》一文，作于庚寅年（1230）六月望日。此祖朗是圆通善国师弟子，侍从圆通善国师时间最久。崇寿禅院是圆通善禅师退隐之地。祖朗曾在大圣安寺担任过住持。

金元之际圆通善国师有禅宗著作，即评唱佛果颂古的《觉海轩录》。

评唱天童拈古请益后录序

雪窦拈颂，佛果评唱之击节碧岩录在焉；佛果颂古，圆通善国师评唱之觉海轩录在焉。是临济、云门，互相发扬矣。独洞下宗风，未闻举唱，岂曲高和寡耶！抑亦待其人耶！必有通方明眼，判断尚未晚也。昔佛鉴拈八方珠玉集，止及其半，每至曹洞、夹岭、石霜，王宗机缘，留付佛果。今佛鉴、佛果拈八方珠玉集具在，愈可疑焉。三大老后，果有天童觉和尚拈颂洞下宗风，为古今绝唱，迨今百年，尚无评唱者。予参承余暇，固请万松老师评唱之，欲成三宗鼎峙之势，忍拈覆餗贞吝之讥。今评唱颂古从容庵录已大播诸方，评唱拈古请益后录时，老师年已六十有五矣。循常首带佛事，人情晷隙之间，侍僧请益，旋举旋录，皆不思而对，应笔成文，凡二十七日，百则详备，神锋颖利，于斯见矣。

> 若夫据令于临济棒喝以前，发机于云门三句之外，岂更与佛果、圆通残馊争长哉！俊快衲子，举一明三，瞥见全鼎，则沩仰、法眼双铉亦宛然矣。但恐信不及，徒劳话岁寒也，吁！壬辰（1232）重阳日，湛然居士漆水移剌楚材晋卿叙于天山。（《湛然居士文集》卷八，耶律楚材《万松老人评唱天童拈古请益后录序》）

惟佛日尧禅师身世尚不明确，与佛日惟岳禅师的关系亦不甚明了，存此以备研求。

姑列几条线索作为这一问题进一步的思考：

1. 佛日惟岳在汴为北宋崇宁初（1102）。妙空大师净如在世时间为（1073—1141），他在北宋崇宁初年曾参学于佛日惟岳禅师门下。

2. 广慧通理在汴梁参佛日禅师为金天眷初年（1138）。广慧通理禅师在世时间为（1104—1175）。

3. 善照怀鉴在世时间（1121—1168）。

4. 佛日尧禅师大定年间在燕京弘法（1161—1189）。

5. 晦堂禅师与广慧通理为同时期僧人，盘山僧人广温禅师在同一时期参侍过这二位著名的高僧。广温系广慧通理得法弟子。

6. 佛日宗杲（大慧、妙喜）在世时间（1089—1163）。

七、关于广慧通理的评价

广慧通理禅师是今北京怀柔县灵迹里人。出家于奉福寺，弘法于潭柘，塔于潭柘。他生于辽乾统四年（1104），辽天庆三年（1113）依奉福寺戒振师出家。其足迹除遍及燕京诸寺外，天眷初年（1138）游方参学到达金国占领下的原北宋都城汴梁，并有机缘参礼佛日禅师。得法后，陪同佛日赴辽阳之请，抵惠安寺，举为立僧。指元切要，一众钦服。

后奉明肃皇后教旨住韩州（今辽宁昌图八面城）功德院，未几捨去，渡大河历齐鲁，得越峰昭禅师之礼遇。（嵩山大法王寺？）浮汴而洛，抵关右，所至老师宿学皆为师下。

天德初（1144）被旨主中都城大竹林禅寺，明年抵惠安寺（金东京辽阳），移锡霤川（辽宁建平县北）云峰寺，弟子了奇和怀鉴善照于此期得法。久之还燕京竹林，盘山广温禅师参侍得法。海陵王向师道风，赐广慧通理大师之号，并紫方袍，旃檀宝塔、大士像。

大定间僧善诲等十余辈，请师主潭柘法席，不十年潭柘落成，视旧有加焉。所著寺院规条，直到清代寺众谨慎遵行，不敢遗佚。

金大定十五年（1175）广慧通理禅师圆寂，建灵塔于潭柘寺南部山坡下塔院，金永定军节使杨邦基撰塔记，记述其一生行实。永定军节使驻中都路雄州（今河北雄县）。

杨邦基（？—1181），金代华阴人（今陕西），字德懋、号息轩。天眷进士，累迁至密书监兼左谏议大夫。后出任永定军节度使，致仕。长于文学，善画人物、鞍马，尤以山水画擅长。

广慧通理之禅法，上承辽代，中接中原北宋高僧佛日的法脉，下开金代禅学，使燕京地区禅学法脉复融汇于中原宋地禅学。他历经了燕京辽政权的覆亡，金王朝入据燕京，又历经金王朝大军南下灭亡北宋（1127）历史时期，并南行到金国占领下的汴梁参学，得机缘参礼佛日禅师门下，使辽末燕京禅风与宋金禅学世系得以交融，勾通了南北禅学的交流融会。

广慧通理在汴梁所参佛日惟岳禅师，是北宋后期名冠朝野的临济宗高僧，秉承佛果克勤一系临济宗风。因广慧通理之努力，使北宋这一支佛教禅学直达金国腹地辽阳，促进了禅学的勾通交融，其历史功绩极为巨大。

另外，依据《利州精严禅寺盖公墓铭》记述，也从另一渠道反映出这种禅学的流向，证实着佛鉴禅系法脉流布到金国大定府的状况。随着政治、军事斗争的演进，必然伴有经济、文化的交流与融合，因广慧通理禅师这类高僧的传法连接作用，可以说将宋朝境内的禅学体系与金国佛教禅系僧众们打成了一片，他们共同推动着中国佛教历史的发展。

不管国家分为南朝、北朝；陷于暂时分裂，还是共存；这种佛教僧众法脉之间的交融和互动，始终在为国家的统一与整合进行着心理上的、思想上的准备，这是中国佛教曾经做出过的重要的历史贡献！

广慧通理禅师弟子了奇、广温、善照怀鉴，先后唱法燕京、蓟州盘山。以他们生动的实践和修行促进了燕京地区禅学的弘扬和传播。因眼界所限，对于广慧通理弟子觉本、圆悟禅师的情况尚未深入了解研究。

金元时期万松老人燕京行迹考实

金元时期燕京佛教传承脉络，著者经多年研究积累，大致梳理出这个图表作为考证线索。

一、燕京曹洞宗：青州希辩、万松行秀、巨川海、湛然居士耶律楚材（从源）、林泉从伦、从檀。当时名僧：胜默光、大明暠等。（大万寿寺、仰山栖隐寺、报恩寺）

二、燕京云门宗：圣安寺佛觉、晦堂、圆通善。铁壁银山塔院。云门宗：佛觉、晦堂、圆通善。（大圣安寺，天目齐法裔）

三、燕京临济宗：

1. 金后期大万寿寺懒牛和（和公大禅师）、竹林宝、竹林安、海西堂容庵老人、中和璋、海云等。（竹林寺）

2. 金代早期临济宗：玄冥顗、玄悟玉、佛日尧等。（大庆寿寺）

3. 金代早期临济宗：佛日惟岳、广慧通理、了奇等。（竹林寺）

4. 金元临济宗：盘山系隆安选、定演、定志等。（金宝集寺、南北崇国寺）

本文重点探讨金元时期万松老人法脉在燕京的旧迹及弘法史事。

一、金元曹洞宗万松老人法脉渊源

金大定间青州希辩禅师，是净因自觉的法嗣。宋宣和（1119—1125）年间，曾聚十方僧众，拈提宗纲，设百问示众，由慈云觉遂一作答。其后，元代由林泉从伦逐一附颂，集成《青州百问》一书，宣示曹洞宗风，流行后世。

青州希辩门下以大明僧宝、王山僧体二代最著，传法于雪岩满禅师。

雪岩如满（1136—1206），一作慧满。山西汾阳人，俗姓崔。在太原王山谒僧体禅师得法，并承师丈席，晚迁大明寺（今河北磁县），学人云集，集一时之盛，并有语录传世。

万松行秀（1166—1246），祖籍河内解（今河南沁阳）人，俗姓蔡。与父迁河北永年，少年在邢州（今河北邢台市）净土寺出家，其后至磁州大明寺参学雪岩满禅师门下，总二十七日便领旨，在门下二年，尽得其底蕴。雪岩满付以衣偈，印可其嗣法地位。此后他回到邢州净土寺，构"万松轩"以自适，自此有万松称号。

次迁中都（今北京）大万寿寺，在胜默光禅师门下参学。

金章宗明昌四年（1193），行秀应诏赴内廷升座说法，帝躬迎礼，闻法感悟，赐锦绮大衣，建普度会，每岁设斋。后奉诏移住大都仰山栖隐寺，再迁报恩寺，晚年退居报恩寺筑从容庵从事著述，"秀天资英才，于百家之学无不淹通"，曾三阅藏经。

万松老人一生著述甚丰，有《祖灯录》、《释氏新闻》、《鸣道集》、《辨宗说》《心经凤鸣》、《禅悦法喜集》和《请益录》，并语录等若干卷，而以《从容庵录》最著名。门庭繁盛，弟子众多，得法者 120 人。其中最具影响者为林泉从伦、华严至温、雪庭福裕，以居士身份从学护法的以耶律楚材最著名。

在耶律楚材敦请下万松行秀著《从容庵录》，将其历年引述公案、颂古旧稿整理成书，以弘扬曹洞禅风宗旨，并记录诸多珍贵的金元佛教史事。耶律楚材为此书作序，称为《万松老人评唱天童和尚颂古从容庵录》，诠释宋僧正觉的《颂古百则》。每则集公案与颂古为一。依《碧岩录》体例，每则之下例分示众、列举公案、列举公案、列举颂古、夹注和评唱五种内容。万松老人自述其撰此书目的有三："一则旌天童学海波澜。附会巧便；二则省学人检测讨之功；三则露万松述而不作，非臆断也。"

万松老人博学广闻，引领学人窥见宏智正觉心要，游刃有余，其兼通内外典功夫亦在"述而不作"中显现。

在雪岩满禅师门下得法者除万松行秀，还有巨川海禅师，当时与万松齐名，但事迹留存较少。

至元三十年（1293）万松老人弟子林泉从伦撰《灵岩足庵肃公禅师道行碑》，碑文对燕京佛教法脉加以阐述："青州法祖渡江以来，至朔方居万寿，立曹洞一宗，与圣安、竹林，晦堂、佛日而鼎峙焉，故三派渊源，于今愈盛。青州之下四传，而得万松，光英丛林，声传四海，天下指为祖道中兴。"

林泉从伦撰《大都鞍山慧聚禅寺月泉新公禅师塔铭并序》碑称："曹溪之后，派而为五，源远流长，浩浩不绝者，临济、曹洞、云门者焉。今洞山之下万松一枝，布列诸方，荫复天下，举世咸谓中兴祖道，法海之游龙也。"

三派者：燕京曹洞宗青州希辩开创，居燕京大万寿寺（五代、辽称为华严寺）；燕京圣安寺由云门宗晦堂禅师、佛觉禅师住持；燕京竹林寺由临济宗佛日禅师，以及弟子广慧通理主持。

青州希辩复住燕京仰山栖隐寺，万松接续住持，金元之际由于万松老人名满朝野，曹洞宗由此得到进一步发展。

万松行秀为曹洞宗十九世，曾为曹洞宗演派源流设谱系。《宗教律诸家演派》记载"洞山源流诀"共二十八世，其中几则与万松法裔有关。

"洞山下十四世顺德府净土寺万松行秀禅师演派二十字"："行从福智立、贯彻八环中、化统三千界、宏开洞上宗。"据此可知，他直系嫡传弟子有从伦、从祥、从隆、从檀等。耶律楚材法名"从源"，号湛然居士，是他得法弟子中最知名者。

《宗统编年》卷二十五，评价万松老人称："云溪挺曰：万松有语，云雪岩先师尝举穴细金针才露鼻，芒长玉线妙投关，此乃洞上血脉，非其中人不易知也！云岩宝镜，石头参同，千年桃核里，觅甚旧时仁！空拳狂惑小儿，只要应个时节。两刃交锋，唱出新丰一曲，毕竟如何是回互，㗚。雨过水澄禽泛子，霞明山静锦蒙头，莫谓万松不道也！万松说法禁庭，宫人罗拜，甘露霄降，祥云绕空。丞相湛然居士亲承授记，语人曰：吾见万松，巍巍若千仞峰，滔滔如万顷波，莫能涯际。当时人共称之为儒佛兼通，宗说并到，真天人师也。"

二、《续指月录》记载的万松老人情况

《续指月录》卷七（《卍续藏》第84册第1579页《续指月录》）记载，曹洞宗雪岩满嗣有万松、巨川海二人，其传记称：

中都顺天报恩万松行秀禅师，姓蔡氏，古河内之解人也。年十有五，恳求出家，父母不能夺其志，礼邢台净土赟公为师，后受具戒。挑囊抵燕，历潭柘，过庆寿，次谒万寿参胜默光禅师，教看长沙转自己，归山河大地话，半载全无入由。

光曰：我愿你迟会！师一日有省，复看玄沙未彻语，请益雪岩满于磁之大明，才廿七日，不觉伎俩已尽。

满曰：你但行里坐里，心念未起时，猛提起觑见即便见，不见且却拈放一边。恁么做工夫，休歇也不碍参学，参学也不碍休歇。遂留记室。

潭柘亨和尚过大明，师夜扣其门，告侍者烧香请益，亨便放相见。师问如何是活句，如何是死句？亨曰：书记若会，死句也是活句。若不会，活句也是死句。师自此参究益力。

一日见鸡飞，乃大悟曰：今日不惟捉败沙老虎，亦乃捉败岑大虫也。走见满，满可之，乃付衣偈。自是两河三晋，皆钦师名。

构万松庵以自适，耆宿敦请开法，师应之。

次住中都万寿，金章宗皇帝诏入禁庭升座，帝躬自迎礼，闻法感悟，赐锦绮大僧伽衣。

承安丁巳，诏往大都仰山栖隐寺，次移锡报恩、洪济。

元太宗二年（1230）庚寅，复奉诏来主中都万寿，晚年退居（报恩寺）从容庵。数迁巨刹，大振洞上宗风。

上堂：莲宫特作梵宫修，圣镜还须圣驾游。雨过水澄禽泛子，霞明山静锦蒙头。成汤也展恢天网，吕望稀垂钓月钩。试问风光甚

时节，黄金世界桂花秋。

小参：昔有跨驴人，问众僧何往？僧曰：道场去。人曰：何处不是道场？僧以拳驱之，曰这汉没道理，向道场里跨驴不下，其人无语。师曰：人人尽道这汉有头无尾，能做不能当。殊不知却是这僧前言不副后语，汝既知举足下足，皆是道场。何不悟骑驴跨马，无非佛事。万松要断这不平公案，更与花判曰：吃拳没兴汉，茆广杜禅和，早是不克己，那堪错怪他。道场惟有一，佛法本无多，留与阇黎道，户唵萨哩嚩。

闰四月旦日上堂：所谓道人者，不知月之大小，不知岁之余闰。野僧即不然，今年三百八十四日。前月大尽，此月小尽。即今闰四月一日，辰末巳初。忽有个出来道：通疏伶俐，知时按节，要且无道人气息。野僧以手掩鼻道：退后退后，为什么齹，道人气息，太杀熏人。

问洞山道：龙吟枯木，异响难闻，如何是异响？曰不会。师曰：善解龙吟，瞎。

全真问某甲，三十年来打叠妄心不下，乞师方便！师曰：汝妄心有来多少时也？未审本来有妄心否，袛如妄心作么生断，只者妄心断即是，不断即是，真闻廓然，作礼而去。

问诸佛不出世，为甚么却向王宫生？师答曰：青山常举足。问亦无有涅槃？为甚么却向双林灭？师答曰：白日不移轮。问撒手那边底人，为甚么不居正位？师答曰：大功不宰。问回头这畔底人，为甚么不堕偏方？师答曰：至化无为（白岩符云：芳花丛里不措一足，万年床上懒去安眠，独许万松个汉尽大地人无敢论量，虽然你若作正偏回互，会堕拔舌犁耕地狱有日在。）

问明与无明，其性无二，如何是无二之性？师答曰：天晓不露。问：向道莫去，归来背父，如何得不背父去？师答曰：切忌回头。问：心心放下难，如何是放下底人？师答曰：担取去！问：是处是慈氏，无门无善财，为甚么道琉璃殿上无知识？师答曰：折殿了相见。

晚住报恩，退居从容庵。

示众：机轮转处，智眼犹迷。宝镜开时，纤尘不度。开拳不落地，应物善知时。两刃相逢时，如何回互？（愚庵盂云：遍身绮罗者，不是养蚕人。）

示众：去即留住。住即遣去。不去不住。渠无国土。何处逢渠。在在处处。且道是甚么物。得恁么奇特？（愚庵盂云：秤锤醮醋）

示众：动则埋身千丈，不动则当处生苗。直须两头撒开，中间放下，更买草鞋行脚始得！（愚庵盂云：曾经三峡猿啼处，不是愁人也断肠。）

示众：踢翻沧海，大地尘飞。喝散白云，虚空粉碎。严行正令，犹是半提。大用全彰，如何施设。（愚庵盂云：琉璃殿上无知识。）

示众：向上一机，鹤冲霄汉。当阳一路，鹞过新罗。直饶眼似流星，未免口如匾担。且道是何宗旨？（愚庵盂云：闭眼食蜗牛，一场酸涩苦。）

龙唐柱云：措大汉子随人语脉里去，不识转身一路，待云祇考个更别有便缩却指头，不惟与俱胝相见，亦乃使天下人摸索不着。（崇先奇云：报恩老人虽别音响，怎柰欠一着在者僧，善解龙吟，只是不知时节，仔细看来也是憋宝遇着瞎波斯。）

师于孔老庄周百家之学，无不俱通。三阅藏教，恒业华严，得法者一百二十人。束发奉拜，执弟子礼者，不可胜纪。

编祖灯录六十二卷，又撰净土、仰山、洪济、万寿、从容、请益等录，及文集偈颂。释氏新闻、鸣道集、辨宗说、心经风鸣、禅悦法喜集，并行于世。

丙午（1246）师于四月五日示疾，七日书偈曰：八十一年，只此一语。珍重诸人，切莫错举。侍者惊报大众，足甫及门，已圆寂矣，寿八十一。荼毗于通玄门外，舍利无数，诸方门人，各分建塔（雪岩满嗣）。

竹林巨川海禅师颂风铃曰：铜唇铁舌太尖新，楼角悬来不记春。言外百千三昧法，因风说与个中人。

陈秀玉学士尝问万松：弥勒菩萨，为甚么不修禅定，不断烦恼？万松道：真心本静，故不修禅定。妄想本空，故不断烦恼。

士复问香山大润和尚，润曰：禅心已定，不须更修。断尽烦恼，不须更断。复问师，师曰：本无禅定烦恼！士曰：惟此为快耳（雪岩满嗣）。

关于万松行秀“承安丁巳，诏往大都仰山栖隐寺，次移锡报恩、洪济”。据考，仰山栖隐寺在今北京市门头沟区妙峰山前；报恩寺在北京西城区，有万松老人塔留存，今广济寺即报恩寺旧址；洪济寺在河北正定，即今石家庄市。

金代佛觉琼公大师在居赜禅师门下得法，他是金世宗母亲李洪愿出家为尼的剃度师，早年曾住持正定洪济寺。金代今河北南宫市亦有洪济寺。

雪岩满禅师得法弟子——万松老人、巨川海和尚。巨川海以下法嗣不明。万松老人法嗣最著者为耶律楚材，所著文集记述万松事迹较多。

万松老人另一弟子，训名从檀者，元初唱法燕京昌平昭圣禅寺，海淀凤凰岭龙泉禅寺。其塔幢题记从侧面可确认燕京大报恩寺的具体位置。

三、曹洞宗在北京百花山显光寺、瑞云寺史事

元代万松老人曹洞宗最大弘法寺院在邢州大开元寺。元代万安禅师，法名广恩，自号万安，住持邢州开元寺，建净土道场。金元战乱时期，万安扶弱济贫，救人于危难之中，时人称“贾菩萨”，1243 年在开元寺圆寂。其法脉影响后世颇为久远。

北京西山百花山有显光寺、瑞云寺。从元代以来法脉不断，显光寺庙会持续

到抗战时期，吸引着大量保定一带的民间香火，最后一位僧人名提春，法脉持守万安禅师贾菩萨法脉宗旨。

燕京另一处曹洞宗营垒便是北京西山深处的百花山瑞云禅寺，法脉相传直到近现代。元初，通圆大师行懿唱法于此，其后由弟子通公主持寺事，通公主持瑞云寺的年代约在太宗到世祖中统初，之后有一两代僧众事迹缺如，此后是玉溪渊公，时间在至元后期。武宗至大年间，泰定帝泰定年间瑞云寺有三位住持，即从公、信公、照公。民国时期，这三位高僧灵塔尚存，塔铭内容得到保存。

从公，名信从，号照寂，福建品平人。俗性刘，十五家，拜玉溪渊公为师，先后师从于仰山琏公、风穴定公、潭柘顺公、香山口公，屡蒙印可，历经参究，得到印可，从公回到了玉溪渊公身边。渊公问他："如何是父母未生前本来面目？"从公回答说："这本来面目描不成，画不就！"渊公知道从公已经开悟，于是就让他做了衣钵传人。从公灵塔立于至治三年（1323）。

信公，名义信，号巡峰，宛平人，瑞云寺第十二代住持。至大四年（1310）拜玉溪渊公为师，参学十年，乃得付法。至治元年（1321）八月十二日圆寂。三年（1323）夏立塔。

照公，名从照，宁远方城人。出家于慈氏院，拜首座行公为师，潜心佛典，对《圆觉经》《楞严经》等佛教经典，均能深通义趣。塔立于泰定二年（1325）。

据《日下旧闻考》记载：元代瑞云寺有高僧信忠。元顺帝至正十年（1340）大都竹林寺高僧法帧撰《瑞云寺修造功德碑记》，称信忠元至顺二年（1331）住持瑞云寺，其间对瑞云寺进行修缮，将瑞云寺殿宇修建造的高大宏伟，重绘祖师堂壁画，塑造四大天王、地藏菩萨像。增建僧房、关帝祠，龙王祠修缮一新，为扩大瑞云寺的教化作用，信忠聘请画工在瑞云寺殿壁彩绘二十四孝图，以迎合世俗的需求。

另一方元代碑刻《长明灯记》记载，至正十二年（1342）秘书卿朴卜华奏请顺帝赐钱两千五百缗作瑞云寺大殿长明灯供事。

朴卜华即朴不花，高丽人，是元顺帝最宠幸的太监。朴不花逐渐迁升为荣禄大夫，加资正院使，担任掌管财政的要职。后来元顺帝厌倦政务、耽于声色，把军国大权交给已经成年的太子，并任用朴不花推荐的搠思监为宰相。自此朴不花权倾朝野，干预官吏任免，百官纷纷投靠朴不花门下。

至正初年北京资政院使高丽太监高龙普，与朴卜华同时期人，曾补配房山云居寺雷音洞缺毁石经，元末房山古积山院也是他出资建造，至今犹存，遗留有明显的高丽风格。

四、《邢台县志》卷七载《万松舍利塔塔铭》（节略）及史事解析

1.《万松舍利塔塔铭》（节略）

行秀，号万松，姓蔡氏，河内解人也。父真，落魄俊爽，多艺能，好佛法。皇统初，游四方，盘桓洺水，喜永年风物，因家焉。

师生十有五年，恳求出家，父母不能夺，礼邢州净土赟公，业五大部。试于有司，在选者二百人，考官孙椿年置第七，老僧靖恩忧不能出其右，师让之，独献律赋而归。椿年叹服，请冠之，而妻以子，师不从。明年，受具足戒，挑囊抵燕，历潭柘、庆寿，谒万寿参胜默老人。

复出见雪岩满公于磁州大明，公知法器，留之二年，言相契，径付衣钵送之颂。师印可，开户读书，净土尊宿闻之欣然，与众具疏敦请，师亦知缘至，遂就之。

泰和六年（1206），复受中都仰山栖隐禅寺请。是岁，道陵秋猎山下，驻骅东庄，师以诗进，上喜。翌日临幸方丈，改将军埚为独秀峰，盖取师名，留题而去。十月，雪岩凶闻至，师将命驾，执事僧阻之，以大义必不可已，完颜文卿时在座，再拜叹服。

八年（1208），驻锡古冀。

迨天兵南下（蒙古大军伐金下燕京，1214），燕都不守，诸僧请师渡河，师曰：北方人独不知佛法乎？众竞遁去。师处围城，白刃

及门立，率大众诵《楞严咒》，遇善知识持杖卫护，咒毕而入，扶师登舆，得还祖刹。

燕有豪族挟势，异端并起，师数面折之，杨墨气夺。然终为不喜者挤。至于坐狱，色笑如故，与众讲《金刚经》，七日俄风沙蔽天，大木斯拔，主者察狱得雪，避仇海上。

无何，复主万寿。

庚寅（蒙古太宗二年，1230），御赐佛牙一，仍敕万松老人焚香祝寿，重之不名也。

后二年（1232），□□□□六师振旅，师率僧道朝行宫，奉旨蠲徭免役，天下赖之，束发执弟子礼者不可胜纪。

编《祖灯录》六十二卷，又净土、仰山、洪济、万寿、从容、请益等录及文集偈颂，《释氏新闻》、《药师金轮》、《观音道场》三本，《鸣道集》《辩说心经》《风鸣禅悦》、《法喜集》并行于世。

丙午（1246）四月五日示疾，七日书偈曰：八十一年，更无一语，珍重诸人，不须我举。侍者惊报，大众足甫及门而寂。

2. 万松老人塔铭所记史事解析

（1）仰山栖隐寺有五峰八亭之盛，塔铭称仰山旧有将军埚，章宗特改独秀峰名，以誉万松行秀。此地之高峻山峰二，今称大将军、二将军，巍然屹立，数十里可见。

（2）塔铭中“异端”、“杨墨”，耶律楚材《湛然居士文集》，有所评述。“异端”指斥当时在燕京地区盛行的大头陀教（被贬作糠禅、糠蘖），耶律楚材把大头陀教比喻为儒教异端杨墨（杨朱、墨子），指出：“吾儒独知杨墨为儒者患，辨之不已，而不知糠蘖为佛教之患甚矣。”并告诫糠禅信徒元帅赵君瑞称：“糠蘖异端也。……君之于释教重糠蘖，于儒道则必归杨墨矣。”

金朝廷1214年自燕京南迁汴梁（开封）后，万松遭燕京豪族排挤，甚至一度入狱，出狱后避仇至冀东或辽东的海边。其后他得以在燕京复出，肯定与耶律楚材帮助有关。

（3）完颜文卿，即金皇室完颜从郁，字文卿。本名瑀，字子玉，卫绍王改赐文卿。生卒年不详，与完颜璹同时。从郁是金世宗之孙辈，世宗之孙皆为“从”字辈，如卫绍王为世宗之子，其太子为从恪，关于从郁之父，《中州乐府》称：父金紫公，有《中庸集》未属其名。以父荫充符宝郎。章宗时试一日百篇，赐第，仕至安肃（今河北徐水）刺史，《金史》无传。

五、万松老人在燕京报恩寺从容庵著《从容录》

耶律楚材《万松老人评唱天童觉和尚颂古从容庵录序》称：

昔予在京师时，禅伯甚多。唯圣安澄公和尚，神气严明，言辞磊落，予独重之，故尝访以祖道，屡以古昔尊宿语缘中所得者叩之。

澄公间有许可者，予亦自以为得，及遭忧患以来，功名之心束之高阁，求祖道愈亟。遂再以前事访诸圣安，圣安翻案不然所见，予甚惑焉。圣安从容谓予曰：昔公位居要地，又儒者多不谛信佛书，惟搜摘语缘，以资谈柄，故予不敢苦加钻锤耳。今揣君之心，果为本分事以问予，予岂得犹袭前愆不为苦口乎。予老矣，素不通儒，不能教子，有万松老人者，儒释兼备，宗说精通，辩才无碍，君可见之。

予既谒万松，杜绝人迹，屏斥家务，虽祁寒大暑，无日不参。焚膏继晷，废寝忘餐者，几三年。误被法恩，谬膺子印，以湛然居士从源目之。其参学之际，机锋罔测，变化无穷，巍巍然若万仞峰莫可攀仰，滔滔然若万顷波莫能涯际。瞻之在前，忽焉在后，回视平昔所学，皆块砾耳。

噫，登东山而小鲁，登泰山而小天下者，岂虚语哉。其未入闻域者，闻是语必谓予忘本好异也。唯屏山闲闲，其相照乎，尔后奉命赴行在，扈从西征。与师相隔，不知其几千里也。师平昔法语偈颂，皆法兄隆公所收，今不复得其藁。吾宗有天童者颂古百篇，号为绝唱，予坚请万松评唱是颂，开发后学。前后九书，闭关七年，方蒙见寄。予西域伶仃数载，忽受是书，如醉而醒，如死而苏，踊跃欢呼。东望稽颡，再四披绎，抚卷而叹曰：万松来西域矣，其片言只字，咸有指归，结款出眼，高冠今古，足为万世之模楷。非师范人天权衡造化者，孰能与于此哉。予与行宫数友，旦夕游泳于是书，如登大宝山，入华藏海，互珍奇物，广大悉备。左逢而右遇，目富而心饫，岂可以世间语言形容其万一耶！予不敢独擅其美，思与天下共之，京城唯法弟从祥者与仆为忘年交，谨致书，请刊行于世，以贻来者。

乃序之曰：佛祖诸师，埋根千丈，机缘百则，见世生苗。天童不合抽枝，万松那堪引蔓。湛然向枝蔓上，更添芒索。穿过寻香逐气者鼻孔，绊倒行玄体妙底脚跟。向去若要脚跟点地，鼻孔撩天，却须向这葛藤里穿过始得。

甲申（蒙古太宗十九年，1224）中元日，漆水移剌楚才晋卿叙于西域阿里马城。

万松老人为此寄书于耶律楚材，即《从容录》所载《评唱天童从容庵录寄湛然居士书》，书称：

吾宗有雪窦、天童，犹孔门之有游、夏。二师之颂古，犹诗坛之李杜。世谓雪窦有翰林之才，盖采我华，而不摭我实。又谓不行万里地，不读万卷书，毋阅工部诗，言其博赡也。

拟诸天童老师颂古，片言只字，皆自佛祖渊源流出，学者罔测也。柏山大隐集，出其事迹，间有疏阔不类者。至于拈提，苟简但据款而已，万松昔尝评唱，兵革以来（蒙古下燕京，1214年）废其祖稿，迩来退居燕京报恩，旋筑蜗舍，榜曰从容庵。图成旧绪，适值湛然居士劝请成之。老眼昏华，多出口占，门人笔受，其间繁载机缘事迹。一则旌天童学海波澜，附会巧便；二则省学人检讨之功；

三则露万松述而不作非臆断也。

窃比佛果《碧岩集》，则篇篇皆有示众为备。窃比圆通《觉海录》，则句句未尝支离为完。至于著语出眼笔削之际，亦临机不让。

壬午（蒙古太宗十七年，1222）岁杪，湛然居士书至，坚要拈出，不免家丑外扬，累吾累汝也。癸未年（1223）上巳日，万松野老因风附寄，不宣。

据此考察，万松老人在燕京报恩寺从容庵著述《从容录》，时段为蒙古太祖十年至十七年（1215—1222）。

六、耶律楚材《万松老人万寿语录序》

《湛然居士集》卷十三，刊载耶律楚材为万松老人万寿语录所作序文一篇。

万松老人万寿语录序：余忝侍万松老师，谬承子印，因遍阅诸派宗旨，各有所长，利出害随，法当尔耳。云门之宗，悟者得之於紧俏，迷者失之於识情；临济之宗，明者得之於峻拔，昧者失之於莽卤；曹洞之宗，智者得之於绵密，愚者失之於廉纤。独万松老人得大自在三昧。决择玄微，全曹洞之血脉；判断语缘，具云门之善巧；拈提公案，备临济之机锋。沩仰、法眼之炉鞴，兼而有之，使学人不堕於识情、莽卤、廉纤之病，真间世之宗师也。略举中秋日为建州和长老圆寂，上堂云：有人问既是建州迁化，为甚万寿设斋？师云：此夜一轮满，清光何处无。又问：不是尽七、百日，又非周年、大祥，鬬勘今日设斋？师云：月色四时好，人心此夜偏。众中道：长老座上诵中秋月诗，佛法安在？师云：万里此时同皎洁，一年今夜最分明。将此胜因，用严和公觉灵中秋玩月，彻晓登楼，直饶上生兜率，西往净方，未必有燕京蒸梨馏枣爆栗烧桃。众中道：长老只解说食，不见有纤毫佛法。师云：谢子证明即且致，为甚中秋闭目坐，却道月无光。有余胜利回向诸家檀信，然輭蒸豆角，新煮鸡头，蒲萄驻颜，西瓜止渴，无边功德，难尽赞扬。假饶今夜天阴，暗裹一般滋味，忽若天晴月朗，管定不索点灯。老师语缘，似此之类尤多，不可遍举。且道五派中是那一宗门风？具眼者试辨看。噫！千载之下，自有知音。

乙未（蒙古太宗七年，1235）夏四月，湛然居士漆水移剌楚材晋卿序於和林城。

这篇序文证实，蒙古太宗七年（1235）以前这段时间，万松老人在燕京大万寿寺。

七、《大庆寿寺西堂海云大禅师碑》所载万松老人事迹

据黄花后人王万庆撰《大庆寿寺西堂海云大禅师碑》记载："……岁在丙申（蒙古太宗八年、1236）朝廷差官选僧道，时燕京报恩禅寺万松老人及诸禅老深以为虑。……师为之道于是往见丞相厦里……由是虽承考试，无复退落。寻有诏，肯悉依圣祖皇帝存济，听僧道如故。"

蒙古太宗八年（1236），万松老人住燕京报恩禅寺。

八、耶律铸诗文涉及万松老人故居即今广济寺旧址

依据元代耶律铸诗文，可以证实万松老人晚年最后的故居即大报恩寺内从容庵，旧址就在万松老人塔以北，即今北京西四砖塔胡同以北的广济寺。

耶律楚材亲近万松老人，情谊深厚，护持佛教不遗余力。

耶律楚材之子耶律铸（1221—1285）《双溪醉隐集》卷五《过万松老人故居有感》诗曰：

"忆埽香云谒上方，一天花雨扑禅床。云归雨歛香花冷，窣堵波坫替戾冈。"

他的诗文留存不多，有咏诵前朝金代皇家御苑大宁宫诸宫阙者。耶律铸多首诗文记载他游历金代大宁宫皇家御苑的感慨，附录两手如下：

其一、《琼华岛》:“万岁山头万树松，万年基业一朝空。如何太液池中水，依旧罗纹起细风。”

其二、《登广寒殿故址》:“万古消沉尽，浮云事几场。酣歌積醉玉，休得问兴亡。”

金代大宁宫以今北海、中南海水系为中心建造，此地往西与今西四丁字街的万松老人塔仅3里路，此诗或许即游历大宁宫旧址后顺访报恩寺旧址的万松老人故居而作。诗中“窣堵波坫替戻冈”，窣堵波即指至今仍存的万松老人塔。

据此可以考定，耶律铸诗中所说万松老人故居即指报恩寺内从容庵，即今北京西四大街广济寺旧址，与正南部万松老人塔直线距离仅300米。

九、万松老人法子从檀禅师及燕京报恩寺寺址问题

依据近年发现的燕京云峰从檀禅师塔铭，可以对金元大报恩寺地址进行深入考察。

燕京曹洞宗祖庭大报恩寺，自元末就已经杳无音讯，对于研究北京史，尤其是佛教史的人来说，是一个历史谜团，一直在困惑着学界。

元末熊自得编著《析津志》时，已不能确指寺址在何处。

据《析津志辑佚》第68页:“报恩寺，在齐化门太庙西北，太子影堂在内，俗名方长老寺。又云在南城嘉会坊之万寿寺西，先为报恩精舍，有金朝圆通全行大师碑。……大定十三年仲春十九日中虚老人记。”元齐化门即明清朝阳门，元代齐化门内有太庙在此，其西北有报恩寺。又提到另一处报恩精舍，在大万寿寺西，大万寿寺旧址大致在今广外手帕口北街一带。

熊自得记载举出两例，到底与曹洞宗万松老人筑有从容庵、嗣法弟子林泉从伦禅师主持的大报恩寺有关联与否，他也未提，所以是个研究者无法引用的材料。

近年在北京昌平区旧县发现元初曹洞宗僧人万松老人弟子从檀禅师幢塔，塔铭记载颇足珍贵。旧县在今昌平区政府与南口镇之间，位于区政府以西12里。此地辽金时期佛教遗址史事较多，著名的虎峪山庄即在此地域。

从檀禅师是万松行秀嫡传弟子，塔铭文涉及诸多元初佛教史事，颇具研究价值。尤其是可以破解金元之际的大报恩寺旧址问题，特予考证。

幢塔为汉白玉石雕造，现仅存幢身八方石柱，高1.4米，现由昌平区博物馆收存。

此塔文字内容记载万松老人弟子云峰从檀公禅师事迹，题记中人名、村落、坊市已经标出大报恩寺的位置。为考证方便将塔铭附录于此，原录文错讹较多，经对照图录拓片一并改定。

1.《万松行秀嫡传弟子云峰从檀禅师塔铭》

大元国大都路昌平县昭圣禅寺故先师云峰檀公禅师道行石幢之记。

住持仰山大栖隐禅寺传法嗣祖沙门本琏撰并书丹。

……檀公长老者，俗姓武氏，本贯东原军州人也。母王氏，夜梦白光入室，遂生师焉。幼而不茹荤；长而不嬉戏，龆龀就学，日诵千言。见僧入门，合掌顶礼，心乐出家，父母不夺其志。

年二十一，礼中都报恩禅寺万松长老为师，训名曰从檀，试经受戒，担簦负笈，遍历丛林。挂锡沛县芒砀山紫盖和尚处，得法。紫盖乃青州七叶孙也。本处官吏具书疏请出世开堂，后居中都大万寿禅寺。

未几，有本路昌平县白虎涧众檀越请住持云峰龙泉禅寺，不十数年，填沟塞壑，负土担石，创建三门，经之营之，不日成之。

又住虎峪龙兴禅寺，起废扶颓，佛殿、三门、廊庑、厨库次第落成。及本县昭圣禅寺创建转角佛殿五间，雕木佛像两坛。瓦砾荆棘场，变作青莲宇。日食一饘，身衣百衲，长坐不卧。胁不沾席。计其相状，必枯悴尫劣，及见其形容，凛然丰硕，眉目秀拔，气和如春。禅观之余，四方仕庶睹师之苦行，敬而畏之。寒温之外，手不释卷，惟看经念佛持课而已，真丛林之标表，实法门之龙象也！

至元二十二年十二月十二日，微疾而化。荼毗之日，顶骨、舌根、膝盖不灰。五色烟焰，凝空翳日，盖师之道业所致也。

大野兮凉飚飒飒，长空兮疏雨濛濛，祖送者万人。俗寿七十八，僧腊五十六夏。三处起塔，以旌其德。有门弟子宗主僧正德、提点僧正慧持师行状，徒步入山求文于素庵老衲。素庵洗手焚香，援笔书之，以记其实。

其铭曰：同气连枝老弟兄，邻峰接境与云平，顶存宝盖留金地，舌卷红莲动玉京。半世未曾怀愠色，一生长是念经声，万人祖送天垂象，飞者悲鸣走者惊。紫盖亲传第一机，万松门第名当世，龙泉昭圣瓦砾场，佛殿三门焕金碧。仲谦作劳已多时，仰山援笔重为记，云峰积雪白峨峨，晓色破烟昏幕幕。召僧无道野□啼，龙虎台边鬼神泣，阿师德量若穹苍，浩浩清风无□□。

至元二十三年（1286）四月望日宗主正德座元正庆提点正慧等立石。

古燕石匠王守王州（其余僧众题名略）。

同立石法属人目下项：监寺正福、维那正悟……（30余人略）。龙泉寺东至元笔岭、南至马铺山、西至□案岭、北至峰□□……龙兴寺东至小虎峪南至……昭圣寺东至……真空寺……黄山宝泉寺……大都海子东大元禅寺、护国仁王寺马信、萧王村刘得□……功德主以塔课税都监□□，大都郭正梁、张正果、安平良、坊市耆老等人。功德主西鄢村范正贤、功德主辛店坊站提领王□□、教谕孙世英、提控王□、孙浦信。功德主敕可降银牌授近義校尉大都副脱脱火孙、兼昌平站提领孟得椿、提控张辅、百户孙浦秀、坊正张善、吕得義。功德主从仕郎昌平县尹兼诸军奥鲁官郗仲義、提控蔺仲荣、管勾于全、坊正肖得用。

2. 昌平虎峪龙兴禅寺

昌平虎峪龙兴禅寺，即昌平旧县的从檀禅师幢塔所在寺院。这是一座历史悠久的寺院，辽代即有寺院以及建造长明灯幢的记载。

《全辽文》造长明灯记（乾统五年）

大辽国幽燕之北，虎县之东龙门乡兴寿里邑众杨守宗、守金等久弘善念，特建灯幢。肇启则因将获何利，经曰或於塔庙诸形象前，奉施少灯，其明唯照道之一阶，或时速灭，的虽果报福德之聚，唯佛能知，不可得说。噫！少须尚尔，况长明哉。

夫天地之大，在昼则明，在夜则晦。日月之明，左显则烛，在隐则遗。明天地未明之时，照日月未照之所，唯我长明灯乎。

邑众等倡此胜缘，齐之响附，财各乐施，福须默运。所建燃灯幢於佛前置之，有坚确然不拔，且夫凿其龛，拟象於旸谷。刻其螭，取类於烛龙。膏油泉注，朝则盛夕则愈盛也。

兰炬火热，前则明后则益明也，翼□层檐，门以轻素。虽雨暗风霾，常皎如也。昭于上梯睹史宫，俾善者往生。同于下钥阿鼻狱，令罪人解脱。其光不出于一龛。福利遍周乎。沙界以近识远。睹色了空。其在兹乎。度观见者作礼者。袪闇得明。即迷成觉。由目识而开心识。自外镫而见内灯。善逐光生。恶随灯灭。尘霑而堕於三涂。影覆而当登於十地。其十相功德。亦复无量。猗欤盛事。千古不磨。志之於石。庸示来者。

维乾统五年乙酉岁十一月乙朔庚戌日坤时建记。

（按:《昌平外志》四《金石》门载此文，题“镫幢记”，不署撰人。）

昌平县龙门乡兴寿里《全辽文》卷十乾统五年（1105）《造长明灯记》:“大辽国幽燕之北，虎县之东，龙门乡兴寿里邑杨守金等，久弘善念，特建灯幢。”《昌平外志》卷四《金石》录文相像。按：昌平县西北有卧虎山，虎县为昌平代称。今昌平东有兴寿村，当即兴寿里。

3. 昌平县白虎涧云峰龙泉寺与仰山栖隐寺

元代昌平县白虎涧云峰龙泉寺，所指正是今天北京市海淀区凤凰岭的龙泉寺。据塔铭可知，这是一座历史悠久的古寺，由万松老人嫡传弟子云峰从檀禅师开创。从檀禅师与万松弟子耶律楚材（讳从源）、林泉从伦禅师皆排“从”字，是平辈，故身份地位很高。

记录元初佛道之争的《至元辩伪录》五卷，由“道者山云峰禅寺沙门祥迈奉敕实录撰”，“大云峰住持袭祖沙门雪溪野老贵吉祥序”，约成书于至元二十一年（1284）三月。这座祥迈、雪溪野老贵吉祥住持的云峰禅寺，或许即是昌平县白虎涧云峰龙泉寺，即云峰从檀禅师塔铭记述的寺院。如果真是这样，今海淀区凤凰岭龙泉寺的历史价值将进一步的得到提升。

依据塔铭记载，从檀禅师弘法行迹多在北京西山，即海淀与昌平地区，在大都城海子东有附属寺院存在。云峰从檀禅师塔文的发现，在北京是最具佛教史研究价值的重要信息。

研究历代僧人世系传承，必了解把握他们的传承谱系，否则将如堕迷雾，不得要领。

金末万松行秀为曹洞宗十九世，曾为曹洞宗演派源流设定谱系。据《宗教律诸家演派》记载:“洞山源流诀”共二十八世，其中“洞山下十四世顺德府净土寺万松行秀禅师演派二十字”，即“行从福智立、贯彻八环中、化统三千界、宏开洞上宗”。万松有弟子从伦、从祥、从隆、从檀等，耶律楚材法名“从源”，号湛然居士，与林泉从伦为同辈。再下有福裕禅师，依据这个谱系，依次类推可不致紊乱。

研究万松老人弟子法脉，必须遵循这个谱系，提纲挈领，才不致产生错乱。

云峰檀公禅师是万松老人最亲近的法嗣弟子，曹洞宗高僧，仰山栖隐寺是燕京曹洞宗的大本营，撰写塔文的“仰山嗣祖沙门本琏”，名素庵，时为仰山栖隐禅寺住持，在燕京具有广泛的影响力。这两座寺院仅一山之隔，俩人之间以兄弟相称，“同气连枝老弟兄，邻峰接境与云平”，塔文情深意切，正是两人之间、两座寺院之间亲密状况的真实写照。

另外仰山栖隐寺第二十六代行满禅师，即本琏素庵禅师门下得法弟子。

料理从檀后事的是昌平县昭圣禅寺僧众，皆排“正”字辈，与万松字序有别，不知何系。幢塔题名没有从檀以下应排“福”字辈的僧人。

龙泉寺在北京市海淀区聂各庄乡老爷岭下，东距抬头村约 2 公里，始建于金元时期。

龙泉寺坐西朝东，坐落在一条低缓的山梁下，东临山涧，架有一座单孔花岗岩石拱桥。桥栏方形望柱，素面石栏板。寺四合布局，由南而北有 3 处院落。北院为正院，有山门殿三间、正殿三间及东西配殿。寺院内外古木参天，郁郁葱葱，院门外一株银杏树，树径在达 1 米多，为元代所植。寺西崖下有一泓山泉，石壁雕刻莲花图案，是石榆河的源头之一。

龙泉寺北墙外约 80 米有石窟，是在一块天然花岗岩石上由人工雕凿而成。内壁略呈弧形。在正面石壁上，雕刻有 3 尊浮雕石像。开凿年代已不可考。龙泉寺东北有石塔，由花岗岩砌筑而成，高 6.1 米，为清末神异僧魏老爷而建，为覆钵式喇嘛塔，塔前置一双花岗岩雕制的石鞋。通过这个幢塔文，使西山龙泉寺的历史价值得到极大提升。

清代龙泉寺颇为繁盛，访得清初万安山法海寺慧枢行地禅师法嗣一人，即燕京龙泉容舒申禅师，曾在西山龙泉寺当住持，特附列于此。

据《五灯全书》卷九十三：

> 燕京龙泉容舒申禅师。示众，举初祖答梁武帝问圣谛第一义话毕，师曰：武帝错，达磨错，诸人还知么？错！错！示众，举赵州答僧镇州出大萝卜头话毕，师曰：镇州出大萝卜。且道答得恰，答不恰？若道答得恰，则谤赵州。若道答不恰，则辜负南泉。诸人还会么？良久曰：莫将闲学解，埋没祖师心。
>
> 颂百丈耳聋曰：父子作家同鼻孔，耳聋三日孰知归。迅雷闪电今犹在，两眼能闻绝百非。
>
> 颂临济三顿棒曰：老婆心三顿乌藤亲不亲太饶舌。肋下还拳彻不彻。谁知恩大更难酬。倒转干戈入虎穴。
>
> 颂临济四喝曰：凛凛威光星斗寒，当头谁敢向前看。堂堂正坐时横按，魔佛灵锋血未干。踞地巍巍孰敢观，狐狼屏迹绝踌攀。当机觌面无回互，飒飒威风遍界寒。无孔铁锤当面掷，机前有令孰知

先。烂泥有刺须缁素，薄处从来立见穿。一喝不作一喝用，无星秤子定轻重。若知斤两得分明，许你当机共拈弄。

僧问：倒却门前刹竿着者，意旨如何？师曰：家家门前火把子。曰：佛传袈裟外，传个甚么？师蓦以手掩其口。（祖山地嗣，载《五灯全书》卷九十三）

顺治年间，玉林琇禅师弟子慧枢行地（祖山地）奉帝命，在西山建造法海寺，地址即在香山南部红旗村西部的万安山上。

4. 万松行秀住燕京报恩寺从容庵的时间

据明《帝京景物略》卷之四："万松老人，金元间僧也。兼备儒释，机辩无际，自称万松野老，人称之曰万松老人，居燕京从容庵。漆水耶律楚材，一见老人，遂绝迹屏家，废餐寝，参学三年。老人以湛然目之，后以所评唱《天童颂古》三卷，寄楚材于西域阿里马城，曰《从容录》。自言著语出眼，临机不让也。楚材序而传至今。"并描述明代万松老人塔的状况。

关于金元之际燕京报恩寺以及从容庵情况，万松老人自己也有明确表述。

据《万松老人评唱天童觉和尚颂古从容庵录》附录记载：

天童老师颂古……万松昔尝评唱，兵革以来（蒙古大军攻下燕京，1214 年）废其祖稿，迩来退居燕京报恩，旋筑蜗舍，榜曰从容庵，图成旧绪。适值湛然居士（耶律楚材）劝请成之，老眼昏华，多出口占，门人笔受，其间繁载机缘事迹。

一则旌天童学海波澜，附会巧便。二则省学人检讨之功。三则露万松述，而不作非臆断也。窃比佛果《碧岩集》，则篇篇皆有示众为备；窃比圆通《觉海录》，则句句未尝支离为完。至于著语出眼，笔削之际，亦临机不让。

壬午（1222）岁杪，湛然居士书至，坚要拈出，不免家丑外扬，累吾累汝也。

癸未年（1223）上巳日，万松野老因风附寄，不宣。

另据《大庆寿寺西堂海云大禅师碑》记载："……岁在丙申（蒙古太宗八年、1236）朝廷差官选僧道，时燕京报恩禅寺万松老人及诸禅老深以为虑……"

可以推断，万松老人在报恩寺筑从容庵著《从容庵录》就在此时段，即蒙古太祖九年至十七年（1214—1222）。其后奉太宗诏旨，出任大万寿寺住持。万松老人再一次住报恩寺是在蒙古太宗八年（1236）这个时段。

此期金中都女真贵族败退汴梁（今开封），燕京在蒙古族占领之下，并一直延续到中统四年（1263）建元大都城，此段是历史上的蒙古汗国时期。

5."坊市"耆老题名是大报恩寺地址的历史见证

确定报恩寺地址有三个必备条件，一、在大都城内；二、与元初大报恩寺人物事迹相关；三、寺址接近现存的万松老人塔。从檀禅师塔铭所述与三项皆有关联。

大都城"坊市"即西四牌楼街区，元代隶属鸣玉坊，街道称大市街。塔铭中的"坊市"，即特指西四广济寺所处地段。

金元之际，万松老人在燕京大报恩寺弘法，蒙古定宗元年（1246）四月四日示寂，寿八十一，在寺前建造万松老人塔，留存至今。元初至元初年林泉从伦继万松老人之后唱法于此，元贞二年（1296）以后，报恩寺的史料较少，或元中后期衰亡无存，元末已不知确切地址。

在报恩寺西部不远处是圣寿万安寺（白塔寺），东北部是北崇国寺（明改护国寺），开始都是汉僧居多，自元代至元年间开始，演变为以藏地喇嘛为主的寺院。报恩寺的衰落无闻或许与此有关。

塔文最具价值的题名即"大都郭正梁、张正果、安平良、坊市耆老等人"、"坊正张善、吕得義"、"功德主西鄢村范正贤"。

据幢塔题记人物可知，这些"坊市耆老、坊正"等人，他们经历过大都城创建初期，经历了从村落到城区的历史变迁，从檀是在报恩寺万松门下参学多年的僧人，他们都是大报恩寺历史的见证人。

所谓耆老、坊正，为大都坊市（西四大街）街区富商大户、乡绅官宦，一般平民无由担当。这些原住民与万松老人及其弟子从伦、从檀，几十年亲密交往，从青年到老年一路走来。他们的父辈即是为万松老人建塔者，他们与儿辈又为云峰从檀禅师建塔，从檀禅师塔文真实地反映出这一史实。报恩寺有万松老人、有从檀、有从伦禅师，才把他们联系在一起，塔铭题名人与这一系僧人的关系，乃至参与建造从檀幢塔，都直接印证着大报恩寺地理位置。

"坊市"有万松老人塔存在，依据云峰从檀禅师幢塔"坊市耆老、坊正"的题记，大报恩寺地处"坊市"街区，足可认定，今广济寺即金元大报恩寺旧址。明代建广济寺挖地见有废寺，见地名有西刘村，故以西刘村寺称之，这不是正式寺名，仅是一个替代的说法。

据塔铭，元初本地有西鄢村，或许明代误记为西刘村也未可知。

十、万松老人燕京唱法行实及其交往的禅门耆宿

雪岩满——万松、巨川海。铁橛禅师福源。玄悟玉、竹林安等。

以往对临济宗海云一系的深入研究成果较少，因此深度不够，有学者对这一僧系正统地位颇有微词，今检索到一些较为常见的材料，也往往是被忽略的。

《湛然居士文集》卷十三：请旭公禅师住应州宝宫寺疏："孙枝出入万松中，便好移来植宝宫。覆荫人天正今日，不妨鼓动劫前风。"

应州宝宫寺即今山西应县木塔所在寺院。又称应州宝宫寺释迦塔，该塔兴建缘于辽兴宗仁懿皇后的倡导。从诗文看，元初旭公禅师是万松孙辈僧人。

万松老人曾讲述一个竹林安禅师故事。万松老人《拈古请益录》"第八十则赵州胜劣"记载："竹林安和尚与众沙童拔草，童恚而密讼曰：老驴不放人闲。谓师不闻也！须臾草盈筐，童问安曰：草倾置何处？安曰：置方丈中著！童曰：要这作甚么？安曰：要喂老驴矡！童吐舌。"

万松老人唱法时列举的故事，把竹林安禅师的音容笑貌与睿智幽默，老婆婆

般的慈祥情态真切地记录下来，体现出禅家尊宿的大智慧！竹林安禅师是金元之际燕京临济宗历史的真实存在。

1214 年蒙古大军下燕京，由耶律楚材下疏，邀请容庵海禅师主持燕京竹林寺事务。

关于容庵海禅师在竹林寺唱法，还有一个证据与资料，当时人说当时事，是可信的史料。

耶律楚材《湛然居士集》卷八刊载《请容公和尚住竹林疏》："庆寿慈悲，拽摆犂而耕种；竹林潇洒，叹槽厰之空闲。已让位而逃，宜见机而作。我容公禅师一条生铁脊，两片点钢唇。参透济下没巴鼻禅，说得格外无滋味话。呵佛骂祖，且存半面人情；揭海掀山，别有一般关捩。试问孤峰顶上，何如十字街头？若是本色瞎驴，好趁大队；既号通方水牯，何必芒绳。谨疏。"

容公即容庵海禅师也！这是耶律楚材亲手撰写的邀请容庵海禅师主持竹林法席文书，说明他与燕京曹洞系、临济系高僧都有深厚情谊。

1. 万松老人《拈古请益录》"第四十三则云门法身"称："师云：万松昔在大庆寿玄悟席下，一年入室两度。经半年，才得告香入室。室中举问玄沙如何是清净法身？沙云：脓滴滴地。此是玄悟之师——高邮定和尚悟处。今日看来这清净法身话，玄沙答得最强，高邮悟处更的。"

玄悟玉禅师为金代大庆寿寺住持。其师为高邮定禅师。

2. 万松老人《拈古请益录》"第五十二则雪峰古镜"称："举雪峰与三圣行次，见一队猢狲。（早晨不利）峰云：只这猢狲，各各背一面古镜。（只恐分不破）圣云：历劫无名，何以彰为古镜。（正好留题）峰云：瑕生也。（因谁致得）圣云：一千五百人善知识，话头也不识。（蔑相瓜齑不着盐）峰云：老僧住持事繁。（惯得其便）天童拈云：当时若见雪峰道瑕生也。（则今不少）但近前云：喏喏。（与你唱诺）且道何故如此，（下不测上）争之不足，（索另先穷）让之有余（告和者赌赏）。师云：青州、佛觉两派既行，佛日提一枝临济禅。托迹圣安，分寮入室。一日自挝鼓上堂，抑扬云门、临济宗风，平分半众，不辞而去。佛觉恬不介意。"

据考，燕京法席青州在万寿；佛觉在圣安；佛日在竹林。唱法阵营严明，不容错混。

3. 蒙古汗国时期万松老人与海云大禅师在燕京："岁在丙申（蒙古太宗八年、1236）朝廷差官选僧道，时燕京报恩禅寺万松老人及诸禅老深以为虑。……师为之道于是往见丞相厦里，……由是虽承考试，无复退落。寻有诏，肯悉依圣祖皇帝存济，听僧道如故。师既住竹林，经营寺事，补葺……，遂历举云居悟真，真定维摩（寺）福通、颐福，真□庵□空，数公皆能安于道者，其如时节因缘何。师复思有海岛之游，遽召提点寺事顗公付以后事曰：吾将远游，尔等诸人可请能（缺十七字），曳杖而去，众挽留不可，遂历海门诸岛。"（据黄华后人王万庆《燕京大庆寿寺海云大禅师碑》，碑现存北京法源寺。）

4. 潭柘寺铁橛禅师古渊福源曾与万松老人诗文唱和。

临济宗古渊福源禅师生平事迹载于明《补续高僧传》卷十三：

> 福源、字古渊，赐号佛性普照大禅师。师生太原李氏，李氏故旧族，历唐宋以儒业为显官。祖奉训大夫知南阳令珪，举二子：长德英，登进士；次□威大将军珍明，师父也。母苏氏，长斋奉佛，诵金刚、观音经为日课，不少怠。一夕梦老僧捧僧伽黎付之，觉而有娠，生时多祥瑞。父母爱之，授书不读，而以栗麦子纪念观音。父怒挞之，师泣告曰：儿愿学佛，不愿选官也。父益怒，驱使辱之，复闭之空室，绝其食，庶有回心。师持志愈坚，父母不得已，携送妙觉院礼朗公为师，而披剃焉。受具，习大乘经论。
>
> 兴定中（1217—1221），元兵南下。师潜遁山谷间，食树皮草根得不死。恨至道未闻，事定后（天兴三年，1234 年金朝灭亡），走真定（今河北正定）西牛见廓乐老人一公，机语相入。一公五坐道场，师为侍者。
>
> 后见圆明照公，照一日举僧问云门（文偃）啐啄之机。门云：响问师，汝如何会？对曰：今日痛领和尚一问。曰：意旨如何？对曰：一声齐和处，千古意分明。照公示寂，师复见一公。公曰：源侍者，汝来也！亲切处道一句看。师进前曰：即日恭维和尚尊候万

福。曰：如何是佛法大意？对曰：满口牙是骨，耳朵两片皮。公作声曰：何曾见圆明来？师问：如何是佛法大意？公喝之。师拟议，公便打曰：满口牙是骨，耳朵两片皮。师忽省、作礼，一公印之以偈。

出世凡三主大刹，于潭柘最久，不动声色，而起振颓废，声价重诸方。师具智慧力，开折摄门，不避强御。魔阐必挫，善类必植。故能开田居山，整洪规，敦后学，继古德之风。

太师国王赐海云宗师摩衲大衣，海云以授师。师瓣香，寔归廓乐，不以海云厚己而异其志。海云尝谓人曰：源公，天性真淳有节义，特立世表，人不得而亲疏之。堂堂乎了事，本色人也！

以至元某年坐化，塔于潭柘。其与万松老人多和照公诸耆宿唱酬，此事问答机衡师语尤为逸格。既大兴潭柘，功成而弗居，退处东庵，若不知者，其巽退如是。然性孤硬，诸方以源铁橛称之。

考证：据推断古渊福源禅师于至元十四年（1277）圆寂。

佛性普照大禅师古渊福源者，系潭柘山龙泉禅寺第二十四代住持僧。在潭柘寺时间为至元九年到至元十四年（1272—1277）之间。

古渊福源禅师圆寂后曾建塔于潭柘寺，塔久已毁坏无存，推测是一座石幢塔。

5. 万松老人在磁州大明寺参潭柘亨为谁？

万松老人在雪岩满大禅师门下得法后，一日潭柘亨和尚造访大明寺。晚上，行秀特地叩门礼谒，并烧香请益。潭柘亨和尚让他入室相见，行秀问：“如何是活句，如何是死句？”潭柘亨和尚道：“书记若会，死句也是活句；若不会，活句也是死句。”

此潭柘亨和尚即金末著名高僧虚明教亨禅师，曾住持燕京庆寿寺、潭柘寺。金人南渡后住嵩山法王寺、济南灵岩寺。

6. 福裕禅师住燕京大万寿寺和归隐嵩山少林寺史事。

1260年元世祖忽必烈即位，称元“中统”，赐福裕以“光宗正法禅师”之号，命在他的故乡建报恩寺，赐给田地以供僧需。他又应请住持燕京万寿寺，并负责在和林、燕蓟、长安、太原、洛阳五地各建立少林寺。这样当时就有了五座少林寺。据说近年在盘山也发现少林寺的遗址。

元世祖至元八年（1271）春下诏，全国佛僧入燕京会集。大概不是全部的，只是各大寺院代表人。福裕法系竟占全部入京僧众三分之一。可见，福裕在北传曹洞宗中具有崇高地位。福裕熟读佛典，博通群书，生前多次上堂说法，门徒记录达几十万言，然而他生前不许弟子雕印，说禅宗不希望别人执著于文字语录，说此皆“一时游戏所发，安可以形迹为哉？”福裕禅师住持燕京大万寿寺长达14年，因年老疲于燕京城的繁杂事务，归隐嵩山少林寺。至元十二年（1275）七月在少林寺圆寂，享年七十三岁。据考，大万寿寺旧址在广安门外手帕口北街一带。

7. 林泉从伦禅师燕京史事。

万松行秀的弟子林泉从伦，先后住持燕京万寿寺、药师院。元宪宗八年（1258）在和林参加与道教的辩论大会，是代表佛教方面的十七高僧之一。

至元十八年在燕京悯忠寺焚毁道书时，他与迈吉祥二人奉敕点火。从伦拈香举火谢恩，“祝延大元世主当今皇帝圣躬万岁万岁万万岁”，批评道教“造讹捏伪，盗窃释经言句，图谋贝叶题名，谤毁如来，赃诬先圣”，赞扬元世祖“辟邪归正，去伪存真”，最后用火炬打一圆相，说：“诸仁者只如三洞灵文，还能证此火光三昧也无？若也于斯会得，家有北斗经，枉教人口不安宁。其或未然，从此灰飞烟灭后，任伊到处觅天尊，急着眼看。”

《五灯会元续略》卷第一上记载“燕京报恩林泉从伦禅师”：

> 初住万寿，上堂：禅禅非正非偏，无意路，有玄渊。超今迈古，绝后光先。但能忘影迹，何必守蹄筌。直指人心见性，须凭祖意通玄。九年面壁真消息，端的其中有秘传。
>
> 元世祖皇帝至元九年（1272）诏入内殿对御。及帝师命师讲禅，遂举圭峰禅源诠曰：梵语禅那此云思惟修，亦名静虑，皆定慧之通称也。禅为万德之源，故名法性。华严经说亦是众生迷悟之源，故

名如来藏。楞伽经说亦是诸佛万德之源，故名佛性。涅槃经说然。禅者有浅有深，阶级殊等。谓带异计欣上厌下而修者是外道禅；正信因果亦以欣厌而修者是凡夫禅；悟我空偏真之理而修者是小乘禅；悟我法二空所显真理而修者是大乘禅。若悟自心本来清净，元无烦恼无偏智性本自具足，依此而修者是最上乘禅。亦名如来清净禅。

达磨以来递代相传者是如来清净禅也。帝曰：在先有问皆言无说，汝今云何却有说耶？师曰：理本无说，今且约事而言。帝曰：何故理无言说？师曰：理与神会，如人食蜜，若问蜜之色相，紫白可言。若论味之形容，实难诉说。帝问帝师曰：此语是耶非耶？帝师曰：此与教中甚深般若了无异也。复问祖师公案，师举六祖风幡因缘，非风幡动，仁者心动。帝师曰：实风幡动，何名心动？师曰：一切唯心万法唯识，岂非心动耶！折辩抵暮，出内而散。

示众：北斗似杓，南斗似瓢，任伊斟酌，暖日凉飙。冬至寒食一百五，须知气节不相饶，到此莫有解吞吐者么？僧问：法眼道我二十年只作境会，既不作境会，合作么生会？师曰：猿抱子归青嶂后，鸟啼花落碧岩前。示众：若论此事，如丹凤冲霄不留其迹，其由性空寥廓。慧日精明，照五蕴之皆空，使万缘之俱泯。直得星攒碧落，月侵丹墀，翡翠帘垂，烛香人静，当此之际，那容喘息。宁许窥窬，密室不通风，玄门难措足。虽然如是，一点灵明通宇宙，那拘西竺与曹溪。

至元十八年（1281）十月二十日圣旨，就大都悯忠寺焚烧道藏伪经。除道德经外尽行烧燬，命师下火，遂以火炬打一圆相曰：诸仁者，只如三洞灵文，还能证此火光三昧也无？若也于斯会得，家有北斗经，枉教人口不安宁。其或未然，从此灰飞烟灭后，任伊到处觅天尊，睁着眼看。

林泉从伦住燕京大报恩寺，钩沉到以下几条史料。

（1）据元《至元辨伪录》记载：蒙古汗国宪宗八年（1258）七月，佛道两教的辩论，佛教十七人中有燕京药师院长老从伦、蓟州甘泉山长老本琏。林泉从伦著《空谷集》和《虚堂集》各六卷，皆为禅学名著。本琏禅师后出任仰山栖隐寺住持，并为云峰从檀禅师撰写塔铭。

（2）燕京大报恩寺至元十三年前后由林泉从伦住持，2007 年门头沟永定地区大力度拆迁，曾出土两块至元十三年（1276）寺院石碑，皆为林泉从伦撰写，一为京西曹各庄吉胜寺碑，一是冯村牛心山院碑，林泉从伦时为大报恩寺住持。

（3）元至元二十八年（1291）撰《大都鞍山慧聚禅寺月泉新公长老塔铭并序》，称“大都万寿退隐林泉老人从伦撰”。时在大万寿寺当主持后已隐退，去向未定。

（4）《灵岩寺肃公禅师道行碑》，至元三十年（1293）立，称“报恩禅寺传法住持林泉老衲从伦撰并书丹篆额”。至元二十八年离开万寿寺后，他回到报恩寺。

（5）《临济慧照玄公大宗师语录序》，元贞二年（1296）岁次丁未，大都报恩禅寺住持嗣祖林泉老人从伦盥手焚香谨序。

元贞二年（1296）以后林泉从伦及大报恩寺情况不明，有关记载已难以见到。

显然林泉从伦此次住持之后，报恩寺已走向衰落，或有大变故，如失火焚毁等，故文献记载方面几乎绝迹。报恩寺的隐匿不传也许与燕京旧有仇家的报复有关，林泉从伦焚道经，万松老人塔铭记载避仇家于海上等事，大约皆与此大报恩寺有关。

8. 耶律楚材《湛然居士集》记载的“和公大禅师塔记”其人是谁？

先把《湛然居士集》记载的塔文附列在此，作为考证之便。

（案：记文末署“己丑”，应作于公元一二二九年。）

> 师本平水人，俗姓段氏。幼习儒业，甫冠，应经义举。因阅春秋左氏传，悟兴衰之不常，慨然投笔，退居山林。年二十，弃俗出家，礼平阳大慈云寺僧宗言为师，受戒披剃，颇习经论。后闻教外别传之旨，乃倾心焉，遍谒诸方，因缘不契。师知万松老人之声价照映南北，直抵燕然而见之。居数载，师资道契，始获密许，人颇知之。

丙戌（元太祖二十一年，1226）夏六月，故劝农使王公为功德主，作大斋，又蒙行省相公洎以下僚佐专使賷疏，劝请开堂出世，因住持大万寿禅寺。师素刚毅寡合，未朞，退居渔阳之盘山报国寺。建州元帅葛公、权府朱公、弹压樊公闻师之名，飞疏敦请。辞不获已，杖锡北行，诣建州梨花道院以塞其命。未几，示微疾，移居闾山之崇福寺养病。

一日，忽召门人普净辈谓之曰：‘生死去来犹空花水月，何足为讶！’遂净发更衣，端坐而嘱后事。乃作颂曰：‘临行一句，当面不讳。皓月清风，不居正位。’颂毕，右胁而寂。师将顺世，有本寺传戒大师临谓之曰：‘善为道路。’师笑而不答，令众且去勿喧。众皆出，闻师咄一声，众惊视之，师已寂矣。三日神光不变。荼毘之日，颇有祥异。数州士民焚香拜礼者络绎於路。

师俗寿四十六，僧腊一十六。其徒迎其灵骨藏於万寿祖茔之侧。噫！师之处万寿也，每闻诵经之声，形不怿之色，由是人皆讥之。临行之际，命其徒讽尊胜咒者，何哉？殊不知大善知识，临机应物，一抑一扬，一夺一纵，若珠之走盘，千变万化，讵可以一途而测耶！至於巨川海和尚平日亦行此令，执相者讽之，而谓毁梵行；掠虚者赞之，而谓无碍禅，皆失之矣。后之学者当以此为诫。

己丑（太宗元年，1229）清明，其徒属予为记，遂以所闻之语信笔记之。湛然居士云。

附：万寿长老佛心宝印大禅师生塔碑铭并序

佛心宝印大禅师正席万寿十有七年，诸缘既稔，百废俱修，言随道流，缁素归仰，其大弟子等因入室次，合掌稽首而白师曰：……我诸比丘将为大师凿深攻坚，豫卜藏域……于是禅师执拂微笑，为作证明。塔成，其崇三十尺，而趾之广三分稍二，在高梁河西漆园。

昔金天会中万寿初祖青州希辩和尚，提洞山宗旨，鸣道发源，阅代二十有八而禅师实纂其绪，以大其承。

禅师名思慧，字讷翁，建宁浦城黄氏子。家世文儒，学甫究，转徙齐鲁，遂依东平鞍山新公。年十九，新为祝发授具。出见东峰满、灵岩顺，皆啧啧器许。瓶笠游京，首参林泉伦公，复从东川讓公，拈机英朗，川信以衣颂，命开堂勘验学者。出世夹山，迁盘山，又迁中山，乾明退隐万寿，会万寿席虚，众请补处。三逊而后即事。

凡修（华）严祖德、会同二塔，筑丈室、东轩，作圣寿下生院新邸舍、复侵田，种种圣因，皆以慈忍力而得成就，名德彰升。

仁宗皇帝诏锡银章：领曹洞正宗。诸方衲子来学京师，以万寿为法奥，青州为不死，嗣音有人，信哉！

天童云外岫公，在江之南最号洞山星凤，将示化遗诫其徒奉书疏，走半万里起禅师修丹霞宏智故事。禅师曰：吾住山三十年，如孤舟抵岸，倚著自在，何能以身而更狥物！即拈香为岫说法，谢遣来意。然则是诸比丘垒塔信道，而期之永寿者，不犹剩乎！

解梁柳贯，时官颂台，辑所闻睹，爰作序偈。铭曰……（佟洵主编《北京佛教石刻》第四章）

金代中都大庆寿寺、大万寿寺是燕京临济宗的大本营。此时燕京历经政权更迭，公元1214年金王朝败退迁都金南京（汴梁），自此燕京处于蒙古汗国统治时期，以时序推断，耶律楚材这个塔文记载的是天目齐禅师后世法裔、即金末及蒙古汗国时期在燕京唱法的临济宗巨匠懒牛和禅师。至此燕京临济宗懒牛和禅师终于露出麟角矣。

因资料所限，耶律楚材也无法写出他的详细身世，甚至连生卒年都没有，也是战乱因素使然。金代僧史常被提及的弘扬“无碍禅”的巨川海和尚或是懒牛和禅师法嗣。

依据佛心宝印大禅师塔铭记载，金元两朝大万寿寺历代住持塔院问题可望得以破解。其生塔建在金代燕京大万寿寺塔院侧，其地即高粱河西漆园一带。

金代大万寿寺塔院，在元代延续使用，《万寿长老佛心宝印大禅师生塔碑铭并序》是最好的历史见证。

2012年4月6日于北京西郊九龙山下居庐

金中都燕京大圣安寺佛觉大师史事探微

金代在中都燕京弘法的佛觉琼公是著名高僧，其生平事迹在明永乐大典辑本《顺天府志》有零星记载。此书明永乐初年著成，所记皆唐辽、金元燕京旧事，采自当时尚存的史料及碑刻，故具有重要历史参考价值。

燕京大圣安寺是金中都著名寺院，金大定间佛觉大师唱法于此，名震朝野。

有关佛觉生平事迹，在永乐大典辑本《顺天府志》记载称："大万寿寺在旧城，按寺记：金天会中（1123—1135），佛觉大师琼公、晦堂大师俊公自南应化而北，道誉日尊，学徒万指，帝后出金钱数万为营缮费，成大法席。皇统初，赐名大延圣寺。大定三年（1163），命晦师主其事，内府出重币以赐焉。六年（1166），新堂成，崇五仞，广十筵，轮奂之美为郡城冠。八月朔，作大佛事以落成之。七年二月，诏改寺之额为大圣安，即延洪阁也。"

金太宗天会中（1123—1137）佛觉大师北上，将云门宗风传播到中都，燕京大延圣寺是云门宗重要寺院。大定三年（1163）金世宗命晦堂俊公大师住大延圣寺。大定七年（1167），大延圣寺改名大圣安寺。大圣安寺旧址在今北京南城法源寺西部300米处，临街，现仅存山门殿、前殿二进殿宇。

据影印本《赵城金藏》第18册第661页《佛说观无量寿经》称："时岁丁丑（金正隆二年，1157）九月十五日燕京大圣安寺晦堂和尚洪俊序。"真实地记录着晦堂大师参与《赵城金藏》编订的重要佛教史事。

一、佛觉、晦堂禅师燕京唱法怀柔红螺寺和昌平铁壁银山

佛觉琼公、晦堂俊公、佛日尧禅师都是由宋入金，在燕京弘法著名高僧。佛

日禅师，僧史中多不知所指为何人。因有佛日惟岳、佛日尧等多人燕京、南京（开封）大弘法化。潭柘广慧通理于金国初踞汴梁时期所参佛日禅师，不知是何人。

佛觉大师琼公与佛日尧之因缘，《续指月录·尊宿集》有载："青州佛觉禅师，颂仰山师子曰：'一色无过指示人，白银世界里频申，超然推倒还扶起，争似东风煦日新'。一日，佛日尧禅师诣师道场，自挝鼓上堂，抑扬云门，临济宗风，平分半座，不辞而去。"此段记载，所指佛觉琼公在燕京大圣安寺当住持时，佛日尧禅师至寺升座讲经情景。临济大师风采于此可见一斑。

圆通善入室弟子有黄山赵文孺居士。《续指月录·尊宿集》有记叙："圆通善入室弟子，有黄山赵文孺居士者。记莂后，常作颂曰：妄想元来本是真，除时又起一重尘，言思动静承谁力？仔细看来无别人。"

佛觉琼公，晦堂俊公与佛日尧皆是金初名僧，圆通善为其弟子法嗣。玄悟玉禅师任庆寿寺住持时，圆通善已具有金国国师身份，二人与世宗皇帝诗文唱答，身份之尊崇可以尽知了。

除金中都大圣安寺外，佛觉、晦堂、圆通善等亦倡法昌平铁壁银山，圆寂后均建塔于是处。

昌平银山中峰之下，辽代大安年间（1085—1094）建造大延圣寺。金天会三年（1125）重修，佛觉、晦堂、圆通、懿行、虚静等曾先后在此演讲佛法。现存金元时期五座大塔，均为砖石结构，造型雄伟壮观。其中佛觉、懿行、晦堂塔为八角形，砖砌仿木结构的十三层密檐塔；圆通、虚静二塔为六角形七级密檐塔。虚静禅师塔年代稍晚，已有近八百年历史。

北京怀柔区红螺寺辽代即建有寺院。辽大昊天寺，清宁五年（1059）辽秦越大长公主舍棠阴坊府第为寺。秦越大长公主是辽圣宗之女、兴宗之姊，道宗懿德皇后的母亲，身份非同一般；主持建造大昊天寺的妙行大师是契丹人，是秦越大长公主的亲儿子萧志智，属国舅大丞相楚国王之族，大昊天寺在辽南京城具有非同一般的特殊地位。

据《妙行大师行状碑》记载："……先是怀柔之北一山，地多蛇虺，故号蛇山。师方隆冬，匡众于彼，春深暄煦。蛇虺超蛰，遍诸山麓。师曰：此难□宜从之。有白项群鸦，衔蛇出山，□□追尽。僧徒肃然，闻者叹服。师素蕴大愿，欲营大刹一区，而胜处未获。且先如法造经一藏，止以燕都随缘，诱化旬月之间，费用充足。凡役匠厘事，各给净□斋戒随酬价□，言者莫逆其染□□□皆护命放生。以糯米胶破新罗墨，方充印造。白檀木为轴，新罗纸为幖，云锦为囊，绮绣为巾，织轻霞为绦，斫苏枋为函，用钱三百万。”

这个记载，充分说明辽代妙行大师曾一度在红螺寺居止。

金代初期世宗礼请佛觉禅师在红螺寺弘法。据元末《红螺山大明寺碑》追述记载：“金大定间，世宗遣使请佛觉禅师于真定之洪济，以镇兹山，四方学者云集。”红螺寺在元末改名大明寺。

元代初年红螺寺依旧繁盛。耶律楚材《湛然居士文集》卷八《请湛公禅师住红螺山寺疏》称：“（案：年代无考）祖祢不了，惭惶碧眼之老胡；儿孙受殃，架构红螺之大刹。既是将错就错，不免拈空拄空。我湛公禅师韶阳远孙，摩诃嫡子，参透三句语，击碎十法门，便好住持，更休推让。滔天岭上，只图同看有毛龟；绝顶山头，且要共栽无影树。谨疏。”湛公禅师金末元初在圣安寺，耶律楚材拜他为师，参究日久，湛公推荐他参访万松老人，并在万松行秀门下得法。湛公禅师身世虽不详，但耶律楚材这个开堂疏证实，湛公禅师所住即今北京怀柔区的红螺寺。

二、佛觉大师弟子圆通善国师撰写的两篇塔文碑文

作为佛觉大师弟子的圆通善国师，在金朝身份地位很崇高。圆通善国师名广善，在北京存有他撰写的两个碑文，颇具文采。

1. 现存《中都竹林禅寺第七代了奇和尚塔铭》由“大圣安寺西堂传法沙门广善撰文”，是一座秀丽的石幢塔，大定十九年（1179）立。西堂即退隐之意，当时他已不在圣安寺当住持。此塔在北京潭柘寺塔院，保存完好。

2.《中都大昊天寺妙行大师碑铭并序》“中都大圣安寺沙门广善撰”，大定二十年（1180）立。所记是辽代妙行大师萧智志生平事迹，碑旧在北京西郊隆恩

寺。大昊天寺在辽金燕京城，大昊天寺塔院在西郊荐福山寺（隆恩寺）。明王振重修，改称隆恩寺。

三、佛觉大师的师承与法脉

佛觉大师法脉源自何人？一直是个历史谜团。北京怀柔区红螺寺元末称大明寺，据《红螺山大明寺碑》记载:“金大定间，世宗遣使请佛觉禅师于真定之洪济，以镇兹山，四方学者云集。”这个记载是寻找佛觉禅师踪迹的重要依据，此前他在真定洪济禅院唱法。

真定十方洪济禅院，在今河北正定，北宋时期由云门宗僧人住持。在宋徽宗崇宁年间（1102—1106），著名的宗赜禅师曾在洪济禅院当住持。

宗赜（1058—1113），号慈觉，洺州（一说襄阳）人。“父早亡，母陈氏鞠养于舅氏。少习儒业，志节高迈，学问宏博。二十九岁礼真州长芦秀禅师出家。”长芦秀禅师即长芦法秀，后入京师汴梁住持法云禅寺，故又称“法云法秀”。法秀住持法云寺后，由应夫接替他在长芦的位置，“师（宗赜）得旨于夫（即应夫），遂为夫嗣而绍长芦之席。”法秀、应夫同为天衣义怀弟子，义怀是较早提出禅净兼修的云门宗僧人，宗赜更将禅净兼修推向极致，南宋宗晓所著《乐邦文类》，把宗赜同善导、法照、少康、省常并列，称为莲社五祖。近年来，随着黑城文献《慈觉禅师劝化集》等面世，有关宗赜的研究引起学界重视。

据居顶《续传灯录》，道忞编修、吴侗集《禅灯世谱》等书记载，宗赜法脉弟子至少有 9 人，即洪济琼、北京照、玄沙智章、净慈惟一、蒋山善钦、本觉道如、天宁子深、瑞峰延、僧忍和尚。其中“洪济琼”，即金大定年间主持燕京大圣安寺的佛觉琼公禅师，在此前因住真定洪济禅院，而得名“洪济琼”。其中“洪济琼”，即金大定年间燕京大圣安寺佛觉琼禅师，此前因他住真定（河北正定）洪济禅院，因此有“洪济琼”的记载。

佛觉大师琼公地位崇高，以前对他在金朝的历史地位了解不够，因此无法得出正确评定。今从征引史料可获进一步的解析，以证实其在金代佛教中的特殊尊崇身份。

在修订文集过程中，又发现两条与佛觉大师有关的材料，特附载于此。

1. 金代翰林学士蔡珪撰有佛觉大师碑文

据大同华严寺至元十年（1273）祥迈撰文的《佛日圆照明公和尚碑铭》称，“佛觉归真，蔡珪旌其德”，这是一条重要线索，金代翰林学士蔡珪撰有佛觉大师碑文，学界可据此继续寻索。

2. 金世宗完颜雍母亲李洪愿是佛觉大师弟子

金世宗母亲贞懿皇后李洪愿出家为尼，得封号通慧圆明大师，佛觉大师是嗣法师，地位尊贵。

辽宁省辽阳市博物馆存《通慧圆明大师塔铭》，记载完颜雍母亲李洪愿（贞懿皇后）在辽阳大清安寺出家为尼事，李洪愿出家时归依在佛觉大禅师门下受具戒。刻制塔铭时完颜雍在辽阳，官职为“崇进东京留守郑国公”。此时距完颜雍政变称帝仅有数月时间。

其母通慧圆明大师（李洪愿，贞懿皇后）正隆六年（1161）五月戊子，感微疾而逝，立浮图于都城之北，寺圃之东，塔高71米，即今辽阳白塔。塔铭所称正隆六年（1161），正史未用，此年十月金世宗完颜雍登极，改年号为大定元年（1161）。

通慧圆明大师塔铭

师名洪愿，世为辽阳大族，观察使李侯之女，太祖皇帝第三子许王之室，崇进东京留守郑国公之母。师在家，以孝友聪明为父母所偏爱，得所归能辅佐君子内助之功为多。

既有子，又能教之以义方。呜呼！可谓贤也已。王既捐馆，一日谓所亲曰：吾闻诸瞿昙氏，天地之覆载，日月之照临，万物之生死，皆幻也，富贵于我何有哉！乃削发为比丘尼，依佛觉大禅师受具戒，既闻于上，诏以通慧圆明为号，赐紫衣以褒之。师乃建大道场于都城丹凤门之左，诏以大清安禅寺为额，从所请也。营建之详，载于寺碑。

正隆六年五月戊子，感微疾而逝，阅世六十有八岁，僧夏一十有七。始师未病，告诸禅侣曰：吾将逝矣！乃命立浮图于都城之北，寺圃之东，以为葬所，甫来而化。呜呼，可谓达也已！六月庚申，其子郑公奉迎其骨归其所，而安厝之。乃序其始终行迹之著闻者，示其属北平李颜隆曰：敢嘱以铭。铭曰：

嗟唯李氏，世载淑美。有女嗣庆，宜归帝子。爰初在室，孝于其亲。既配君子，辅之以仁。于□王家，至富至贵。师于是时，克自抑畏。王之下世，泰山其颓。师乃自悟，不为利□，遗世超俗，依于佛觉。笃志学问，久而弥确。其号维何，通慧圆明。衲衣易紫，禅林之荣。始建清安，拟请其额。天子□□，以从其索。师勤佛事，载在寺碑。观碑之文，可得而知。始未有疾，前□化日。命立浮图，以为葬室。师之遗行，有初有终。勒石刻铭，期□□穷。

正隆六年（1161）□□□□□□九日，崇进东京留守郑国公男完颜雍建。[1]

四、金世宗母亲贞懿皇后出家为尼号通慧圆明大师

据《辽阳县志·卷六上》《古迹名胜》记载："白塔，城西北半里许有塔十三层，高四十八丈五尺三寸。塔南为广佑寺，有天聪九年重修碑记，谓寺创于汉，同时建塔，经唐尉迟恭重修，然他无所据。考之金英公塔铭及金史世宗诏有司增大旧塔之文，及塔铭发见之地，此塔当系金正隆六年建。塔顶竖铜球六，相传某年坠落半球，圆周丈余。寺内井水造饴糖，经暑不黏，名曰塔糖，今之塔糖伪造也。"

《金史》卷六四《后妃传》："贞懿皇后李氏，世宗母，辽阳人。父雏讹只，仕辽，官至桂州观察使。天辅间，选东京士族女子有姿德者赴上京，后入睿宗邸，天辅七年（1123）世宗生，天会十三年（1135）睿宗薨，世宗时年十三。

"后教之有义方，尝密谓所亲曰：吾儿有奇相，贵不可言。居上京，内治谨

[1] 《辽阳市发现金代通慧圆明大师塔铭》，邹宝库著，载《考古》杂志1984年第2期。

严，臧获皆守规矩，衣服饮食器皿无不精洁，敦睦亲族，周给贫乏，宗室中甚敬之。后性明敏刚正有决，容貌端整言不妄发。旧俗妇女寡居，宗族接续之，后乃祝发为比丘尼，号通慧圆明大师赐紫衣。归辽阳营建清安禅寺，别为尼院居之。

“贞元三年（1155）世宗为东京留守，正隆六年（1161）五月后卒，世宗哀毁过礼以丧去官，未几，起复为留守，是岁十月，后弟李石定策，世宗即位于东京，尊谥为贞懿皇后，其寝园曰孝宁宫。

“大定二年（1162），改葬睿宗于景陵。初，后自建浮屠于辽阳，是为垂庆寺，临终谓世宗曰：乡土之念人情所同，吾已用浮屠法置塔于此，不必合葬也，我死毋忘此言。

“世宗深念遗命，乃即东京清安寺建神御殿，诏有司增大旧塔，起奉慈殿于塔前，敕礼部尚书王兢为塔铭，以叙其意。赠后曾祖参君司空潞国公，祖波司徒卫国公，父雏讹只太尉隋国公。四年，封后妹为邢国夫人，赐银千两锦绮二十端，绢五百匹。九年（1169），神御殿名曰报德殿，诏翰林学士张景仁作清安寺碑，其文不称旨，诏左丞石琚共修之。

“十三年（1173），东京垂庆寺起神御殿，寺地褊狭，诏买傍近民地，优与其直，不愿鬻者，以官地易之。二十四年（1184），世宗至东京幸清安、垂庆寺。”

金代辽阳大清安寺初建与金世宗母亲贞懿皇后李洪愿有关，与佛觉琼公禅师也有关联。金大定八年（1168）金世宗命玄冥顗禅师开山住持，说明此寺此时才正式建成。

金熙宗时期，有燕京佛觉海慧禅师（？—1145），受熙宗命在上京（今会宁市）建大储庆寺，请他做寺主。他与佛觉琼禅师之关联目前尚不清楚。

金世宗大定后期，中都玄冥顗禅师声望崇高，世宗钦命他开法燕京庆寿寺、仰山栖隐寺、辽阳大清安寺，据此分析，他极可能是佛觉大师的法脉传人。载此备考。

五、金东京辽阳府大清安寺与燕京潭柘寺

金代东京辽阳府大清安寺，为金世宗大定初年开创，历经佛觉大师法裔弟子演法传承，至大定二十八年（1188）已传至九代，这座寺院与燕京诸寺院之间有

着千丝万缕的联系。

据现存于北京潭柘寺金泰和四年（1204）《金中都潭柘山龙泉禅寺第九代相了禅师塔铭》记载，相了禅师曾至“清安访月公”，综合考察，可使大清安寺历史得到较多充实。

金代有五京，尤其中都与东京佛教极为兴盛，内涵极为丰富，目前的研究还有待深入。

东京大清安禅寺九代祖英公禅师塔铭并序

登仕郎沈州乐效县主簿杨讷撰，里人进士大晦书。

贞懿太后以内府金钱三十馀万即东都建清安寺，以祈冥福，乃延四方具眼衲僧为之倡导。师其九代祖也。

师讳善英，字颖叔，大定府兴化县民家子，姓赵氏，生不茹荤。十有九岁谢父母出家，师事鞍山仁智院僧智遵，□不好小乘缚律之学，自尔求师问道，不问山川寒暑。

尝于蓟北露灵山参一禅衲，盖有道而隐者也。知师是□器，以言叩之曰：曾到曹溪否？师应曰：曾到。衲曰：曹溪路极山崄，何由得到？师曰：路虽崄，不碍道人行！衲大异之。后挂锡于仰山栖隐寺，依长老通公而学道，因入水寮侧，盆水有声，闻而有得，遂告。尝入室，通公许焉。一日通谓师曰：此非汝住处，万寿聪公汝师也，盍往问之。即见，聪大喜，谓侍僧曰：此非安州小禅乎？遂许□□□□拂子于地曰：兄家本欲求师，山僧亦欲求人。玄言妙句，皆不须用，便直言兄所得者。师曰：请举一□公安□□进之曰：否则退之。遂问数四，无不相契。聪密而可焉！会朝廷鬻度牒，遂受具，时年二十九。

后二载，聪因举猿心□□死前死，佛法莫于空后空，之□乃大□□□□颂曰：识心不起万机除，法界家山一物无，贫遇横财难可说，万潭千沼一轮孤。聪遂仰□赐法衣，并颂□□□欲退席，以万寿界师，师知而逃焉。后闻万寿得人，方受天香中盘□□□衲寺凡二十年。其安众之心□□□钟鱼而粥，钟鱼而饭，来者息焉。

清安隆和尚欲以师代己，凡三致书疏□□反，遂退居海山。事定，由□□□□盘山。

大定二十有五年（1185）秋，隆公归寂，知事者闻诸皇子曹王，王乃遣属吏备礼持书疏请住清安，辞不获，乃受焉。既至，弘扬祖风，修饰规矩，寺门为之□□，□□犯者，皆面数其过而黜之。虽乡党旧契，亦未尝私焉。

始清安寺以太后所建，有资巨百万，凡市易者十数，金帛如山，师未尝留一钱褚中。有僮仆四百人，戒女使不得入。□□□四百匹，例著僧二人主之。师曰：是岂僧之所为也，能无败道心乎？留二十匹，馀皆鬻之。土田之所得，不□□□，遂分赐臧获，而使岁入租焉，寄资于库，而分其利者，皆令去之。

不逾年，坐享其利数倍，凡举措如此者，其□可毛举。初垂庆寺，即太后所居者，其尼尽戚里贵人，旧例皆于清安入室，师至，首拒其请。师天资刚正，面目严冷，有雄伟器，胸□□耿不能容物，故多得谤誉。住持凡三年，有过而出，与不说而去者，三之一焉，师亦不为少贬。

以大定二十八年（1188）十二月二十一日，示微疾而终。初疾病侍者欲与澡畲净发，师曰：不须。复曰：吾但欲卧坐亡立脱。又□□□□荼毗之际，种种异相，舌不灰，有五色，戒珠馀数合。

师阅世五十四，僧腊二十五。有门徒六人：道喜、道义、道□、道志、道藏、道宽。

以二十九年（1189）二月辛酉朔建塔于东都之城北，而来乞铭。予与师友善，故不得辞。其行事皆目□睹者，因详言之，而且铭曰：万寿老聪，一产于菟，孤坐盘山，望隆万夫，千里无人，草深一丈，呼吸风雷，蹴踏龙象，既入清安，世界庄严，直行于傍，视犹耽耽，金帛山积，一芥不取，慈悲威怒，莫予敢侮，甫及三年，正令斯行，上下交足，方丈肃清，五十有四，珪璋无玷，为道标准，为法城堑，仰不愧天，俯不怍人，白首一节，吾师有云。

大定二十九年（1189）二月望日，监寺广惠大德赐紫沙门了揆立石，直岁小师比丘道义建塔。知藏法弟比丘戒斌、参随比丘遵惠□□杨隽刊石。[2]

此碑记载金大定后期佛教史事，价值颇高。其中提及的燕京仰山栖隐寺长老通公、万寿聪公、清安寺隆和尚都是金代名僧，予以深入研究，对金代佛教认识将大有裨益。

2013年5月撰于先农坛神仓院办公室

[2] 裴焕星、白永贞等纂修《辽阳县志》卷三十五《碑记志》，1928 年铅印本。

元末明初印度具生吉祥大师法脉世系的考察

一、具生吉祥大师弟子底哇答思

北京潭柘寺塔院内有一座外部轮廓颇具特色的石质喇嘛式塔，为元代末年自印度来华高僧底哇答思的骨塔。全塔由灰色石料叠砌而成，通高 4.5 米。下为六角形束腰须弥座，座上为覆钵状塔身，塔身之上为十三层相轮，塔顶为石雕障日盘，整座石塔外部形线朴拙精致。可惜 1983 年重修后使得覆钵变瘦，形制已异于旧观，其神韵丧失殆尽。

塔前立有石碑，名曰《故禅师底哇答思塔铭》，奉政大夫修正庶、吏部郎中兼翰林侍书广平程南云撰、书、篆。

底哇答思（1349—1438），西天东印土人。八岁师事中天竺迦罗维国人板的达撒哈咱失里为师（著者考注：亦名具生吉祥大师）。洪武初，底哇答思与师振锡而东，过印度、由高昌，所经诸国王臣畏敬。经四年始达甘肃，入五台山，憩寿安禅林。恆山之人敬事之，如古佛出世。

洪武七年（1374）明太祖朱元璋闻之，诏其师与底哇答思住南京蒋山。召至奉天门，亲赐度牒、命随方演教，底哇答思时年二十四岁。与师住蒋山时，皈依者风雨骈集。

宣德戊申春（1428），底哇答思来北京寄庆寿寺。宣德七年（1432）秋谓其徒曰：潭柘山乃吾旧游之地，幽胜廖绝。今老矣，落叶归根必于是焉。遂就龙泉寺（潭柘寺）之右建庵一区以居，自是足迹不入城市。舍资财修大雄殿……

正统三年（1438）三月初一，底哇答思寂于潭柘山，世寿九十，僧腊八十二。

示寂之日，皆为泣伤。答思操履不凡，造诣广大，化之日，所居之庵现五色光。火浴得舍利甚众，建塔于潭柘寺塔院内。

大师从少年时期来到中国，遍游南京、五台山、北京，足迹达大江南北。居留中国 80 余年，致力于中印佛教文化交流，增进了两国人民的友好交往。底哇答思塔及其事迹是中印文化交流史上的重要史迹。

说到底哇答思，就要提及他的老师具生吉祥大师，还有他们的佛教法脉体系。

具生吉祥大师，中天竺人。元至正时到大都（今北京），深得元代帝后礼敬，住吉祥法云寺。元朝灭亡后，于洪武初年到达南京。明太祖命于钟山建寺居之，使总天下释教。

具生吉祥大师有弟子智光和底哇达思，其中底哇答思徒众不详。而智光被封为西天佛子，声誉极高，他多次奉旨出使西域，门资众多。智光弟子中以桑谒巴辣、道深、板的达惠便（辩）最为知名，在北京留下不少史迹可资参证。

二、具生吉祥大师

关于具生吉祥大师身世，载于明《补续高僧传》卷二："具生吉祥大师传"。传记中附列底哇答思事迹，并称其为嗣法弟子。另外，传记中删除了具生吉祥大师元末在大都受到蒙古帝王礼遇的内容。

民国《新续高僧传》卷十八《明金陵钟山寺沙门释班的答传》，所记也是具生吉祥事迹，其生平则记述的更为详尽一些。

释班的答者、亦作板的达。中印度迦维罗卫国人，姓刹帝利氏，原名萨曷拶室里，此云具生吉祥。幼性恬静，长乃出家于迦湿弥罗国苏啰萨寺，初习通教明经律论，辩析精详，虽老师宿德多逊谢不及。然以言论非究竟法，乃笃修禅定，不出山者十数年。尝慕东方有五台清凉山，为文殊应见之所，当往瞻礼。遂发足以信度，历突厥、屈支、高昌诸国，东行数万里。所涉国土，其王及臣庶多请受戒法。越四寒暑始达甘肃。元至正时帝后王公颇崇佛旨，仰其高躅，不惮重译而来，遣人迎至京师，居吉祥法云寺。一时衲子翕然从化，而智光亦得投礼受业焉。元主问询以事或对或否，礼接虽隆而机语不契。因往清凉，遂尔初志。明室龙兴，奄有区夏，杖锡来朝。太祖嘉其远至，召见奉天门，奏对称旨，锡以善世禅师之号，特颁银章使总天下释教。命于钟山创庵居之，复谕礼部，有愿从受戒法者勿禁。车驾每幸钟山，必过其室，咨论道要，往往移晷。时赐诗篇，劳问甚至。丙辰秋（洪武九年，1376）具启愿游名山，弘敷法旨。遂游宝陀罗迦山，登天目师子岩，溯彭蠡、跻匡庐、渡长淮，礼四祖、五祖塔而还，谒太祖于华盖殿，天语温接宠赉弥厚。每举其懿德硕行，宣谕僧众，使效法焉。于时从受法者八万余人，施金币不可数计，悉以散布，囊无寸储。

一日召弟子智光、孤麻啰室里等曰：五台清凉是吾初愿，今因缘已毕，无他念矣！可将此梵书一帙与吾遗骸分至彼处，以足吾志。汝其善护吾法勿少懈怠。以辛酉夏（洪武十四年，1381）五月二十四日示寂。事闻赐祭，阇维获五色舍利无算。塔于聚宝门外并建庙宇，车驾临视，赐名西天寺，表所自来也。后数十年至宣德乙卯（1435），大学士杨荣始为之铭，文词斐然，具见别集。

底哇答思事略，采自塔碑及明《补续高僧传》卷二。另民国《新续高僧传》卷十八《明五台山寿安禅林沙门释具生传》，其实也是此僧，是为同一人误立了两个传。即“梵书一帙与吾遗骸分至彼处，以足吾志”，所指正是具生吉祥大师事，五台山所建塔，由见心来复撰写塔铭。

另外，今大觉寺内的现存的伟巨喇嘛式僧塔，一直不知是何人古塔。依据塔的形制特点，综合智光身世以及主持大觉法席的史实分析，推测是明初宣德年间智光为其师具生吉祥大师所建的宝塔。建造时间当在宣德十年（1435）前后。

三、关于智光国师

北京西城兵马司胡同，旧有元代建造的大能仁寺。明洪熙元年（1425），仁宗昭皇帝增广故宇而一新之，特赐大能仁寺之额，命“圆融妙慧净觉宏济辅国光范衍教灌顶广善大国师智光”居之。正统八年（1443）冬重新修盖。（正统九年胡濙撰《大能仁寺碑记》）[1]

[1] 《日下旧闻考》卷五十。

这是明代大能仁寺由智光国师主持的真实记录，大能仁寺是智光国师弘法寺院。碑中并详细地记有智光国师的御赐封号。这位拥有印度具生吉祥大师弟子身份的智光国师，其实并不是外国人，而纯粹是位汉地人士。因他聪慧好学，能熟练地掌握梵文、藏文等文字，且佛学渊深，因而获得崇高的声誉。而他的弟子桑谒巴辣却是中天竺人士，在明代朝野及佛教界的声望也极为崇高。

明《补续高僧传》卷二《明西天国师传并附桑渴（谒）巴辣传》记载：

智光字无隐，山东武定州[2]王氏子也。父全，母董氏，幼而聪慧，阅读辄不忘。十五辞父母出家，寻礼西天迦湿弥罗国板的达萨诃咱释哩国师（具生吉祥大师），传天竺声明记论之旨。洪武己酉（1369 年）以道广无涯，未易津测。由是锐志参访，游五台感文殊现相。太祖高皇帝闻其名，召至钟山，命译其师板的达四众弟子菩萨戒，词简理明，众所推服。丙辰（1376）奉命访普陀，于江南诸名山踪迹殆遍。甲子春（1384）与其徒惠辩等奉使西域，过独木绳桥，至尼巴辣梵天竺国宣传圣化。已而谒麻曷菩提上师，传金刚鬘坛场四十二会。礼地涌宝塔，西国人敬之。师凡两往西域，太宗文皇帝念其往返劳勤，复与论三藏之说，领会深奥，大悦之。

乙酉（永乐三年，1405）擢僧录右阐教。明年俾迎大宝法王，及还，敷对多所毗赞。赐图书、舆服、法供，诏居西天寺，陞右善世。丁酉（永乐十五年，1417 年）召至北京，议论称旨，俾居崇国寺（护国寺），赐国师冠。仁宗昭皇帝嗣位，赐封号曰：圆融妙慧净觉弘济辅国光范衍教灌顶广善大国师。赐金印冠服，复锡孔雀销金伞盖、幡幢与银镀金携炉，盆罐供器。法乐、几案、坐床舆马诸物悉备。诏曰：云云。仍广能仁寺居之，宣宗章皇帝即位，出内帑创北京暘台山大觉寺，俾居之以佚其老。并勅礼官度僧百余人为其徒，恩德至厚，无以加矣。

师乃出累朝所赐金帛及众信所施，倩工累石为塔于寺侧，期栖

[2] 明武定州。明曾改乐安州，又改曰武定州，属济南府。

神于他日。英宗皇帝即位之初，加封师号。赐玉印、宝冠，金织袈裟、禅衣、时服、棕舆、鞍马、法器之类。诏曰：云云。前后遭遇列圣，眷待之隆如此。

……所译显密经义及所传心经、八支了义真实名经、仁王护国经、大白伞盖经，并行于世。弟子数千人，各随其器而引掖之。道望名世者数十人。……宣德十年（1435）六月十三日示寂。

智光，梵名雅尔鼐·罗密克，亦称雅纳罗释弥，洪武、永乐两朝他数次奉旨前往西藏，并陪同西藏政教领袖晋京谒见明朝皇帝。并奉明朝皇帝圣旨，出使西部邻国尼泊尔，成就卓著，深受帝室尊崇。（《明史》卷二九九有其传记）

智光在北京主持过的寺院有：吉祥法云寺、崇国寺（护国寺）、大能仁寺、大觉寺、西竺寺、西域寺（三塔寺）、弘仁寺、广慧寺、广寿寺等，是一位才能出众、建树颇多的佛教高僧。尤其在明初为多民族国家的统一，以及与尼泊尔、印度的友好交往方面，作出过突出贡献，政教功绩卓著。

另外阜成门外马尾沟旧有明代西域寺，寺中有明正统十年（1445）碑，记述智光国师身世亦详。末称："宣德十年（1435）入寂，世寿八十八，僧腊七十三，留偈而逝。偈曰：空空大觉中，永断去来众，实体全无相，含虚寂照同。"据相关资料证实，智光国师荼毗仪式由"西天佛子大慈法王释迦也失"主持。造塔于暘台山，建寺赐名西竺，弟子分舍利建塔各处。长徒桑噶巴辣以舍利造塔五台山，赐名普恩（今圆照寺）。少监孔公以发造寺瓮山之阳，赐名弘仁。觉义吾答耶室哩以牙建塔旸台之南，赐名广善。少监周公礼以师香火，建寺于宜山之西，赐名广寿。大国师吾巴帖耶室哩等建灰塔于荼毗所，即三塔寺也（即西域寺，俗称三塔寺）。

智光国师舍利塔，建筑于西山大觉寺东部胜果寺内，旧有明正统十二年（1447）"大觉住持传西天教沙门吾答耶室哩"所书石碑，可知明代大觉寺分别由番、汉高僧同时担任住持。据记载，在胜果寺东部旧有大通法王塔，此塔即是智光国师舍利塔。[3]

---

[3] 周肇祥《琉璃厂杂记》第150页。

四、智光国师弟子桑谒巴辣

师名字有桑谒巴辣、桑渴巴辣、桑噶巴辣三种记述，实际所指均为一人。余认为当以桑谒巴辣为是。据智光另一弟子道深所撰《小西天东峪观音寺重开山碑铭》，碑在北京云居寺附近的观音寺内。此碑记述桑谒巴辣国师生平事迹最足凭信。

据碑载：

小西天大和尚梵名桑谒巴辣，乃中天竺国之人。则言其自幼出家，游五天竺，参习秘密□西番乌思藏。遇我皇明册封‘圆融妙慧净觉弘济辅国光范衍教灌顶广善西天佛子大国师’（即智光），追封大通法王光无隐上师。宣传圣化，在彼藏中迎葛哩麻大宝法王。（桑谒巴辣）于其时礼大通（智光）为师，倾心归服，执事左右。已而同葛哩麻□师统诸番邦，进贡方物，来我中原，不啻数万里。梯山航海到于南京，朝觐太宗文皇帝。获见、喜，赏赐甚重。命住西天寺，恒给光禄饮馔及任随方演教，自在修行，即永乐三年（1405）也。

其后驾幸北京，越十一年被召而来，居崇恩寺。寻奉内府经厂，教授中官梵语，真寔名经诸品梵音，赞叹内外坛场。凡遇修设斋筵，以广发扬秘乘，饶益上根利器，旁及法界有情，则其累受赏赐尤多。而其通晓梵语音声、诸国字意亦多，其又正是西天之人，貌如罗汉，则中国士夫士庶，若僧若俗，有见之者，莫不皆敬重焉。伏维累朝亦皆奖慰隆厚，尝有参授秘密，则礼之为金刚上师者。多有内外大臣投其手下消发为僧者，是亦不能尽举。然其生性刚直，独为敬让大上师，其余者一无所让。盖起所得秘密深奥，而诸人之不能及之。

正统元年（1436），其将崇恩后殿重修，庄严救度佛母圣相。兴盖山门，廊庑、方丈皆备。至四年间，复蒙敕赐还做崇恩名额。礼部札付其徒乌答麻住持。其年往五台山重修法藏古刹，亦犹殿宇庙堂皆具，以致砌立大通佛大上师舍利灵塔，用酧法乳之恩。至九年（1444），蒙赐为普慈寺。其徒答而麻啰乞塔，领礼部文札住持。于十一年（1446）功毕回京，到于定州上生寺，法腊七十而逝。其大徒弟赐西域（寺）住持勃答室哩等，前往迎其全身归来。阜成关西域（寺）之所荼毘，收取舍利灵骨，□起塔于西竺之西北隅。而又□起塔于离京一百四十余里涿州房山县独树里、小西天东峪观音寺、白云陀、金香炉山、清峰岭，盖其寺是大师公重开山也。修造正殿，山门庄严、诸相皆完之道场也，皆赖钦差镇守涿州等处都指挥同知阶骠骑将军凤阳石端，與夫中贵檀越黎文举等，率涿郡明达君子所助成焉。吁！自教东流，而彼西天之上师达东震旦，则甚希有，犹昙华之难逢耳，今大和尚桑谒巴辣则从天竺国远来，以秘密大乘摄授中土，广度诸徒，以续慧命，岂让摩腾、达磨，专美于前哉！

而遂铭曰：桑谒巴辣，自西天来，传授秘密，久住金台。立塔西山，观音东峪，作铭记之，万年常住。[4]

关于桑谒巴辣国师身世的记述，任何后来的文献，无逾无此，可见道深对其师了解之深。

有关桑谒巴辣事迹，北京西城护国寺内旧有碑石亦予以记述。这里是元代至元年间建造的崇国寺，为藏地喇嘛教派在京弘法之道场。碑名《西天大喇嘛桑渴巴辣行实碑》，天顺二年立。另一碑是《大国师智光功行碑》，亦天顺二年（1458）立。[5]

五、智光国师弟子释迦哑尔塔

《日下旧闻考》卷九十六《明李纶西域寺重修碑略》载：释迦哑尔塔“世家山西蔚州，姓翟氏。甫八岁，礼大通法王为衣钵侍者，师授灌顶广善大国师教，传密乘经典心印秘。上师历历谙练无遗”。大通法王所指正是智光国师。

释迦哑尔塔也是一位汉地出身僧人，因宗承印度僧人萨哈拶释哩所传教法而

[4] 溥儒《白带山志》卷七。

[5] 吴长元《宸垣识略》卷八《内城四》。

取梵语法名，大致智光国师门人皆类此。释迦哑尔塔为智光门人中与内廷关系极密切的佛教人物，在成化时他已得到宪宗眷遇。弘治初，有官员上疏称宪宗时“法王领占竹、扎巴坚赞等，佛子释迦哑儿答、国师舍剌星吉等，俱以西番腥膻之徒，污我中华礼仪之教。玉食锦衣，坐受尚方之赐，棕舆御仗，僭用王者之仪”。疏内以释迦哑儿塔为“西番腥膻之徒”，显然是将“印度西天僧”和番僧即藏地僧人混为一谈了。

“佛子”即西天佛子，据《明宪宗实录》卷二八三，成化二十二年十月癸酉条，释迦哑尔塔于成化二十二年经太监韦泰“传奉圣旨”，由灌顶大国师升为西天佛子。孝宗继位后，降京寺藏僧及“西天僧”名号等次，释迦哑尔塔亦由佛子降为大国师。但不久又复为佛子。释迦哑尔塔终生得皇室优渥，在弘治十四年圆寂前嘱其弟子“竭力梵修，以报皇上莫大之恩”。圆寂后，孝宗追封他为“静修妙悟灌顶大国师大智法王”。

六、智光国师另一弟子道深

道深，不见僧传著录，著者久识其名，给人印象最深的便是特别能撰写碑文。北京文献中，记录他撰文的石碑达数十方，而且留存至今的也不少。北京西郊宛平山区百花山北麓马栏村，有明成化六年（1470）《圣泉寺碑记》，即“承旨讲经兼宝藏寺开山圆融显密宗师播扬道深撰文。”

西山卧佛寺以西《普济寺碑》，道深正统十一年（1446）撰。（《日下旧闻考》卷一〇二）玉渊潭池水村《广济庵开山碑》，道深天顺八年（1464）撰。（《日下旧闻考》卷九十五）昌平芹城《敕赐龙泉寺碑》，道深成化三年（1467）撰。（《日下旧闻考》卷一三五）玉渊潭池水村《广慧禅寺开山记碑》，道深成化五年（1469）撰。（《日下旧闻考》卷九十五）西山金山口《宝藏禅寺碑记》，正统四年（1439）道深撰文。（《日下旧闻考》卷一〇〇）

北京西山有其亲手建造的宝藏禅寺，道深《宝藏禅寺碑记》记道：“永乐十九年（1421），播州宣慰使司宣慰使郡侯杨升携予进贡，来朝北京。蒙太宗文皇帝（永乐帝）奖賚褒重，由是得从灌顶广善大国师智光受灌顶戒，学西天梵字义。洪熙间（1425）仁宗昭皇帝奖谕，特赐高僧。继从司录左阐教法主大师讲华严、圆觉、楞严等经；大小宗乘等律、唯识百法等论。宣德初（1426）侍大国师屡应宣宗章皇帝宣召，每與经筵。复从讲经独芳叟，入室参千百则公案。独游大觉寺，过西湖，至金山口迷路。稍西行二里许，忽见山峦掩映，歧涧幽深，中有清泉一泓，可数掬而尤澄湛甜美。私谓此处宜插一草团，躬自诛茅辟地，创成衡宇数楹。九年（1434），掌御马钦差、镇守陕西等处监督总兵官、兼尚宝鲁安公王贵，参随宸驾幸游西湖之明日，祭祀永清公主，就省其亲昭勇将军王公、太淑人吴氏之茔。偶寻访予，是年六月共力开山。其山离京仅三十里，近邻五华峰顶，远根紫塞、太行诸山。北背居庸叠翠，前吞西湖，平挹都城，品物之盛，不可具状。但取左近立为八景：名曰玉华灌顶，名曰劫石谈经，名曰孤岩入定，名曰双涧浣心，名曰南岭耕云，名曰西湖观水，名曰凌霄望塔（八十里外，可见通州燃灯佛塔），名曰即景观城。赐名宝藏禅寺。正统四年岁在已未三月记。”

从道深这个碑文中，可知他是今贵州省遵义人，即明播州地。永乐十九年（1421）他跟随宣慰使杨升进贡至京，自此留居京城。因其聪敏好学，经律论兼通，深得智光赏识，成为嗣法弟子，并以密教见长，成就其“承旨讲经圆融显密宗师”的声名地位。

另外，民国早期周肇祥《琉璃厂杂记》记载有月河寺，亦与道深有关。朝阳门外海会寺及日坛西南数里，“中有阜，古木红墙突出苇丛，为月河寺。其西门为巡盐司所据，绕而南，僧坐门外，导我入，屋小甚洁，寺旧名宝藏，明僧道深别院。道深通儒书，宣德中住西山苍雪庵，自号苍雪山人，老而营此，有成化元年（1465）碑，记其时池亭幽雅甲于都邑，一粟轩、聚景亭，诸胜今圮尽。后（碑阴）刻大通法王光上师碑，天顺□年李贤述，法王中国人，大学士杨荣为撰年谱，天顺间封‘圆融妙慧净觉弘济辅国光范衍教灌顶广善西天佛子大国师’，加封‘大通法王’，赐玉印、宝冠、金织袈裟、禅衣时服、孔雀伞、棕舆仪仗，亦一时之杰者。距成化不数年，是否即道深，莫可考也。”

这是北京另一座与道深有关的寺院，李贤撰述碑文，所记仍是智光之事。按此记载得知，道深禅师晚年曾在月河寺居止。

具生吉祥大师游历过北京著名的仰山栖隐寺，曾发心重建，因年迈未果。其另一位弟子智广禅师，不负师愿，宣德间以道明德播，遂承钦依，重开仰山为第一代住持，是果了师愿力。[6]

《琉璃厂杂记》“大觉寺”一节，记有智光弟子微捺耶室，大觉寺附近的普照寺是微捺耶室塔寺也。师初从智光习密乘，洪熙改元（1425），赐敕谕图书褒异，宣德间迭赐至大国师帽、织金禅衣，度僧百五十余员。庚戌（宣德五年、1430）示寂，三宗主禅师将遗骨塔之，太监陈屿及各檀越为建寺。

另有智光弟子三宗主禅师，三宗主禅师者，即三曼荅室哩，唐言普遍吉祥，开山普照寺。

师交南人，永乐中皈依智光，从月衲讲经，通梵典番文。正统间被选入翰林院四夷馆，为西天教师。成化丁酉（1477）示寂，亦建塔。普照寺弘治五年（1492）经内官监太监罗秀、陈庭各出恩赐金帛，并蒙上及中宫、东宫赐金重修，均有碑。一释道深撰；一安成李纶撰。

明朝初期施行以僧为使的政策，多次派高僧出使西藏、西域和印度。这一系高僧传持密教，屡应圣旨出使异域，沟通了明王朝与藏地、西域的联系与交往，同时也在京城留下众多胜迹和史事，是明代初期积极外交举措的成果。对我们统一的多民族国家的形成与整合，他们做出过突出的历史性贡献。在弘扬博大精深的中华文化，传播中华文化独具的向心力、凝聚力方面，更是贡献突出，功绩卓著。

节自《潭柘寺史略》书稿，2000年于京西

[6] 《仰山栖隐寺重修碑记》，刘定之撰文，天顺二年（1458）立。

明代华严宗宗主栖岩大师

北京市门头沟区永定镇万佛堂村地处西山边缘，村西北坡地间有明代万佛寺遗址，1982 年文物普查时寺院四周为虎皮石墙，殿宇已全部塌毁无存，仅正殿遗址的佛台以及两块石碑仆地留存，其中有万历年间的敕谕护持石碑较完整。寺院占地宽阔，有 16 亩左右，大殿处全部被开发成农田种庄稼。2008 年陪同某法师寻找建寺地址，遗址全部被繁密的天然生长的树林覆盖，已经看不到遗址的面貌。

万佛堂东部沟口北山坡存有一残塔，据考察是明代形制，仅存 4 层塔檐，石额有“开山寿塔”四字。从塔的形制分析，塔身塔檐呈弧形，为明代早期的风格，旧时此塔应是五级密檐塔。

近年在塔前出土一块石碑，碑身（不含碑首）高 1.87 米，宽 0.94 米，碑首已失。碑为《僧录司左阐教兼大天界寺住持□□□栖岩法主大师塔铭》，即万佛堂村口古塔的塔主人。

据塔铭记载，栖岩大师讳慧进，霍州灵石县冷泉里人，生于元至正十五年(1355) 正月初七日，自幼请诵佛语。九岁时，遭兵燹父母身亡，年幼的栖岩编荆孝养祖父。祖父去世后，他在本邑大云寺渐公门下，出家为僧。

明洪武年间，他来到汴梁（今河南开封）在古峰讲师处参学，研习《唯识》、《百法》诸论，修学华严宗旨。因通晓贯通华严宗旨遂得法主之称。永乐年间，永乐帝闻栖岩大名，遣官召他入宫，备问楞严大义，对答如流。永乐帝大喜，命栖岩大师住天界寺，率高僧纂修三藏法教。之后，栖岩移居北京什刹海之海印寺，永乐帝赠其驾裟，升僧录司左觉义。栖岩召集儒士、高僧，致力于永乐北藏（大藏经）的校刊印行事务，成绩卓著，帝召至香殿，赐坐，赐释迦梵相。

洪熙皇帝即位，淘汰教职，栖岩依任旧职，足见皇上对栖岩佛学智慧的钦佩。宣德改元，宣宗奉栖岩为国老，仍任教职，并赐毗卢冠、织金磨衲僧衣予以褒扬。

正统元年（1436）六月二十日，栖岩宗主大师圆寂，世寿82岁。英宗皇帝遣礼部谕祭，同年八月中秋，建塔于万佛寺旁。

天顺元年（1457），栖岩大师弟子广严在塔前立石碑即塔铭，详记大师身世与弘法事迹。据塔额“开山寿塔”记载，此塔应建于栖岩大师在世之时，建塔在前，而立碑时间在后。

一、民国时期万佛寺概况

据民国时期周肇祥《琉璃厂杂记》记载:“万佛堂在浑河西，距戒台、潭柘皆十数里。为看丁姓屋材，自三家店下车，取道麻峪。田家放水，道多冲坏。驴陷淖中，几及腹。陇麦青茁，间以桃树，春好来图画也。峪西村庙后一古槐已槁，皮尽脱，若死灰僵石，千年外物。浑河水落，土人编柳为笼，满贮鹅卵石迭河中。架木为桥，便行旅。唯门头沟驮煤橐驼过者税铜币一枚。北望妙峰，积雪皑皑，飞鸟皆绝。

“南行穿山而西抵冯村。道旁见慈济废寺，明万历李太后建，清康熙辅国公、吴有同妻赵氏修，有碑一。野兔突起，闻人声窜复顾，舆夫逐之，呵而止。村尽，沿路复西行，仄径一线，或继或续。时行枯涧中，不啻九曲之阪。

“山村有门，额曰‘誓永不分爨’，唯李、董二姓，四十余户居之。自云清初从龙入关，给地耕种，岁纳租税于二王府。寺更在村上，拾级登。殿宇圮尽，不唯无僧，且无佛。万佛从何来？复从何去？可悲也。

“丛莽中一碑，为成化九年（1473）敕赐《万佛禅寺开山讷庵辩公营建记》，总督军器印□□少监渭水尹得撰，钱塘汪容书，广平程洛篆。内监能文，居然可诵。

“碑记称:‘万佛堂创始不可考，金大定间居民悯其废，改作上岸村石大店。元末，罹兵燹。宣德壬子（1432），辩上人偶偕宗师源公至其地，若有夙契，遂以作兴为己任。上人□兴赵氏子，幼慕清净，不乐居俗，从故僧录阐教栖岩进公学浮屠法。其父殁，母不许远出。明年，佯为游山复至，诛茅，亲荷畚锸。既成，不入城市，以了此生。道俗倾慕，四方檀越输金帛，太监莫公倾囊以助。法弟广通为僧录左阐教，具其绩，请于朝，特赐额，仍以万佛名。正统八年（1443）戊午事也。'

“又一石，大书曰：十方海会丛林，旁有字曰《万历壬午（1582）重修万佛寺永远常住之碑》。墙西临涧，塔院在涧尽头。民居遮其前，缚棘塞路，犬隔墙吠，欲出搏人，遥瞻而已。山浇瘠无水，不宜五谷，种果亦不蕃，生计淡薄。

“涧西旧有一僧寺，一尼寺，皆废。尼寺之北，山有塔，砖筑颇庄严，顶已坠，额曰开山寿塔。塔腹为人穿，仰视其上，陷一方石，镌交加金刚杵，缭以云气。涂彩蒨丽，疑出烧造，不知何僧塔也？

“从山脊下，狂风吹衣，人家错落，依山住。多文杏、胡桃、林檎，废寺断塔，参差夕照间。童子牧群羊，寝讹遂其性，童子视羊如命，羊亦唯童子是依。鞭一叱，莫不趋承而恐后，牧民之道，其在斯乎？”

这是民国初年万佛堂村村口僧塔状况。周肇祥所称僧塔即栖岩大师塔，因石碑仆地掩埋，他不可能看到，遂留下一个历史谜团。

周肇祥所说成化九年（1473）碑记载的“开山讷庵辩公”，即天顺元年（1457）栖岩大师塔铭记载的“手度高弟万佛住山广辩”，时为万佛寺住持。

万佛堂第一代住持是讷庵广辩与戒台寺道源宗师。

成化九年碑记载：“宣德壬子（1432），辩上人偶偕宗师源公至其地，若有夙契，遂以作兴为己任”的宗师源公，著者考证为“明万寿戒坛传戒宗师西竺源公大和尚”，此僧之塔现存于潭柘寺塔院内。

其身世如下：道源（1403—1458），自号西竺、俗姓张，永乐初出家，为潭柘山龙泉寺僧，初依隐山为师，于诸经典随诵随通。宣德元年（1426）为阇黎，正统十三年（1448）奉英宗钦命为万寿戒坛（戒台寺）传戒大宗师，辅佐著名高僧道孚（知幻大师）主持万寿戒坛传戒事务。

天顺元年（1457）复辟登极的明英宗朱祁镇，改龙泉寺名为嘉福寺（即今潭柘寺)。命道源为“嘉福堂上重开山第一代住持”，天顺二年(1458)正月二十一日道源入寂。

闰二月初二日英宗遣礼部郎中李和来寺致祭，恩宠有加。道源从戒台寺到潭柘寺任住持，名之曰“重开山”，结束了潭柘寺自金代开始的禅宗法脉体系。自金代迄元明，潭柘寺计有三十四代住持——连续不断的法统世系，至道源遂告中止。

道源生于永乐元年(1403)，寿56。其塔建于潭柘寺塔院中，高达15米余，为七级密檐砖塔形式，异常高大。塔额石刻题:“钦依万寿戒坛传戒宗师嘉福堂上重开山第一代住持西竺源公大和尚塔”字样。塔前有谕祭碑，正面为祭文。“维天顺二年(1458)岁次戊寅闰二月己未朔初二日庚申，皇帝遣礼部郎中李和赐祭万寿戒坛说戒宗师道源曰：惟尔究通佛典、务解外胶、命主戒坛，克持法律。曷不永年，修焉□逝，特兹遣祭，尔其享之。”

明万历二十年(1592)前后，达观真可大师到江西云居山瞻礼，见其荒凉败落，僧人寥寥，由为感慨。乃鼓励北京万佛堂住持诸缘洪断禅师转驻云居山，以期兴复。

洪断(1550—1621)，字诸缘，明朝末年江西建昌云居山僧，兴阳词禅师法嗣。俗姓张，真定藁城(今河北省藁城县)人。年十四，日往柏林寺送供，得识遍融禅师，甚见爱重。年十五，蜀中法界、别传二禅师教以念佛法门。年十七，礼崇效寺朝阳禅师剃度。乃发愿苦行，隐河南伏牛山，苦研《法华经》。复游武当、终南、云雾、峨眉、南岳诸山，识见颇增，道德日进。年二十三，于南岳依大千常润师翁，授具戒。复参宝湖、大方等大德，求法问道。年三十以中贵邀请，入主北京万佛堂古刹，得太后捐助，建成十方丛林，经营十余年，成大道场。明万历二十年(1592)晤紫柏真可，得知云居山衰败，发愿修复。再得太后支持，建云居方丈，任住持。重建大殿禅堂。太后又赐渗金毗卢舍那大佛、龙藏，云居山得以中兴。

断公主北京万佛堂、江西云居山前后20余年，南北奔走，往返经略。后嘱徒分守本寺及各子孙庙，自回京养老，圆寂后葬北京西山。洪断禅师学识渊博，工诗能文，沉勇果毅，诚为一代曹洞宗师。

诸缘洪断禅师开创云居山法系影响深远。据清乾隆三年(1738)初刻、嘉庆三年（1798）增订重刻本《曹洞诸缘支宗传灯宗谱》（简称《诸缘公支派谱》）记载，继诸缘禅师之后，明末及清代在江西承其法脉，颇有建树的曹洞僧人有秀峰常锦、味白常慧、云隐常月、首山常元、知悟常亨、丹田常鍊等人。

在万佛堂栖岩大师塔南部地堰下，弃置石质喇嘛塔障日盘一件，直径近米，估计是一座体量很大的喇嘛式塔，但塔主无考。

诸缘将曹洞法脉数代祖师名号归纳，拟订本系六十四字辈分：善义德福，慧证海觉，真智圆明，洪常祖道，法性清净，广启胜因。志行维远，承悟元宗，宽裕平和。坚持戒通，光续曹源，佛灯昌隆。禅心朗彻，宝镜昭融，如珠照乘，似日凌空。万历四十年（1612），诸缘禅师嘱常慧等散居各庄庵静住，留出真如禅寺法席以待高贤，以公法化，自己则返回京师静住。

诸缘禅师离赣后，其门徒遵其嘱散处江西各地，后多成为一方宗师，形成与寿昌法系并列的诸缘法系。诸缘禅师振兴云居寺真如禅寺之举，起到明末清初曹洞宗中兴的巨大作用，名著中国禅宗史。

二、栖岩大师塔的形制

万佛堂寺院遗址以南半里许，原有一塔，名栖岩大师塔。

万佛堂开山寿塔即栖岩大师塔，寿塔为高僧在世时所建造，因此比栖岩大师正统元年（1436）圆寂时间要早几年。开山所指即建造寺院的主持者，万佛寺由他在明代初年建成。

栖岩大师历明成祖（朱棣）、仁宗（朱高炽）、宣宗（朱瞻基）三朝，从南京到北京，弘扬华严宗宏旨的高僧，此塔即栖岩大师慧进的舍利塔。

塔坐北朝南，为六角五层密檐砖塔，仅存四层密檐，残高约 8 米，塔基用青石雕凿垒砌，须弥座上为砖雕仰莲瓣三层，塔身上部砖雕斗拱承托密檐。塔身正面原有塔龛，额石刻“开山寿塔”，现已没有字迹。其余五面为砖雕门窗，窗棂有“万字不到头”、双菱花等装饰。塔转角处砌圆形立柱，檐下施双昂五踩斗拱，檐部刻勾头，滴水、角瓦完全仿木结构建筑。每面有壸门二。从第二层起塔身有轻微的收分，斗拱下均施云纹。古塔外观形象较生动流畅，檐角分明，雕刻精致，为明代早期弧身塔的建筑实例。1981 年，门头沟区公布为第一批区级文保单位。

2013 年此塔得到修复，值得庆幸，其不足是塔顶部的瓦垄与六条垂脊不到位，故所修拙劣不堪，是为大遗憾。

三、新近出土的栖岩法主大师塔铭

修复工程中，整理地基在塔前出土一碑，碑额已失，碑身高 1.87 米，宽 0.94 米，厚 0.17 米，为青绿砂岩石质，碑座埋在地下不可测。

碑文楷书，塔铭全文如下。

僧录司左阐教兼大天界寺住持□□□栖岩法主大师塔铭。资德大夫□□卿礼部尚书前太守宾客国子祭酒毗陵胡濙撰。资善大夫□□□前翰林侍书同修国史太常少卿三山赵荣书。奉天□□□□□武臣特进荣禄大夫柱国文安伯古汴张輗篆。

佛之道广大宏□□□□□□□□□□□讲所谓贤首一宗盛行，以其世出杰然者也。惟我国朝僧录司□□□□□□□□□栖岩法主大师，则能继往开来。已而化后，坚固舍利塔于西山，殆今二十二载，其诸徒诣南宫，虔请铭焉。

按大师讳慧进，字栖岩，号止翁，姓宋氏，山西□阳府霍州灵石县冷泉里人，其父母好善。师生于至正乙未（1355）正月初七日，幼稚语习佛语，甫九岁，遭兵失怙恃，编荆孝养祖父母。祖父母复没于草莽，志慕出家，礼邑之大云寺渐公，剃发执经。由洪武新恩得度，投汴梁古峰讲师，究通华严宗旨，傍达唯识、百法诸论。久之，意解心融，众所咸服，遂得“法主”之称。

永乐中（1403—1424），太宗皇上知之，遣中官驰驿，召至南京，备问《楞严》大义，应对称旨，赐衣宠异，选俊秀僧徒从学，命住天界寺，于灵谷率高僧纂修三藏法数。及随驾北京，居海印寺。

被诏，领袖天下僧众，于文明门外修普度大斋越月，演说三聚净戒，利益幽显，其斛顶幡竿，并放殊光，敕赐玺书、金襕袈裟，升僧录司左觉义，总督海内文学儒士高僧，于海印经馆校大藏经，因奏：刊行藏教以辅治化，当述诸序，昭示遐远。翌日伏蒙御制经序十三篇，佛菩萨赞跋十二篇。召至香殿赐坐，赐梵相释迦、刻丝观音、水晶数珠、七佛之偈。谕曰依此修行。升左阐教，而先后遭遇凡十七载。

洪熙改元（1425），仁宗皇上淘汰教职，独不黜之，敕曰：佛氏以能仁为教，化导愚类，以阴翊皇度，利安庶品总教事者，必在得人，不以轻授。尔左阐教慧进，究明宗旨，严洁戒行，柬授兹任，修习弥勤，朕用尔嘉锡之，敕命尔其益懋精进，振乃宗风，以称朕命。钦哉！

宣德改元，宣宗皇上待以国老，赐毗卢冠、织金磨衲，诏于内翰，同多官并僧众对写金字华严、般若、宝积、涅盘四大部经，尚膳供馔。竣事，灌顶净觉大国师奏请隆善开讲楞严会解，听受缁素万余指。年弥高、德弥劭，耳目清明，颜貌奇古，性直用俭。

道旧：荣国恭靖姚公、国师译主光公、讲经隐峰琮公、独芳莲公、月庭朗公。手度高弟：左阐教兼大兴隆住山广通、万佛住山广辩、鸡鸣住山广载、戒坛宗师广严。学徒：左善世广议、右觉义广铭、承旨讲经道深。余不尽举。

而其世寿春秋八十有二，其僧腊七十有三，于正统元年闰六月二十日示寂于庆寿丈室，停龛三日，密云垂布。讣闻上，遣礼部谕祭，若曰：尔以习通梵教，参领京刹，方期精进，用阐宗风，而乃遽然化去，式循旧章，赐尔以祭。既而七月初二日，荼毗于阜成，得舍利灵骨，八月中秋立塔于浑河之西，敕赐万佛山之原。

铭曰：佛法西来，曰禅讲教。贤首讲宗，贯诸经要。日盛月新，代有其人。栖岩法主，简在帝宸。性情高古，超越诸祖。戒行冰霜，孰能为伍。八十二年，弃舍尘缘。一真实际，万象□□。了然通彻，孔彰厥德。虽曰涅盘，不生不灭。西山之阿，有塔嵯峨。坚固舍利，千载不腐。

大明天顺元年（1457）岁在丁丑春正月吉日。钦依戒坛宗师徒广严等立石。

四、塔铭的撰文、书丹、篆额者

胡濙（1375—1463），建文二年（1400）进士，授兵科给事中。永乐元年成祖即位，迁户科给事中。永乐五年（1407）起连续 14 年在外暗访建文帝踪迹，永乐十四年回朝，擢礼部左侍郎。永乐十七年再次出访江浙湖湘。洪熙元年，转任太子宾客，兼南京国子祭酒。宣宗即位，迁礼部左侍郎。宣德元年（1426），进礼部尚书。宣德四年，命兼理詹事府事。宣德六年，又命兼领行在户部。“土木之变”英宗被俘，加兼太子太师。天顺元年，英宗复辟，称病辞归。胡濙一生历仕六朝，卒赠太保，谥“忠安”。

赵荣，闽县人，厨卫中书舍人，土木之变后，北京保卫战时升“太常少卿赵荣使也先营，朝上皇于土城。”后任工部尚书。

张玉与儿子张辅、张輗为父子两代，历经元明两朝，名著史册。

张玉（？—1401），字世美，祥符（今河南省开封）人。元末为枢密知院，元亡从顺帝走漠北。洪武十八年降明，从燕王大军出塞，至捕鱼儿海，以功授济南卫副千户，为朱棣手下第一大将，累官燕王府左护卫指挥，勇冠三军，身先士卒。

靖难之役兵起，任都指挥佥事，攻克蓟州、遵化。同年八月，建文帝派老将耿炳文至真定迎战朱棣。朱棣遣张玉侦察敌情，张玉口出狂言，言敌军纪律涣散，打败其易如反掌，朱棣许之。战役中，朱棣领数千人从城西南侧击，张玉、朱能、潭渊从正面猛攻。两面夹击大败耿炳文。史称真定之战。

建文二年（1400）腊月廿五，燕师遭盛庸军截击，大败燕师于东昌（今山东聊城），燕师死伤数万人，燕王被盛庸军围困于东昌，张玉入围救援，被斩杀。燕师被迫还师北平，史称东昌之役。

朱棣闻知张玉战死，恸哭道：“胜负常事，不足虑。艰难之际，失此良辅，殊可悲恨！”又亲自为张玉写悼文。日后朱棣入南京称帝，以张玉为靖难第一功臣，追封荣国公、河间王。谥忠武，位在诸人之上，与东平王朱能、金乡侯王真、荣国公姚广孝共侑享成祖庙廷。

长子张辅，册封英国公，世袭罔替。曾率数万明军平定安南叛乱，功勋彪炳。正统八年“土木之变”中死于乱军。

次子张輗，封文安伯，景泰七年与徐有贞等人参与“夺门之变”，英宗复辟有功，封太平侯。不久，卒。子张瑾继之。张輗之女嫁明仁宗（即洪熙帝，在位仅数月而死去）。

拟制此碑文当是景泰七年（1456）事情，时英宗尚未复辟。因英宗复辟故改称“其诸徒诣南宫，虔请铭焉”，而立碑时英宗复辟成功，遂冠英宗“天顺元年”年号，以视对英宗复辟成功的拥戴。

五、栖岩大师交往的道友

1. 荣国恭靖姚公

即姚广孝，僧名道衍，住燕京大庆寿寺。燕王朱棣谋臣，助燕王发动“靖难之役”，当皇帝，得到天下。现存姚广孝塔在房山区常乐寺村北，为八角九级密檐砖塔，通高 33 米。

2. 国师译主光公

即元末西天派（印度）高僧具生吉祥大师弟子智光国师，洪熙元年（1425）赐释智光号广善大国师，住大能仁寺、大觉寺。宣德十年（1435）智光在西山大觉寺圆寂，建塔大觉寺旁。今大觉寺内高大的喇嘛式白塔即智光为其师具生吉祥大师建造，竣工于宣德十年前后。

3. 隐峰琮公

明初隐峰德琮禅师身世，载于《补续高僧传》，现将其传记附列于此。

“德琮，姓杜氏，唐拾遗子美（杜甫）之后也。出家崇山，自食其力，水耕火种，两股皆有日炙痕。博通内外典，素不出山教化，人罕知之。成祖使中官至汴，廉得其名，还奏于朝。适西番进一僧至，言：三教九流无不通彻，堪为中国王者师。上不悦曰：堂堂天朝，岂无一人可当之。诏征德琮至，赐金襕袈裟、银钵盂。明旦普召众僧，各坐高几辩对。其僧谈吐出入九经，滔滔如注水。琮讷于应对，众初疑之。有倾，忽问西僧，谛字何义？西僧应稍迟，琮乃大声训解，鸠大藏、探儒书，历示以字学之文义。曰：此而不知，焉用称学。西僧羞恚，顶礼叹服辞去。上喜，召入赐坐，即日授左善世。为作室鸡鸣山，以为修藏之所。年五十七说偈示寂，诏起塔于山之阴，赐御祭者三。”（明《补续高僧传》卷二十五）

潭柘寺塔院寓塔中，有隐峰琮禅师塔，比较有特色，这是一座完全弧身式的砖塔。

塔通高 7 米余，为六角形三级密檐砖塔。下部为须弥座及平座，仰莲。塔身正面石额曰“僧录司右讲经兼鸡鸣禅寺住持曹洞正传隐峰琮禅师灵塔”。额下为双扇四抹花格门，还有门簪二个。后部为双扇乳钉式门。其余四面塔身辟花叶式窗。塔檐下施用砖制冰盘檐形式，不用斗栱，为其特点，塔顶为仰莲和小塔（窣堵波）。

鸡鸣寺在南京，为明初的都城。寺建于明洪武间，明永乐间隐峰琮禅师受成祖之命居之。明弘治元年（1488）春僧德旻募化重修，弘治六年夏工毕，为南京著名寺院之一。

隐峰琮禅师是明初著名高僧，深受永乐帝赏识。其排字为“德”字辈，其法脉与日僧德始无初，以及姚广孝（道衍）等都会有交往，否则潭柘塔院内不会出现他的灵塔。

另外明初戒台寺道孚和尚（知幻大师）手下众僧，“德”字辈者居多，显然也是同一个法脉世系。

这座灵塔是为纪念隐峰琮禅师，由法裔弟子们在潭柘寺建造的。此举与永乐皇帝迁都北京的历史事件大背景有关。

4. 承旨讲经的道深

道深和尚是个学问僧，特别能撰写碑文，留存至今的较多。据考证道深是智光国师弟子。

六、关于栖岩宗主的历史评价

据北京丰台区栗园村庆寿寺塔院《大明大兴隆塔院历代住山题名碑》，碑额题楷字“玄冥禅师碑记”。碑身高 1.25 米，宽 0.76 米。金元明三朝这里都是大庆寿寺、明代改称大兴隆寺一直延续使用的塔院，历代住持高僧在此均建有骨塔，历代建造的古塔惜多已毁灭无存。碑文曰：

> 于□□□寂灭于双林，□上人间皆有塔，兴隆肇建于历代城□山里□□□大□□□元□□□□□□□大□有塔有铭兼有道，重磨□石咸载芳名。噫昔庆寿而今兴隆，始玄冥□□无尽矣。兹所题者惟□再三□□□。
>
> 开山第一代玄冥顗禅师。第二代玄悟禅师。第三代虚明亨禅师。第四代舜禅师。第五代朗禅师。第六代中和璋禅师。第七代白涧一禅师。第八代归云宣禅师。第九代佛日圆明光天普照海云佑圣禅师。第十代若愚禅师。第十一代懒牧归禅师。第十二代□虚禅师。第十三代松石晖禅师。第十四代慵庵坚禅师。第十五代佛日圆通广智明觉□□□可庵朗禅师。第十六代□庵□禅师。第十七代崇玄明禅师。第十八代藏春聪禅师。第十九代道通□智机禅师。第二十代总统筠庵□禅师。第二十一代万庵满禅师。第二十二代□休庵静禅师。第二十三代佛光慈照明极净慧西云安禅师。第二十四代司空北□□禅师。第二十五代鲁□兴禅师。第二十六代□崇亨禅师。第二十七代□峰德禅师。第二十八代妙圆普照凤岩仪禅师。第二十九代□空广禅师。第三十代□□宁（？）禅师。第三十一代左善世□云宝（？）禅师。第三十二代龙彦岩禅师。第三十三代少师荣……。第三十四代左阐教恕□□禅师。第三十五代祖灯继禅师。第三十六代左讲经□岩□禅师。

第三十七代右讲经性庵扩禅师。第三十八代左善世默庵任禅师。第三十九代右讲经空寂远禅师。钦依开设戒坛传戒宗师僧录司右衔善世兼大兴隆住山第一代住持默庵旺禅师。

僧录司左阐教兼大兴隆寺第二代住持建□通禅师。于载追念旧德，磨刻新珉，乃今大兴隆住山宗师真鉴、满常两方□之良心也。千载之后重记兴隆历代住山者，又岂无□方丈今日□古之心耶，故书以俟之。

敕建大兴隆寺住持真鉴、满常、□宜。赐紫传法宗师古杭净慈前住山沙门朽庵宗林撰，掌书真义书。嘉靖四年（1525）八月中秋吉日立石。

此《大明大兴隆寺历代住山碑》列举历代住持，前五代是金代住持，第六代至第三十代是元代住持，从三十一代开始都是明代住持。三十三代即姚广孝、三十六代为本文考证的栖岩慧进宗主大师。

栖岩慧进是明代初期持守华严宗法脉及宗旨的重要僧人，其弟子广辩把他的骨塔建在门头沟万佛寺的沟谷处，其后的万历年间，万佛寺僧人诸缘洪断年轻时曾得遍融大师开示，后经达观真可推荐前往江西云居山弘法，使真如寺得到复兴，这是两寺之间的大因缘。

栖岩慧进大师最伟大的功绩是奉永乐帝之命，编纂印行《永乐北藏》，即碑中所称："总督海内文学儒士高僧，于海印经馆校大藏经，因奏：刊行藏教以辅治化，当述诸序，昭示遐远。翌日伏蒙御制经序十三篇，佛菩萨赞跋十二篇。"

明初的海印寺在什刹海一带，即校印《永乐北藏》的寺院。此寺一度是明初印度教派高僧五塔寺开创者室利沙住持的寺院。

在明代初年栖岩慧进大师还在北京传承华严宗，此法系经明代复延续到清代，蔚为大观。

宝通法系在清代枝繁叶茂，学众济济，法嗣绳绳，不绝如缕。依据《贤首宝通传灯录》记载：此系以华严三祖贤首法藏大师为第一世，其后依次为第二世清凉澄观、第三世圭峰宗密、第四世妙圆真奥、第五世开明普朗、第六世圆显法现、第七世灵光洪敏、第八世长水子璿、第九世晋水净源、第十世神鉴希冲、第十一世道鸣妙观、第十二世玉峰师会、第十三世慧珠了心、第十四世竹坡道悟、第十五世方山清介、第十六世珍林慧琼、第十七世南山妙萃、第十八世春谷际遇、第十九世别峰大同、第二十世汴梁古峰、第二十一世栖岩慧进、第二十二世达庵广通、第二十三世野庵普泰、第二十四世一江真澧、第二十五世月川镇澄、第二十六世颛愚观衡。

据此可知贤首宝通法系第二十一世为栖岩慧进大师，栖岩慧进宗主恪守华严宗旨，是明代弘持华严宗旨屈指可数的高僧。

2014年3月于京西九龙山下居庐

明代蒯祥亲自规划建造万寿戒台禅寺

直到目前，中国古建界对北京戒台寺内明代建筑的特色及历史价值还没有清醒的认识。前辈古建筑学者、泰斗梁思成先生在他的九大本文集中，也仍把戒台寺说成是清代建筑，遑论其弟子及后辈诸君的认知水平了。

在北京如果把握了明代正统年间的古建筑特点，就等于对北京宫廷佛寺古建筑持有了断代的尺度与依据。据此衡量，法海寺大雄宝殿是正统年间的，智化寺殿堂建筑完全是明代正统年间的原物。八大处香界寺是明代的旧格局，但建筑已经是清乾隆时期的面貌。虽然明代正统年间古建筑在北京尚有遗存，但能确切地指明是蒯祥建造的建筑实例则仅有戒台寺一例。

工部左侍郎蒯祥，是明代鼎建北京皇宫、十三陵等重大工程的建筑大师，著名工匠。依据戒台寺内现存文物资料考证，蒯祥是明宣德、正统年间重建戒台寺工程的规划设计及建造者。

蒯祥，吴县人，生于明洪武中期，逝于明成化后期，享年 84 岁。他一生从事并主持皇家宫廷建造的重大工程，时间长达 50 年。早年作为营缮工匠，他在设计、施工方面便已精确超绝，屡有建树。景泰七年（1456）积功升任工部左侍郎。据记载，蒯祥多次参与、主持重大皇宫建造工程。如永乐十五年（1417）建造北京宫殿和长陵；洪熙元年（1425）建献陵；正统五年（1440）负责重建皇宫前三殿；七年建造北京衙署；景泰三年（1452）建北京隆福寺；天顺三年（1459）建紫禁城外的南内；四年建北京西苑（今北海、中海、南海）殿宇；八年建裕陵。这些皇家工程的实施，体现出其超群的智慧和才能。

著者多年研究戒台寺，根据寺内碑刻文物的记载考定，正统年间万寿戒台禅寺的重建工程，蒯祥自始至终地参与了设计建造的全过程。戒台寺的建筑与这位著名建筑艺术巨匠的悉心指导密不可分，戒台寺内存留至今的技艺超群的明代殿堂有其智慧在内。蒯祥作为明代著名的建筑工程大师，建造了北京宫殿和陵寝、寺院等一批中国明代古建筑艺术杰作。作为这些重大工程的主持人之一，表现出规划、设计、施工方面的杰出才能和智慧。上承唐宋辽金，在明代把中国建筑艺术推向新的高峰。明代有建筑方法的法典——《营造正式》，此书久不传，不知有蒯祥的才智在其间否。

从明代戒台寺建造年份看，它与故宫三大殿的重建几乎是同期进行的。据《明英宗实录》："正统四年（1439）命工部尚书吴中督工兴修奉天、华盖、谨身三殿和乾清、坤宁二宫。正统六年（1441）九月，三殿二宫告成。"据此可知，戒台寺与故宫诸宫殿这两个工程，几乎是依次相交在同一时期建造完成的。

蒯祥是明代重建戒台寺的总设计师。1980 年重修戒台寺内大雄宝殿，挑顶时在正脊内发现一块刻石，上刻有：

> 南瞻部州大明国京都马鞍山敕赐万寿禅寺起盖戒坛，于正统六年（1441）三月十日兴工。各作监工：德楷、德瑄、德律、常寿。沙门僧人德秀。木作所官蒯祥，把总蒯顺。石作把总钟文、五墨把总陈端、仇伯成。正统八年八月吉日记。

1982 年北京市园林局古建队重修寺内戒台大殿，在殿顶镏金宝顶上发现成化十三年（1477）铸字题记，有传戒宗师德秀等题名，也铸有蒯祥的题名。

笔者早年整理戒坛殿前树立的《道孚行实碑》拓片，此碑成化九年（1473）四月立，记载着明代著名高僧道孚的生平事迹。在碑阴众多题名人中有"工部左侍郎蒯祥、蒯刚"的题名。

戒台寺内这三处与蒯祥有关的珍贵文字记录，真实地证明蒯祥亲自参加并主持戒台寺的规划和建造全过程。并证实戒坛大殿的建造时间为正统六年（1441）三月十日兴工，正统八年（1443）八月完工。当时蒯祥以工部木作所官员身份参与工程设计和施工。而戒坛大殿一应石作工程，包括殿内的石雕戒台、地基石料、柱础石等均由"石作把总钟文"负责。

正统八年，蒯祥把工程记事刻石放置在大雄宝殿正脊中，说明此时大雄宝殿也即将建造完成。

而成化九年（1473）四月所立《道孚行实碑》，也有蒯祥题名，此时他是工部左侍郎的身份。成化十三年（1477）戒台殿宝顶上的题名，证实此时他仍在世。

戒台寺旧时千佛阁梁架上之溜金斗栱、柱础石，据现有历史资料分析，与戒坛大殿风格手法完全一致。故此可以认定是正统年间建造完成的，复建设计必须以此为依据，才能保持千佛阁明代正统时期的独特艺术手法及其独特的艺术魅力。

以上所列，为判断戒台寺内古建筑的建造年代提供了最直接证据。戒台寺内大雄宝殿、千佛阁、戒坛殿、明王殿、天王殿、山门殿、钟鼓楼，都是明正统年间所建造，虽经历五百多年的历史风雨，所有殿堂建筑的梁架、斗栱基本都是明代原物，甚至不少彩画都还是明正统时的旧迹与风格。

戒台寺内的古建筑风格多样，异彩纷呈。山门殿为歇山顶，天王殿是庑殿顶，前后檐装修采用障日板，极为古朴有韵味。大雄宝殿采用硬山正脊形式，而殿内则用藻井补救，不减辉煌气度。千佛阁为楼阁式建筑，采为重檐庑殿顶式。戒台大殿则是重檐盝顶式建筑，顶部加装镏金宝瓶。建筑风格多样，高低错落，主次分明，体现出高度的智慧及设计理念，是明代寺院建筑的辉煌典范。这一切都出自建筑艺术大师、艺匠蒯祥之手，是最好的明代建筑艺术杰作。

这种历史建筑个案的分析，有助于提升我们现有的认知水平，具体把握古建筑艺术内在的规律和理念，并在实践中予以应用。总不致把北顶娘娘庙前后四进殿宇（后两进殿宇已缺失），从山门殿至后殿都千篇一律地设计成歇山顶。如果头脑里装有蒯祥大师的建筑杰作典范，稍加参考，设计水准肯定就会有质的升华。一律歇山式的古建筑，只有前门、天安门至端门才采用，古建筑的修复设计，毕竟不是可以任意打扮的小姑娘，“自己俏，人家笑”的举止是不可取的。

有志于从事古建筑设计事业的青年设计师们，要向蒯祥学习，学习的范本就是戒台寺，这是蒯祥留给今人的明代寺院建筑设计范本。在此留心考察学习数日，将会有探宝山满载而归的感悟，硕博导师的讲述绝对也不及对蒯祥建筑实例的把握来得实际。有缘读到此文的向学青年、设计师们，希望大家记住这个建议。

戒台寺现存的古建筑，仍保持着明初重建时的特有风格，并且是由著名的建筑艺术巨匠蒯祥所设计建造，木料用材不尚粗大，有一种轻灵的观感，历经清代二百余年，基本没有改动。戒台寺的殿堂保留的明代建筑的原始特色，是原汁原味的明初古代建筑实物，是蒯祥亲自建造的艺术珍品，在全国来说也是独一无二的，因此具有特殊珍罕的历史艺术和科学价值。

节选自本人所著《戒台寺志略》书稿，2003年于京西九龙山下居所

京剧大师谭鑫培与戒台寺住持妙性老人

谭鑫培（1847—1917），名金福，是清末民初著名的京剧艺术家。工老生，艺术造诣极高，许多京剧老生演员都宗法于他，世称“谭派”。对京剧艺术发展有极突出贡献，在京剧史上有继往开来作用。梁启超赠诗有“四海一人谭鑫培，声名卅载轰如雷”句。

谭鑫培是一位笃信佛教的居士，生前遍参都城内外各刹长老。因善佛旨之慈悲，资财随地而施。行善既久，颇有所悟，于禅宗一门尤有心得。因发心于清光绪二十年（1894）春季，在京西万寿戒台禅寺盛老和尚座下求受五支净戒，二十余年修持戒维谨恒。

念得戒台寺常住之深恩，毫无报称，遂以护庇常住为已任。与戒台寺前代主席妙老人（妙性老人即盛林禅师）尝朝夕相对，以兄弟相称。虽有僧俗之殊形，而其心心相印、若合符契。因念人生若寄，泡影驹光，一旦无常，向何处晤佛耶。爰商之于妙老人，愿假寺中一席净地，永作佳城。俾他日百年得以遥对金窝，方遂夙愿。妙老人亦念廿载之道侣，不忍相违。遂将寺中茶棚地十二亩让与谭君，以遂善念。立有石桩为界。今兹戒台寺当代主席达文和尚，踵先师之遗志，为之栽种树木，修造坟园，督工营造，次第告成。因念此事之端末，胥由两造之感情而发生，他年勿论何人，不得擅伐树木及发生他种情弊。其看坟工人亦由寺中代为就近查看，俾可永久。现届竣工，用特两造公同勒石，以志兹事之缘起而作凭证云尔。

中华民国四年（1915）。谭君鑫培居士，戒台主人达文。（见《栗园庄谭鑫培墓地碑》）

谭鑫培墓地在戒台寺以东的栗园庄村，靠近永定河边，地势平敞。墓地呈方形，转角处立有青石界桩，高1.4米，均刻有“英秀堂”字样。墓地四周植有两排柏树，两排杨树，至今已近百年，树木已高入云天。因地处永定河边平原之上，墓地郁郁葱葱的松柏树林尤为醒目。

谭鑫培生前是戒台寺的大施主，他与戒台寺两代主持保持交往，即清末的盛林老和尚（即妙性方丈、妙性老人），以及民国初期妙老人的弟子、戒台寺住持达文和尚。

据恭亲王之子载滢诗文披露，八国联军占领北京期间，他们一家在戒台寺里避难，得到妙性的关照，妙性老人晚年住西四北二条报子胡同隆长寺，载滢还时常从恭王府前去看望他。

戒台寺将庙产十二亩给予谭鑫培作为墓地，证实了他与戒台寺的深厚机缘。

据周贻白先生《中国戏剧史讲座》记载：

谭鑫培，名金福，以字行。湖北武昌人。他父亲叫谭志道，唱老旦，是一条左嗓，吃调很高，唱起来好像鹨鸟的鸣声。北方俗称鹨鸟为“叫天子”，因而叫他“谭叫天”。鑫培初期登台袭其父号，故一名“小叫天”。谭氏起初原唱老生，因为嗓子坏了，便改习武生。专在北京附近的县城或农村演出，当时管这种搞法叫“跑帘外”，叫这种戏班为“粥班”。意思是指在这种戏班唱戏，收入所得只够喝粥。其生活艰苦可想！至于“跑帘外”，虽然比不上京中名角那样养尊处优，但可以借此锻炼功夫，琢磨业务。谭鑫培到后来能够名震一时，成为名角，“跑帘外”这一时期，对他的艺术的增进是具有决定性的作用。他不但在粥班唱过戏，而且充当过保镖，替人家看家护院。因此，他的武功也非一般花拳绣腿的假把式可比。他在光绪初年由粥班又转入北京的“三庆班”，仍唱武生。根据光绪二年及光绪六年刊行的《都门纪略》所载当时各班名角，他的拿手戏是《大神州擂》王永、《金钱豹》猴儿、《攻潼关》二郎、《黄鹤楼》赵云，到光绪十三年他的嗓音恢复，便由“三庆班”到了“四喜班”改唱老生。他的唱腔，以轻灵圆活、高低自如著称，所会的戏又极为宽博，文武昆乱，无所不能。若论他本身在唱功方面所走的道路，原属余三胜一派，不但汉调成分较多，而且咬字行腔也带有湖广音。但他并不为余派戏所拘，见有好样儿就学。京剧中老生原分唱工、做工、武工三项，在旧日戏班术语，称为“安工”（唱）、“衰派”（做）、“靠把”（打），安工戏如《除三害》、《二进宫》、《乌盆记》、《碰碑》、《空城计》之类；衰派戏如《状元谱》、《天雷报》、《桑园寄子》之类；靠把戏如《定军山》、《战太平》、《镇澶州》之类（靠把即扎靠打把子的简称）。谭氏对这三种路子的戏，皆有兼长，而所学不拘一格。比方《碰碑》、《定军山》、《桑园寄子》，学余三胜；《状元谱》、《镇澶州》，则学程长庚；《空城计》，学卢胜奎；《乌盆记》，学王九龄；《天雷报》，学周长山。至于靠把武功，是他的本行，则或仿前辈名工，或自出新意。他这种善学他人，有人认为是“集众家之特长，成一人之绝艺，自有皮黄以来，谭氏一人而已。”（见陈彦衡《旧剧丛谈》）其实，谭氏学别人的地方，并非死学其一举一动或一腔一调，而是以自己所习过的戏码，参合别人的长处，加以融会而贯通。比方《定军山》学余三胜，如果带“刀劈夏侯渊”，余氏未必有谭氏那样好的武功。又如《战太平》一剧，是谭氏的杰作，原来是一出不受重视的开锣戏，由谭氏唱红。这里面包括了老生的唱工做工和武工，便很难说他学的是谁了。至于《当锏卖马》，他可能是学余三胜，但酒楼耍锏一场，其双锏却是真把式。又如《翠屏山》，本来是梆子戏（秦腔），他扮石秀唱西皮，杀山之前的耍刀，不但是真刀，而且是一蹚真把式的“六合刀”。有人说他的刀、锏都学的是一位武生名宿杨隆寿，但他在武工上具有真实本领，在当时却是有口皆碑的。

又《琼林宴》一剧，这也是余三胜的戏，他在《闹府》一场，能把鞋子踢向半空，然后不偏不倚落在头上。这也是他人所不能的一项绝技。他如果是死学一人或一剧，便决不会有这些发展。因此，他到了光绪二十年以后，便誉满京津，提起“小叫天”，无人不知。在光绪二十六年庚子（1900）义和团起义，八国联军进攻京津时，有人作庚子即事诗，其中一首是：“太平歌舞寻常事，到处风飐五色旗。家园兴亡谁管得，满城争说叫天儿。”辛亥革命后，他还健在，梁启超题他的丝绣《渔翁图》，曾有“四海一人谭鑫培，声名卅载轰如雷”之句。由此可见他在戏剧方面的成就之大。

谭鑫培与戒台寺两代高僧交谊甚深，结下佛缘，其创立的悲怨哀凉的京剧唱腔艺术风格，与佛教禅宗空灵幽寂的宗风是一脉相承的。佛门清寂与梨园喧闹两相对照，其反差是如此强烈。

节自著者《戒台寺志略》书稿

潭柘寺历代弘法高僧事略统汇

潭柘寺历史甚为悠久，在西晋、北朝、隋唐这个很长的历史时期没有留下什么文献史料，可称是一片空白。但寺史昭然，其创建历史的久远不容怀疑。著者依据目力所及，将可知的弘法高僧在此先附列一个高僧年表，提纲挈领，力图使潭柘古寺的历史更为明晰可辨。同时也是对这座古刹历史的补充和发掘。本着有话则长，无话则短的原则，对寺僧的身世作为加以力所能及的考述和研究。

一、潭柘寺历代弘法高僧年表

1. 晋唐时期

西晋后期永嘉元年（307）创建嘉福寺。时有开山祖师名华岩、或华彦，是幽州地区最高长官王浚妻子华芳之兄弟辈中出家为僧者。所传潭柘寺由华严祖师开山创建，即源于此。西晋幽州地区最高军政长官王浚夫人华芳，逝世后葬于蓟城西二十里鲁廓里（今石景山区鲁谷村北），其葬地西距潭柘寺仅 40 里路。

唐万岁通天年间 (696) 幽州城高僧华严衍公弘法于此，扩建寺宇，寺名改为龙泉寺。

2. 五代、辽金时期

后唐：从实禅师率徒千人倡法潭柘。

辽会同年间：开龙禅师智常弘潭柘之道于燕。

金大定年间：广慧通理禅师弘法潭柘山龙泉寺。

金大定年间：惠公禅师主持龙泉寺。

金大定年间：政言禅师主持寺务。

金明昌、泰和年间：相了禅师主持龙泉寺，为第九代住持。

金大安、崇庆年间：虚明教亨禅师在潭柘山龙泉寺弘法。

3. 蒙、元时期

蒙古汗国太祖、太宗年间：比丘尼妙严大师在寺梵修。

蒙古汗国定宗年间（1247）：道因禅师于此弘法。在塔院内建立归云大禅师幢塔。

元世祖中统、至元四年间：万泉文公禅师住持潭柘，师为龙泉禅寺二十二代。

至元四年—至元八年：秋溪觉宗禅师住持潭柘，师为龙泉禅寺二十三代。

至元九年—至元十四年：铁橛禅师古渊福源住寺，为二十四代。

至元十四年—至元二十一年：崇严禅师，为二十五代住持。

至元二十一年—至元二十九年：德顺禅师，为二十六代住持。时有白瀑寺本勤安静禅师在寺倡法。

至元二十九年—大德四年：瑞云霭公禅师住持潭柘，为二十七代住持。柏山智公禅师住持潭柘，为二十八代住持。

延祐、至治年间：法洪和尚在潭柘山龙泉寺任住持。后奉旨住香山卧佛寺。

至正十四年—十八年：雪磵法祯禅师主持潭柘法席。

至正后期—明初：第三十一代佛心妙悟通遍大禅师竹泉寿公唱法潭柘。

4. 明朝时期

明永乐十年—宣德初年：第三十三代德始无初禅师（日本僧人）在寺弘法。此期道衍（姚广孝）禅师亦在寺静修。

宣德初年—景泰七年：第三十四代无相观公禅师为住持。

宣德七年—正统三年：底哇答思禅师居止潭柘，大弘法化（印度僧人）。

天顺元年—天顺二年正月二十一日：嘉福堂上重开山第一代西竺道源禅师驻寺。

万历中后期：大源佐公禅师为嘉福寺住持。

万历后期：正会禅师为嘉福寺住持。

万历年间后期：紫柏大师（达观真可）在潭柘山嘉福寺弘化。

5. 清朝时期

清康熙二十五年—三十八年：震寰照福律师弘法潭柘山岫云禅寺，为钦命开山第一代。

康熙三十八年—四十一年：止安超越律师，为第二代钦命住持。

康熙四十一年—六十一年：道林德彰律师，为钦命第三代住持。

康熙六十一年—雍正六年：洞初证林律师，为第四代住持。

雍正六年—乾隆元年：本然明寿律师，为中兴第五代住持。

乾隆元年—乾隆六年：毓安源福律师，为中兴第六代住持。

乾隆六年—乾隆三十年：恒实源谅律师，为中兴第七代住持。

乾隆三十年—乾隆四十六年：静观圆瑞律师，钦命中兴第八代住持。

乾隆四十六年—嘉庆初年：静海印彻律师，为第九代住持。

嘉庆初年—？：了然行修律师，第十代住持。

？—嘉庆二十一年：月朗海亮律师，第十一代住持。

嘉庆二十一年—道光十六年：永寿广福律师，第十二代住持。

道光十六年—道光二十八年：西峰印吉律师，第十三代住持。

道光二十八年—咸丰二年：寿光源祝律师，第十四住持。

咸丰二年—同治四年：心纯真常律师，第十五代住持。

同治四年—同治六年：栋昌元魁律师。第十六代住持。

同治六年—光绪十四年：慈云普德律师，第十七代住持。

光绪十四年—宣统三年：觉海慧宽律师，第十八代住持。

6. 中华民国时期

1911 年—1931 年：纯悦觉正律师，第十九代住持。

1931 年—1968 年：从悟茂林和尚，第二十代住持。

二、历代弘法高僧事略

1. 唐代华严祖师衍公

据《帝京景物略》："寺，晋、梁、唐、宋，代有尊宿，而唐华严为著。"华严祖师是唐代一位高僧，经他开拓扩建使潭柘寺得到中兴，为华严宗高僧，因此在寺史上留下赫赫声名。

"《燕山丛录》云：蓟州甘泉寺有蛇曰小青，龙虬之属也。与人驯狎，时蟠宿僧榻，祷之能致雨。拙庵智朴辩曰：甘泉寺未闻小青祷雨之说，惟西山潭柘寺旧传潭龙舍宅于华严祖师衍公。今殿角鸱吻潭所涌也，龙子青蛇服，日傍僧居。又秘魔岩旁有潭大如鬴，覆以巨石，深杳莫测，即当日大小青侍卢师[1]行雨化龙处也。拙庵所辩最为明晰，今世俗所传，每以卢师大小青事附会潭柘，殊非其实。潭柘藏红箧中者，寺僧呼曰龙子，又名善虫。随地皆有亦随时可致。《耳潭》即目此为大小青，亦非其实，故录《盘山志》并附辩之。"[2]

据此只言片语，可知在唐代重建潭柘寺过程中，寺史上留下盛名的华严祖师，名叫衍公。唐代万岁通天年间（696），因华严祖师的弘法与兴建，使潭柘寺的寺院规模乃至在佛教界的声名地位，都达到了前所未有的兴盛与辉煌。

[1] 其中秘魔岩及卢师和尚亦唐代事，在今西山八大处。

[2] 清乾隆四年《潭柘山岫云寺志》。

另据乾隆四年（1739）《岫云寺志》，收录有华严祖师故事，附列于此，可对唐代华严祖师事迹增加一些了解。

“潭柘寺晋、魏、唐、宋，代有尊宿，而华严和尚为著。神龙徙宅，鸱尾涌现，琳宫弘建，法席肇兴，迄今奉为开山第一代祖师焉。释不知姓氏，唐则天时（685—704）居在幽州城北，恒持华严经以为净业。其所诵时一城皆闻之，如在庭庑之下。万岁通天年中（697）韩国公张仁愿之为幽州都督也，夜闻经声品次历历然。及尔晨兴，谓夫人曰：昨宵城北道人讽诵，若在衙署前也，还闻已否？夫人曰：是何地远可得闻乎。张君曰：如其不信，可各遣小竖走马往覆之，果无差谬。张君请召入城，及相见谓张君曰：有愿胡不报乎。答曰：现造袈裟五百缘，布施罗汉去。华严曰：勿去别处，但送往州西马鞍山竹林寺内施僧。及遣使赍香衣物，已去觅竹林，且无踪迹。如是深入陟高山，见一翁问之，曰：但随吾来。倏睹云开寺现，景物非凡世所有。入寺散袈裟毕，而少二人，彼老宿曰：可赍还二分！一与张仁愿，一与华严和尚。自此方知华严和尚是竹林圣寺中来，使留一宿，出已经年。行化既久，及终坐亡，肉身不萎败，范阳之人多往乞愿，时有征应。塔近因兵革而废矣。”

据此，唐代华严祖师身世经历都比较清楚了。但张仁愿送袈裟事，不仅仅与潭柘寺有关联，在清乾隆间，戒台寺住持度博禅师亦依据华严祖师故事，在寺内戒坛南北两侧建造了五百罗汉堂。

近年，有好事者依据这类传说，大谈潭柘寺历史上就是竹林寺，今天还有那么多竹子，当然就是竹林寺。无知而无畏，拿着不是当理说，大谈特谈，浑然不知羞耻，令人不悦。

另附《宋高僧传》二十五卷的《唐幽州华严和尚传》如下：

“释华严和尚，不知名氏，居在幽州城北，恒持华严经以为净业。时号之全取经题呼召耳。其所诵时，一城皆闻之，如在庭庑之下。万岁通天年中，韩国公张仁愿之为幽州都督也，夜闻经声品次历历然。及尔晨与谓夫人曰：昨宵城北道人讽诵若在衙署前也，还闻已否？夫人曰：是何地远可得闻乎。张君曰：如其不信，可各遣小竖走马往覆之，果无差谬。张君请召入城，及相见谓张君曰：有愿胡不报乎。答曰：现造袈裟五百缘布施罗汉去。华严曰：勿去余处，但送往州西马鞍山竹林寺内施僧。及遣使赍香衣物，登佛龛山已去觅竹林寺，且无踪迹。如是深入，陟高山见一翁问之曰：但随吾来，倏睹云开寺现，景物非凡世所有。入寺散袈裟毕，而少二人，彼老宿曰：可赍还二分，一与张仁愿，一与华严和尚。自此方知华严和尚是竹林圣寺庙中来，使留一宿，出已经年。行化既久，及终坐亡，肉身不萎败。范阳之人多往乞愿，时有征应。塔近因兵革而废矣。

系曰：一口宣诵，何能入远近人人耳耶。通曰：近则若愿持经，善法力故。远则一音演说，随类闻解。其人是圣寺负位，断可知矣。"

2. 后唐从实禅师被尊称为潭柘禅师

唐末军阀混战，持续至五代时期，即梁、唐、晋、汉、周（907—960）。五代只有短短的五十余年，而后晋时期（937—946），北京地区所在的燕云十六州被契丹所占领，从此纳入辽的版图。

后唐时期（924—936），最著名的僧人便是从实禅师，他弘法于幽州城内的大万寿寺以及潭柘寺。据明正德六年（1511）谢迁《重修嘉福寺碑记》："潭柘山者距城西二舍许，当马鞍山之西，有泉汇而为梯潭，土宜柘木因以得名。后唐时有从实禅师与其徒千人讲法于此，后遂示寂华严祖堂。"[3] 这是明大学士谢迁对从实禅师在潭柘寺弘法情况的考证，载入他撰文的重修碑记之中。另据《岫云寺志》记载，从实禅师示寂于华严祖堂，建塔山中，其骨塔在寺西南五里莲花峰山腰，因年久失修已塌毁无存。

关于后唐从实禅师以及法脉弟子情况，还有比此碑更早的文献予以记述，可追溯到辽金时期的史实，因此从实禅师之后的法脉世系与他弘法的寺院的史实得以连缀起来。据保存大量金元史料，从《永乐大典》中辑出的《顺天府志》一书记述："大万寿寺，在旧城。按古记考之，本中都大万寿寺。潭柘禅师之古道场也。燕京之西有古刹，距京城百里，泉石最幽处名曰潭柘。师讳从实，自湖南来，乃曹洞二代孙。辽太宗会同年间（938—946）至世宗天禄初（947）有开龙禅师智常弘潭柘之道于燕，创此寺。景宗保宁初（969）赐名悟空（寺）；圣宗统和十九

[3] 《潭柘山岫云寺志》引录该碑文。

年（1001）改名万寿禅院；至太平年间（1021—1030）改名太平寺；道宗太康中（1075—1084）改名华严寺；……皇统初（1141）更赐名大万寿寺。”

大万寿寺这座金中都城内的古刹，从辽代初年初创时期开始，即由开龙禅师弘扬从实禅师之道。辽金时期此寺僧众亦称从实为潭柘禅师，以传承潭柘宗风相守，可见从实禅师声名及影响的深远广大。后唐、辽金大万寿寺与潭柘古寺法脉交融，连绵不断，秉承潭柘从实禅师曹洞宏旨，代有尊宿。故大万寿寺与潭柘古道场有着极为深厚的历史渊源。

另据《中国佛教人名大辞典》[4] 记载：“从实禅师，五代人，比丘、北地人，南游潭州师事云盖山景和尚，久之得其法。归返北土，居幽州潭柘山龙泉寺，后地没入辽，彼方官民极钦重之。”

在北京地区辽、金、元佛教史上，潭柘寺、大万寿寺、竹林寺、海云禅寺、大庆寿寺、仰山栖隐寺、慧聚寺（戒台寺）、白瀑寺、瑞云寺、柏山寺，以及浑源州永安寺、大同华严寺、磁州大明寺、青州天宁寺、济南灵岩寺、嵩山大法王寺、锦州大明寺等等，都是同一个佛教法脉系统。辽金时期倡法中国北方，元朝法脉传承则遍布南北。保持着僧众寺院间的合作交流，弘扬光大法门，留下诸多珍贵的佛教史事。从实禅师之后的辽金元佛教界高僧，多把潭柘视为祖庭，以归葬是山为宿愿。今潭柘寺塔院中众多金元僧塔，正是这种史实的直接体现。

大万寿寺旧址，约在今宣武门外大街与南北柳巷之间的青厂胡同一带。

金代中都城内的大万寿寺也一直秉承从实禅师的家风。据载：“……后有禅师希辩，宋之青州天宁长老也。耶律将军破青州以师归燕。初置之中都（今北京宣武区一带）奉恩寺，华严大众请师住持，服其戒行高古，以为潭柘再来。至金天会间退居太湖山卧云庵，既而隐于仰山栖隐寺（今北京门头沟区妙峰山南）。骠骑高居安以城北园并寺前沙井归之常住。天眷三年（1140）召师复住持。皇统初（1141）更赐名大万寿寺，师再隐仰山。门人德殷续灯于万寿，三年而退居于医巫闾。又有省端上人继之，一如师存之日。”

---

[4] 台湾 1974 年版。

“希辩师本江西洪洲黄氏，族系甚大，且多文人有闻于世者。始参云门、临济，得法于鹿门觉公，至沂州礼芙蓉和尚印证授记，后住青社天宁。城破乃北来，人称之为青州和尚。天德初（1149）示化于仰山。记乃金翰林学士中靖大夫知制诰施宜生所撰。其文略曰：潭柘老人二百年后放大光明。芙蓉家风却来北方薰蒸宇宙，岂其大事因缘殊胜亦有数耶。教有废兴，道无废兴；人有通塞，性无通塞。师既来燕，潭柘寂然；师既往燕，曹溪沛然。人知寂然，而不知潭柘未尝去也！人知沛然，而不知青州未尝去也！若然，则无碑亦无害，有碑亦无碍，遂为之说。（以上并见《元一统志》、《析津志》。寺有金世宗、章宗后御容，又有佛，见收常住。寺内有施宜生碑，文备载事实。）[5] 青州希辨禅师著有《青州百问》一书，是他请益其师鹿门觉的问答语录，论辩之间绝无拖泥带水之滞，禅锋峻捷，当机立断，足见风范。并附有元初林泉从伦的评论颂词。

综上所述，辽、金两代，北京地区传承后唐从实禅师曹洞宏旨的寺院，以大万寿寺为主。辽代有开龙禅师，金代则以青州希辩禅师为代表。从后唐至金代皇统初年，已达二百余载，僧众犹传从实之禅。并有潭柘禅师、潭柘老人的尊称盛传不衰，可见从实禅师倡法潭柘古寺影响之深远。

潭柘寺塔院内有金“中都竹林禅寺第七代了奇塔”，元代“大都竹林禅寺第二十三代道慧塔”，也是从实禅师这一世系法脉的高僧因而归葬潭柘祖庭的。从实禅师道风流布之盛于此可知了。

3. 广慧通理禅师倡法竹林、潭柘二寺

金广慧通理禅师身世行实，显然载于潭柘寺塔院其塔碑。此碑由金永定军节度使杨邦基撰写，立于大定十五年（1175）。明代《补续高僧传》卷十二《圆性传》，即广慧通理禅师的传记。传后有附记称：“明河曰：此传取诸塔石，石文乃金永定节使杨邦基撰。”此传记讹误疏漏处不少，并且不能指出广慧通理所参佛日为何人，留下不少遗憾，今一并考辨订正之。

关于乾隆间《岫云寺志》所载“广慧通理禅师”，显然也采自塔文，与《补续

[5] 永乐大典辑本《顺天府志》卷七《大万寿寺》。

高僧传》之传记可以互校之。两篇传记各有千秋，不可偏废。

《岫云寺志》:“广慧通理禅师。师名开性，俗姓侯，顺州怀柔灵迹里人。九岁依都城嘉福寺戒振出家，十五受具戒。天眷初（1138）参佛日于汴梁。未几豁悟心法，作颂日。日首肯，以正法眼藏付之。乃潜南行，历齐鲁，时昭禅师居越峰，将造之。是夕有神人冠服甚伟，语昭曰：广慧大士明日来，当扫馆宇以待。诘旦师至，众咸异之。后数主大刹。大定年间僧善诲十余辈，请主潭柘。师念潭柘从古祖师道场，禅学扫地二百余年，吾将起废，正在兹时。遂往经画。众以规模弘大，惧难遽集。师曰：第恐诚不至耳。诚若至、奚患无成。方凿石际，有大石误坠，众悉骇避。师恬不顾，才去师不半寻而止。咸谓师志愿精悫至神佑云。十有一年工始告止。大定十五年（1175）六月三十日，沐浴易衣、说偈跏趺而逝。寿七十二，腊五十七。荼毗后建塔于潭柘虎首之阳。得法者五人：善照、了奇、圆悟、广温、觉本。有语录三编行世，所著寺中规条，至今遵守无敢遗轶焉。”此传记中，有一句似应改作:“师念潭柘从实禅师古道场，禅学扫地二百余年……”其余皆不误，可称信史。

《补续高僧传》载师传记为:“圆性，顺州怀柔侯氏子，自王父以上皆隐晦无闻。父琦，母杜氏梦异僧授以神珠而娠，迄诞室有光。童时断荤血，举止端肃。九岁请于父母，愿为僧，许之。依都城奉福寺振公为师，十五受满分戒。习唯识、起信论，有叩之者，答之如响。义精旨妙，皆出入意表。久之叹曰：是法，非思量分别之所能解，果在言乎。

“天德初，佛日禅师入汴，师袖香谒之。佛日嘿识其器，而施锥劄，师益自刓炼，不四旬恍然有入，佛日肯之。及佛日赴辽阳之请，师侍行，抵惠安，举为立僧，指元切要，一众钦服。

“后以皇后教旨，住韩州功德院，未几捨去。渡大河，历齐鲁，时昭禅师居越峰，将造访之。是夕，昭坐室中，见一大神伟服立于前，白曰：广慧大士来也，当除馆以待。诘旦，昭整众延伫食，时师至矣。众大骇！昭虚心尽敬，以所见告焉。师笑而已。浮汴而洛，抵关右，所至老师宿学，皆为师下。

“天德初（1149），被旨主竹林。明年徙惠安，明肃皇后[6]遣中使奉以磨衲衣，并金帛诸物，佐开堂之费。久之，竹林旧众，念法乳不已，佥曰：吾师也，惠安安得拥留，权巧以归之。时海陵领留钥，向师道风，赐广慧通理之号，洎紫方袍、旃檀宝塔、大士像，竟符越峰神告之语。

“大定间，迁潭柘，将大有营建。或以寺久废，规模宏大，惧难克集，请少损之。师曰：吾心计已定，第恐不诚尔。不十年而潭柘落成，视旧有加焉。其始工也，凿山之际，有巨石崩坠，轰声如雷，众骇避。师恬弗为顾，石至师而止，不远寻尺，若有神御之者。

“其在竹林时，竹林实辽长公主赐第，制侔宫阙，虽为梵刹，而台门尚存。师谓非僧居所，宜亟命撤去。得故砖百万，为方丈基甃。仍以其余，即故基为俗室，而鼎新其门。凡所成务传永久，尽竭衣盂所不惜。律身持物，凡可以久行益后者，皆著之令典，使传将来。用志之精专如此。以大定十五年（1175）六月化于潭柘，世寿七十二，僧腊五十七。

“明河[7]曰：此传取诸塔石，石文乃金永定节使杨邦基撰。谓佛果自西蜀来汴，以心印传佛日，佛日传广慧，为南岳下十七世。则佛日为妙喜无疑矣。及后云：师侍佛日赴辽阳。又云：数从佛日入禁中说法。考时校处，又似非妙喜。茫然不知佛日为何人。若果妙喜，何年谱传灯不载此事。年谱但云：女直之肆骄，取禅师十数，师为首选，虏酋壮，传不少屈。由是一众获免其行，得无师实行，如杨所云而后返。作谱者为之讳也耶。抑佛日非妙喜。佛果下别有一佛日耶。杨文定有所据，必有一人当之。大都妙喜始终，如青天白日，不容隐讳。笔此以俟高明考订。”

综合广慧通理禅师以上两个资料，《补续高僧传》记作“圆性”不准确。当从《岫云寺志》中记述，名“开性”为准。寺僧修志的资料，当取自节度使杨邦基撰写的碑文，其时或许此碑尚存。传记中“天德初参佛日禅师于汴梁”，显系天眷初年之误，可依从寺志中的记载。

[6] 海陵王之母。海陵王即位后，追谥其父完颜宗幹睿明皇帝。世宗即位改谥明肃皇帝。

[7] 《补续高僧传》沙门明河编纂，成书于明末。

另据广慧通理禅师资料，可知他生于辽乾统四年（1104），寿72，当逝于大定十五年（1175）。其少年出家的奉福寺，是一座辽金古刹，旧址在辽金故城内西北部。中都城内的竹林禅寺名气非凡，广慧通理曾在此当过一任主持。这座辽金故城内的竹林寺，旧址约在今广安门外大街手帕口西街一带。

广慧通理一生经历大致如此。未入其法嗣，曾经历参学机缘的有“中都潭柘山龙泉寺政言禅师”。政言是潭柘寺的一任主持，是香山慈照禅师的法嗣。受师之命往竹林向广慧通理参学，而后声名鹊起，是金代著名的禅师（详后政言禅师篇章）。

广慧通理禅师的嗣法弟子如下：

(1) 善照禅师（1121—1168），名善照、字怀鉴，沈州章义人，俗姓马氏。19岁出家，22岁先后参礼团山宗主大师、东京佛日圆证大师为师。其后与了奇同侍广慧通理门下达十年，同为广慧嗣法弟子，并出任燕京巨刹竹林禅寺的第六代住持。大定八年（1168）圆寂，世寿48岁。大定九年（1169）三月建塔立碑于天津蓟县盘山，中都路转运副使贾少冲撰文。

(2) 了奇禅师，为中都竹林禅寺第七代住持，塔于潭柘。青年时期与善照禅师“闻广慧通理唱道辽海，抠衣谒之。从广慧通理移锡霤川，师即从行，住云峰寺弥月，同善照舁石，石误落地，师与照具时省发。寻以所得举之广慧老，老师可之。及广慧南陟燕山，居中都竹林，师淘汰更十年。大定三年（1163）遍历诸方大尊宿五十余员，未有构师机者。经岁广慧邀师还，师因柘水西溪之上，破衲蔬食，灭迹绝累以毕衰耄。师本意也！大定七年（1167）善照禅师退竹林以燕处。为王侯士庶禅律诸德丐师竹林，续灯益明。学徒云萃，数常五千指。十年（1170）二月七日右胁而化。世寿五十一，僧腊三十五。”

(3) 广温禅师。据《金蓟州盘山双峰寺释广温传》[8]记载：“释广温，姓韩氏，高安人，丱角落发，受经于习法师。禅院幽清，夜深盗入，温有所闻坚卧不动。黎明习则之曰：物为他人所盗，宁无侮耶？温曰：我人也，盗亦人也，物有所归，

[8] 民国《新续高僧传》卷十六。

又何憾焉。习奇之！后参同昌英公，英弗纳，庐于崖谷间三年，草衣木食，英异之，乃许问道。又参云门晦堂及竹林广慧，慧曰：从来明暗两歧，依他作解、须当弃却。我这里有个铁酸嫌，从头一一咬嚼，广温举手谢曰：既往不咎，乃取箧笥中秘文火之。一日顿悟如桶底脱，法性圆通，无不了然，广慧印许之，出住盘山双峰寺。大定戊子（八年、1168）夏示疾而化。

“广温得法弟子圆新，范阳六城村人，亦得法于龙泉英公。大定壬午（二年、1162年）住盘山报国寺、次住天城，又次住法兴，后示疾……”

据此，广温身世已明了。圆新得法于龙泉英公，此龙泉英公，似是潭柘寺一代主持僧人。载此备考。

而广慧通理另一得法弟子圆悟，与圆新是同辈僧人。觉本、圆悟身世失详，亦存此备考。从圆悟、圆新二僧宗谱字序看，广慧通理名开性，是正确的，他不可能与其徒辈同为“圆”字辈序。

4. 金代惠公住持潭柘

广慧通理禅师大定十五年（1175）寂灭于潭柘，有惠公禅师、政言禅师接续在潭柘寺弘法。据政言禅师塔铭记载：“梁国大长公主及东京留守曹王请师（政言）住潭柘，继惠公法席焉。”金代政言禅师主持潭柘法席，时段为大定二十二年至二十五年（1183—1185）。

广慧通理禅师之后，有8年时间（1175—1183）由惠公禅师住持潭柘，是潭柘山龙泉寺第五代，惠公禅师生平事迹失详，特存此备考。

5. 中都潭柘山龙泉禅寺政言禅师

潭柘寺塔院存政言禅师石制幢塔，塔铭首题：中都潭柘山龙泉禅寺言禅师塔铭。皇子曹王次子皇孙祖敬撰。铭文曰：

> 如来以心法付大迦叶，不由语言，直指见性。自迦叶二十八传至达磨大师，以心印东游震旦，为第一祖。六代至大鉴禅师（即慧能），支分一源，百派竞注。李唐以来师资之间，目击悟道，俯为凡

夫，仰为菩萨者不可胜数。是以名山胜地、大都通邑，外薄海隅，禅刹遍满。而中都潭柘山龙泉寺，实丛林之甲乙。故为之宗主者皆天下选，而言公禅师又其翘楚者焉！

师讳政言，许州长社人（今河南许昌市），姓王氏。九岁出家，诣里中资福禅院师事主僧净良祝发，受具戒。侍师不去左右十余年，一日告师欲游学讲席，许之。时浩公僧录居南京讲唯识论，径谒之，抠衣请益，决择性相，造理深至。浩公知师伟器，居无几何，命师主席。义学云集，疑难锋起，师应答如流，人人心服，闻所未闻，于是师甫年二十一。诸方聆风景仰，竞请横经，决人之疑，过于卜筮。初讲《唯识》、《因明论》，又取《上生经》交相发明，兼传大乘戒，凡十有二年。一日思惟，入海弄沙，自困何益。乃留心祖道，置文字，捐衣盂，飞锡游方，飘然云往。

始居嵩山龙潭，禅寂岁久，后结茅于汝州之紫云峰，是时香山慈照禅师丛林大振，闻师清操，招延相见，旋请师为首座。尝与□□举金刚云：如来者，即诸法如义，汝如何会？师于言下有省，即说偈曰：诸缘不坏，了性无灭，云散长空，碧天皎月。照可之，乃命师游方，至中都参竹林广慧通理禅师，又参（缺17字）青社连师捧疏出世，住仰天山。未几又请住益都义安院（缺九字）众意住郑州普照，洎河南府法云禅院。

與夫潭柘专介驰梁国大长公主□□大宗□府事曹王疏，请师住龙泉禅寺（即潭柘寺），阅三岁，举扬游刃，制颂古、拈古各百篇，注禅说金刚歌，又著金台录、真心真说、修行十法门，皆行于世。

其弟子嗣法小师法庆住嵩山法王禅寺；重靖住卢岩；师安住罗□；行修（缺十二字）□□共六人，俗弟子几千人。师之云亡，黑白悲怆，思慕无已，相与阇维，权（缺九字）塔于慈照浮图之侧，又分其顶骨葬于潭柘山，以铭纪师之道。铭曰：

世尊说法，四十九年，哀悯钝根，执著于言，

临终拈花，示以廓然，□□□□，祖祖相传，

猗欤潭柘，上承临济，入门即咼，家风不坠，

霆发□机，□□□□，能所贡高，落胆丧气，

勉从众欲，五主丛林，龙泉告老，归颍之滨，

养真□□，布衲藜羡，箕山高洁，复见于今，

岁在龙虵，偈终坐灭，缁素悲泪，如渡亡栰，

爰有法嗣，状师行业，勒铭丰记，永表灵塔。

大定二十八年（1188）岁次戊申六月丙寅朔。休休道者祖深建燕山王玉刊。

据《补续高僧传》卷十二《政言传》，知师“以大定乙巳年入寂”，即金大定二十五年（1185），此前在潭柘寺担任过3年住持。早岁曾在中都竹林禅寺广慧通理禅师门下参学，而广慧通理禅师在竹林寺主持寺务是金天德初年（1149），政言向其参学即在此时。

政言禅师“五主丛林，龙泉告老”，这5座寺院即青州仰天山、益都义安院、郑州普照寺、河南府法云禅院、中都潭柘山龙泉寺。“所至法音弘流，沾被如响，其举扬宗旨，脱落窠臼，如鹘起长空，骏腾平野，奔逸绝尘，难为靓附。”（《政言传》评语）

据考证，政言禅师生于宋宣和七年（1125），圆寂于金大定二十五年（1185），世寿61，法腊52。

政言禅师是中都潭柘山龙泉寺第六代住持。

6. 金中都潭柘山龙泉禅寺第九代相了禅师

潭柘寺塔院内存有相了禅师石幢塔，塔铭全文如下：

禅师者，义州（今辽宁义县）弘政宋氏之季子也。生有奇瑞，幼而不群，举止端重。行必直视，坐即跏趺。髫年闻祖父诵赋，至

秦皇、汉武，不死何归。便问：死归何处耶？祖异之，乃语其父曰：此子发言异常，非尘俗之人，可令出家。遂依本郡大嘉福寺祚公落发，训名行录。九岁遇皇统霈恩得度，宗习《华严》、《圆觉》等经，神机明解，发于妙龄。年才十五，代师开演，后陞讲诵律，同学共遵。咸平（辽宁铁岭市）石城继请讲授，循循开诱，诲人不倦。一日忽念经云：修多罗教如标月指经，既为标，月何所在？踌躇不决。寻闻辽阳禅刹有大导师，单传佛心，不立文字。乃罢讲腰包径往清安访月公，因缘不契，遂造咸平禅林见定公，定公俾令悦众。师以德加人，一众悦服，然解会之心未能颖脱。复往锦州大明参诱公，诱公命掌记室，久之亦无所得。诱曰：汝缘不在此，懿州崇福超公老人，明州的嗣也，可往依之，必为子发其奥耳。乃拜辞遽谒，超公一见云：丛林主来何暮！仍唤维那向明窗下安排，此僧他日必光焕吾宗。未几请为座元，晨夕咨叩，虽饱参尚未所证因。有居士请益，俱胝于天龙处得一指头禅，一生受同不尽。师立座隅遽问：俱胝一指头禅受用不尽，未审和尚有多少？超公应声一吹，师忽然有省。如披云见月，欣跃无量。须臾呈一颂曰：窥破浮云月色寒，偶然顿歇髑髅乾。通身光透威音外，普应群机作大缘。

超公印可，曰：且喜大事了毕！乃更名相了。众举立僧，机锋逸格，缁素倾仰。秉拂事竟，嘉遁云峰，禅悦自乐，然名翼振飞，德香远播。懿州（辽宁顺安）连师孰请开法，接踵崇福，北京留司（今赤峰市北）具疏迁住松林，龙象云归，人天蚁慕。东京（今辽宁辽阳）向师道风，讲居大惠安，提纲六稔，规范肃清。但性乐闻寂，久倦应对，遂夜遁于闾山宁国寺，恬退自处，枕石眠云，作终焉之计。

会潭柘虚席，功德主岐国大长公主远屈住持，师素爱林泉，略无辞逊。既来，宗风大振，四年告老，晦迹天王小刹。冀国公主抑踞竹林，师怏然，自媿息迹无计。叹念身世利名，为大道之累，信矣！未经岁退居城隈古寺，龙泉既知，复迎颐老林下，乃欣然从之。曰：吾将终老此山，所谓他日莫离旧处。师禀性纯质，加之慈恕，心不忤物，一生未尝略起瞋恚，纵遇呵毁而容色不易。盖心如大地，八风叵动，虽五坐道场，唯信缘甘分，不务夏畦，诲门弟子皆退步究理日损之语。嗣其法者三人，道积、相崇、善惠，各唱道一方。

泰和三年（1203）十月末旬，忽示疾，至二十七日午时索笔书偈曰：三十余年说法，弄巧成拙，临歧更为诸人，重重漏泄。本来无法与他人，依旧清风伴明月。偈毕右胁长往，寿七十，腊五十二。荼毘日有百千蝴蝶自烈焰出，祥云五色遍现空中，牙齿不毁，门人收灵骨树石塔焉。求铭于重苏叟，曰：汝师吾畏友也，其潜德密行非吾所知，聊述事迹以纪岁时耳。

铭曰：

混沌未分，太初冲寂，情窦日鉴，妄与知识，

识丧乎真，智劳于神，是故君子，返朴还淳，

抱瓮忘机，拾蜩凝虑，普化风颠，谷泉垢污，

了公导师，纯粹天资，道齐先声，行同婴儿，

火里琼瑶，雪中松柏，温润坚贞，炎凉叵革，

佛鉴远裔，明州亲孙，穷理尽性，寻流得源，

接物功成，顺缘而化，识返真常，名流虽□，

人天□照，□□□□，斯人已丧，后死何辜，

我作芜词，雕冰镂雪，刻诸翠琰，以示来哲。

泰和四年（1204）岁次甲子四月己巳二十日癸丑时、门人善琼等建、永安杨文昌刻。

相了禅师塔铭由“大庆寿寺住持传法沙门德顺撰”，此德顺禅师即自号重苏叟者。德顺禅师是金代大庆寿寺第四代住持僧人。

7. 金代弘法大庆寿寺、潭柘寺的虚明教亨禅师

师名教亨、字虚明（1150—1219）。“济州任城王氏子。七岁出家，依本州崇

觉寺圆和尚剃染，十三岁受大戒。时苦瓜先生善看相，曰此儿他日坐道场必领僧万指。十五岁游学四方，闻郑州普照宝和尚法席之盛，遂荷锡发足前往，参访日久。一日亨于云堂静坐，忽闻打板声霍然证入。遂呈偈曰：日面月面，流星闪电。若更迟疑，面门著箭。宝公曰：吾瞒汝不得也。诸方知师得法，恳求出世，亨亦知缘至，辄往应命。凡五坐大道场：若嵩山之戒坛；韶山之云门；郑州之普照；林溪之大觉；嵩山之法王。

“次因金国丞相夹谷清臣之请，主中都潭柘，后迁济州普照。未几，忽方丈后丛树中、有一株亭亭高丈余。群鸦以次来巢，状若浮图，上下十二级。僧众贺曰：和尚佛法愈大振乎！不十日奉诏住中都大庆寿寺，众常万人。三年后退居缺门，知河南府国公石抹仲温以少林虚席，请师居之，法席大盛。居无何，师复引去。乃徜徉于嵩少之间，或放歌或长啸，如是数年。一日忽觉四大紘缓，杜门坚坐，谢绝宾客。至金兴定三年（1219）七月十日，诫其众曰：汝辈各自勤修。索浴说偈端坐而逝。其偈末后句云：咦！一、二、三、四、五、六、七。享年七十，坐夏五十有八。弟子分舍利以建塔焉。”[9]（事见《大明高僧传》卷五、《金文最》卷一一二）

现河南嵩山大法王寺尚存与虚明教亨有关的诗文刻石，嵌于大雄宝殿壁间。此刻石即由金代著名诗僧木庵性英书写，中都庆寿寺玄悟玉禅师所作的《劝亨公住潭柘诗》。标记着虚明教亨弘法潭柘古寺的史实，是玄悟玉与虚明教亨友谊的珍贵记录。

刻石全文为：

玄悟劝亨公住潭柘：

最爱西山古道场，三年两见棣华芳。

钧怀不忍虚潭柘，省檄专驰下法王。

烟醮晓波詠鸭绿，雪痕春草乍鹅黄。

[9] 其传记中有离奇不经的记述，予以删弃而未采用。

后生力可扶吾道，政好乘云入帝乡。

木庵书、法王昭公立石。山门知事信忠、福荣、禛用、洪俊、广淑、德裕、正大乙酉。

此刻石中“正大乙酉”，为金哀宗正大二年，即公元1225年。时金国都城已迁到开封，金中都燕京地区自1215年起，被蒙古大军已经占领10年。故此刻石所述为燕京旧事。刻诗时距虚明教亨逝世仅6年，也是对虚明教亨禅师的一种纪念方式。

木庵性英禅师文名卓著，后流落到燕京地区。在燕京西山仰山栖隐寺度过三、五年，复到仰山下院固安州鹊台福严寺为住持，直到圆寂。

诗中“省檄专驰下法王”，所指即虚明教亨禅师应召，从法王寺至中都龙泉寺（潭柘寺）任住持之事。在金中都时期，他在著名的大庆寿寺担任过第三代住持。大庆寿寺建成于金大定二年（1162），第一代住持为玄冥顗禅师，第二代玄悟玉禅师，第三代即虚明教亨禅师，第四代德顺禅师，第五代朗禅师，都是金代的高僧。1215年蒙古大军下燕京，后来建立元朝为大都，并一直到延续至明代，大庆寿寺法脉连绵，高僧云集。海云、刘秉忠、道衍（永乐帝谋臣）都在大庆寿寺主持过寺务。其旧址在今天安门西侧长安街电报大楼处。

我们仅知金中都大圣安寺晦堂俊公禅师，名叫晦堂洪俊，刻石中有洪俊僧名，不知是否即葬于银山塔林，倡法中都的晦堂俊公。

另据《续指月录》卷七记载，燕京报恩行秀禅师亦曾在虚明教亨座下参学，列举一件公案：

“潭柘亨和尚过磁州大明寺。行秀夜扣其门，告侍者烧香请益，亨便放相见。行秀问：如何是活句？如何是死句？亨曰：你若会，死句也是活句；若不会，活句也是死句！师（行秀）自此参究益力。”

这位行秀是金中都著名高僧，一度在燕京报恩寺修学，也是名气非凡的耆宿。但此行秀不是金元之际耶律楚材的老师万松行秀，即万松老人者，这位行秀是金元之际中都城内宝集寺的“释教都坛主行秀”。他曾传承持有过辽代道宗赐给戒台寺法均的“大乘三聚戒本”。金代、元代这个戒本在燕京城内弘祐寺、开悟寺、延洪寺、崇国寺（旧城）、宝集寺、北崇国寺（明改称护国寺）相传承，传持有序，直到元代末年。[10] 这个戒本在北京、历经辽金元传承了三个朝代，不曾中断。而行秀即是此戒本的传持者之一，依此开坛传戒，弘传法化。在明代此戒本已不知去向。

这段公案，记录下虚明教亨与弘传戒律的行秀和尚之间的一段因缘。因金元之际燕京有两个行秀，所以多说几句以别之，为后来者立此存照。

虚明教亨禅师约略是潭柘山龙泉寺第十代住持。

8. 道因禅师

蒙古汗国时期，有潭柘龙泉寺住持道因禅师。此僧名字刊于《浑源州永安禅寺第一代归云大禅师》幢塔间，“丁未岁清明日法姪海云印简同嗣法小师道因立石”。丁未岁即蒙古定宗二年（1247）。时蒙古大军占领燕京后，尚未建立元朝。海云大师是归云的法侄，与道因是同辈僧人。塔院内“佛日圆明海云大宗师灵塔”，即其 1257 年逝后所建。此塔即海云印简的灵塔之一。

9. 潭柘山龙泉禅寺第二十二代万泉文公禅师

万泉文公为潭柘山龙泉禅寺第二十二代住持，今有密檐塔在塔院间，唯师行实失载，事迹不详，据其下一代住持秋溪觉宗禅师塔铭有“至元四年（1267），潭柘龙泉住持文公退隐西堂，师补其处”。万泉文公大禅师逝于至元十四年（1277）夏六月。

10. 潭柘山龙泉禅寺二十三代宗公大禅师

潭柘寺塔院内有宗公禅师幢塔，唯字迹风化漫漶，不可卒读成句。其事略载《补续高僧传》卷十四《觉宗传》。传记中之叙事显然取自塔铭，但有讹误。其行事之详，据塔铭残文可获全貌。尤其不可偏废幢塔文，其中不少重要信息是传记忽略而未记的。

幢塔首题：《潭柘山龙泉禅寺第二十三代宗公大禅师塔铭》。塔铭曰：

[10] 危素《危太朴文集续集》卷二《大崇国寺坛主空明圆证大法师隆安选公传戒碑》。

师名觉宗，字道玄，别号秋溪。扶风南氏子，世业儒。母陈氏，奉浮图弥谨，每岁首诣法门寺饭僧。一日昼寝，梦法门坦公授已玉佛，高仅寸许。已接而吞之，遂娠。陈氏告其夫，夫遣人过寺候之，坦公适其日化去。因相誓曰：若得一子，必令出家事佛。诞之日室有光，空鸣梵音，闻者惊异。既成童，绝荤菇，无戏弄，喜于静处跏趺。父母以师不忘宿因，将行其誓。

会天兵南捅，父子不能相保。被执入武川（今内蒙武川）给侍军主太傅公淳。谨异他侍，太傅公奇之，许令出家。乃诣妫川青口山林法师处剃度，因涕下曰：吾父母安在？儿今已出家矣。不三年精通释典。武川英公传戒开华严疏，师杖锡门下服勤五载，颇通其奥。游神华藏界中，纵横得妙，座下龙象，无出师右者，由是名称远闻。自以说食不可期饱，闻灵山法席大镇，即挑囊劲往，住殊胜院。不三年，剪棘殳芜，鼎故革新，佛宇僧舍焕然一新。名传遐迩，士民闻风叹服。后因僧激励，再参武川圣因。圣因老禅匠也，问曰：闻子情华严，何不开讲度生，来此何为？师曰：生死事大！因曰：自从识得曹溪路，了知生死不相关。子如何会？师拟议，因喝之。师出。因召云：上座！师回首。因曰：分明认取！师领其旨。

次日上方丈曰：昨日蒙和尚一喝，某甲有个见处。因曰：试举看。师拂袖便出。因笑，可之。

宪宗元年（1251），矾山县令（今河北涿鹿县矾山镇）遗书圣因，求主灵山法席者。因曰：无如觉宗！遂以师应命。行之以偈曰：十载志如铁，玄关皆透彻。跳出荆棘林，踏破澄潭月。好向孤峰顶上行，灵光独耀无时节。师升堂说法，十余年间众至数千。增饰佛宇，金碧之辉，照映泉石。丛林所宜有，无不毕备。灵山复大振，与诸巨刹齿。

至元四年（1267）潭柘龙泉住持文公退隐西堂，师补其处，法席视灵山为尤盛。师道貌修整，临众俨然，人望之生畏敬心。然门庭孤峻，不以一言之合，一机之契便尔许可。必潜观嘿审，了然无疑于心，然后首一肯，故衲子望崖而退者居多。以至元九年（1272）月日坐蜕……

铭曰：

身藏地下，面奉南辰，唯秋溪师，生知妙道，

坦公再来，僧中之宝，月满弥诞，出梵青声，

四邻惊异，屋宇生光，寻师访道，缘在云岩，

道显悟旨，脱狐臭衫，两处住持，十有五载，

服檀越心，名喧四海，机发灵禅，左右逢源，

活鱍鱍□，如珠走盘，家风清白，尤能接物，

□□□□，挝涂毒鼓，踞龙泉寺，分白涧灯，

门庭孤峻，甚唤葛藤，其道弥高，其和弥寡，

声价喧腾，竺乾华夏，门人恒定，志节可观，

建师寺塔，突出云端。

至元九年（1272）七月上澣日门人恒进、恒定立石。

嗣法门人重缘、信徒弟子……

古燕石匠刘德忠。

觉宗禅师陕西扶风人，少年时期被掳至武州。后依妫川英公出家为僧，并得圣因禅师举荐，出主灵山法席。后主持潭柘龙泉。“两处住持，十有五载”。潭柘万泉文公之后，由觉宗禅师出任住持。觉宗禅师显然是白涧一禅师的法嗣，因塔铭有“分白涧灯”之语。据记载，白涧一禅师是大庆寿寺第七代住持[11]，蒙古国时期高僧。或许万泉文公亦是白涧一禅师法嗣，“分白涧灯”，即指觉宗来潭柘主持寺务之事。

[11] 据《大明大兴隆寺塔院历代住山碑》，金元为大庆寿寺塔院。位于北京丰台区栗园、瓦窑村之间。

万泉文公至元四年（1267）退隐西堂。至元十四年（1277）建“西堂万泉文公大禅师塔”。接续万泉文公的正是秋溪觉宗，并知他逝于至元九年（1272）。文公为潭柘龙泉第二十二代住持。

觉宗禅师别号为秋溪，幢塔间明白无误地刻有“唯秋溪师”字样。高僧传中称其号“松溪”是误记，立此存照，以正视听。

据考证秋溪觉宗禅师之生平，知其在潭柘龙泉寺有五年时间，为至元五年到至元九年（1268—1272）。系潭柘寺第二十三代住持僧，其幢塔亦写明是第二十三代。

11. 第二十四代铁橛禅师古渊福源

著者考索，在元代初期的至元年间，有古渊福源禅师在潭柘倡法。古渊福源“性孤硬，诸方以源铁橛称之”，故在禅门内外得名“铁橛禅师”。古渊福源禅师道行高古，因而得到元帝赐号“佛性普照大禅师”，他与大庆寿寺廓乐一公、海云印简等高僧，有师承法脉弟子之渊源。其生卒年限失载，圆寂后塔于潭柘，推测考证，他是潭柘寺第二十四代住持。其在廓乐一公禅师处得法后，三主大刹，于潭柘最久。

师之生平事迹见明《补续高僧传》卷十三：

“福源、字古渊，赐号佛性普照大禅师。师生太原李氏，李氏故旧族，历唐宗以儒业为显官。祖奉训大夫知南阳令珪，举二子：长德英，登进士；次□威大将军珍明，师父也。母苏氏，长斋奉佛，诵金刚、观音经为日课，不少怠。一夕梦老僧捧僧伽黎付之，觉而有娠，生时多祥瑞。父母爱之，授书不读，而以栗麦子纪念观音。父怒挞之，师泣告曰：儿愿学佛，不愿选官也。父益怒，驱使辱之，复闭之空室，绝其食，庶有回心。

“师持志愈坚，父母不得已，携送妙觉院礼朗公为师，而披剃焉。受具，习大乘经论。

“兴定中（1217—1221），元兵南下。师潜遁山谷间，食树皮草根得不死。恨至道未闻，事定后（天兴三年，1234 年金朝灭亡），走真定（今河北正定）西牛见廓乐老人一公，机语相入。一公五坐道场，师为侍者。

“后见圆明照公，照一日举僧问云门（文偃）啐啄之机。门云：响问师，汝如何会？对曰：今日痛领和尚一问。曰：意旨如何？对曰：一声齐和处，千古意分明。照公示寂，师复见一公。公曰：源侍者，汝来也！亲切处道一句看。师进前曰：即日恭维和尚尊侯万福。曰：如何是佛法大意？对曰：满口牙是骨，耳朵两片皮。公作声曰：何曾见圆明来？师问：如何是佛法大意？公喝之。师拟议，公便打曰：满口牙是骨，耳朵两片皮。师忽省、作礼，一公印之以偈。

“出世凡三主大刹，于潭柘最久。不动声色，而起振颓废，声价重诸方。师具智慧力，开折摄门，不避强御。魔阐必挫，善类必植。故能开田居山，整洪规，敦后学，继古德之风。

“太师国王赐海云宗师摩衲大衣，海云以授师。师瓣香，寔归廓乐，不以海云厚己而异其志。海云尝谓人曰：源公，天性真淳有节义，特立世表，人不得而亲疏之。堂堂乎了事，本色人也！

“以至元某年坐化，塔于潭柘。其与万松老人多和照公诸耆宿唱酬。此事问答机衡师语尤为逸格。即大兴潭柘，功成而弗居，退处东庵，若不知者，其巽退如是。然性孤硬，诸方以源铁橛称之。”

据推断古渊福源禅师逝于至元十四年（1277）。

佛性普照大禅师古渊福源者，系潭柘山龙泉禅寺第二十四代住持僧。其在寺时间为至元九年到至元十四年（1272—1277）之间。其后的第二十五代住持是崇严禅师，至元十四年到至元二十一年（1277—1284）主持寺务。至元九年之前则是第二十三代宗公禅师（秋溪觉宗）住持此寺。至元二十九年（1292）时为潭柘山龙泉寺第二十六代德顺。

古渊福源禅师圆寂以后曾建塔于寺，但塔久已毁坏无存，猜测是座石幢塔。

福源之师为廓乐一公，即大名鼎鼎的白涧一禅师，曾任大庆寿寺住持。如《衍公长老塔铭》记述：“（白瀑寺源衍）乃谒庆寿廓乐暨海云诸尊宿，皆有相见机缘而器重之。”[12] 廓乐即廓乐一公也，与海云印简为同时期禅僧，唯僧史不彰，行实之

[12] 《源衍禅师塔铭》，定宗二年（1247）立。

详尚不得知。而福源得海云大禅师推崇，住持潭柘数载，任职期间，大有建树。这一系禅师深得元初忽必烈的宠信，有着十分强盛的僧团和政治势力的支持。

12. 潭柘山龙泉寺第二十五代崇严禅师

著者反复考证，排定崇严禅师是潭柘山龙泉寺第二十五代主持。因塔院中："西堂万泉文公大禅师塔"塔额有如下题记："传法住持嗣法小师崇严建，至元十四年（1277）丁丑岁夏六月。"

从万泉文公塔铭题刻分析，至元十四年崇严为潭柘住持，已是不容置疑的史实。

崇严前一代住持是第二十四代铁橛禅师古渊福源。

此后至元二十一年（1284）有在寺弘法的本勤安静禅师。

第二十六代德顺禅师，至元二十九年（1292）为潭柘住持。故至元十四年（1277）修建万泉文公塔的崇严禅师，系潭柘山龙泉寺第二十五代禅师。

唯崇严生平失详，以给万泉文公建塔并是其嗣法弟子看，是白涧一、万泉文公一系之禅僧。

13. 弘法潭柘山龙泉寺的本勤安静禅师

本勤禅师的师承很有特点，其师承于懒牧野人悟归，而悟归是浑源永安禅寺第一代归云大师之法侄。懒牧悟归是白涧一禅师法嗣。白涧一、归云大师，以及海云印简之师中和璋禅师，均是竹林寺容庵海大禅师门下同辈弟子。

中和璋、海云一系禅师深得元世祖忽必烈尊崇，在元朝初年声名显赫。而归云大师一系法脉弟子虽有 17 人之多，则多已隐没不显。

北京西山金城山有白瀑禅寺，有本勤禅师石幢塔存于寺址。著者在门头沟区从事文物管理工作时，1981 年将残败的寺院内两座幢塔的散乱石件，全部运回予以妥善保存。

据幢塔全文为：

金城山白瀑寿峰禅寺第十一代勤公禅师塔铭，诸路释教都统大庆寿寺传法嗣祖沙门西云子安撰，大都海云禅寺提点文长书丹并题额。

师法讳本勤，安静其自号也，俗姓刘氏，祖居相州临川之杨村。母尤氏夜感异梦因而有娠。师生而颖悟、相貌奇怪、骨格清古，丱角时不杂童稚。值金国扰攘与父母逃难仰山，因家焉，留寓久之。一日游白瀑，睹泉石清雅，树林深蔚，矢志出家。年甫弱冠礼懒牧归和尚为师，剃发受具。自是精修梵行废寝忘食，必欲了明大事为期。遍扣知识拨草瞻风，凡入室次机锋迅捷，归公知其法器，遂为印可，以衣付之。偈曰：无法可传、以心密付，信受奉律、清香流布。既而罢参、韬晦众底，保任涵养、游历诸方，不露圭角。庚戌春偶白瀑虚席，僧众恳于庆寿海云宗师，即出疏开堂，请师出世，领白瀑之命。一主是山四十余载，缁素咸集、殿宇鼎新，金碧相辉，钟鱼玄荅。至元二十一祀又赴潭柘之请，学徒奔趍，履满门外，潭柘兵革荒废之余，得师为盛。师力行古道，行解相应，两会谈法，振作丛林。龙象蹴踏，真现世优昙，末法大树也！师寿八十二，僧腊五十二。至元二十七年正月十六日，安静微恙卒于白瀑，门第子百有余人。小师文莹属余为铭，余于师有旧，义不得辞，故直叙安静记其实。

铭曰：

大哉禅师，两主法席，应机示现，一无朕迹，

香骨瘗藏，灵光赫奕，窣堵凌云，清风无极。

大德二年（1298）五月。

白瀑寿峰禅寺住持传法嗣祖小师崇喜竖塔。

本勤禅师不是潭柘寺住持。塔铭记述他在潭柘寺弘法情形，是元代初年潭柘寺的珍贵历史史实。金城山在今门头沟区雁翅镇淤白村北七里，白瀑寺是一座创建于辽末的寺院。

14. 潭柘山龙泉寺第二十六代德顺禅师

潭柘寺塔院有《大都竹林禅寺第二十三代慧公禅师塔》，为石质的幢塔，建于至元二十九年（1292）。塔间铭文记载由“潭柘山第二十六代法侄德顺立石”，据此可知，当时潭柘山龙泉寺住持僧为德顺禅师。对其生平则一无所知，仅留下这么一点信息。但据其前本勤禅师生平看，至元二十六年（1289）之前，他大约就在潭柘寺为住持僧，主持全寺事务。

15. 第二十七代瑞云霭公禅师

塔院内有“龙泉堂上瑞云霭公禅师塔，岁次大德四年（1300）春敬建立”，推测是龙泉寺第二十七代住持，龙泉寺即潭柘寺。《岫云寺志》亦将此僧塔列为元代祖师塔，据分析，显然是元大德四年之前住寺的高僧。

瑞云似是其祖庭寺院的名字，即北京西部百花山南麓的古刹瑞云寺。霭公是此寺的高僧。瑞云寺内留存“大朝癸巳季九月建造的《通圆行懿禅师碑》”，即蒙古汗国太宗五年（1233）所立。此碑极具史料价值。瑞云寺历史极悠久。据云建于汉明时，至明朝重修三十八次。[13] 寺院处又是五代李存勗建亭百花山处。旧有元僧雪成《重修瑞云寺碑》：“宛平有寺曰瑞云，山即大安。长老信忠踵门乞予文以记。方奉诏译馆润文，未暇。迨秋积雨即霁，瑞云执事者复罗拜恳祷，黾勉从之。按寺创自隋唐间，岁月既久，兴废屡经，迄今而为名刹也。俗以百家称，岂以村里欤？寺宇之规模，山谷之形势，备诸寺碑。至顺辛未，长老信忠始护院事，以肯构心复化诸檀信，整高殿宇，绘祖师堂，塑彩天王地藏，置建僧房，关王、龙王祠咸为一新。丹青二十四孝，以诱世俗。信忠初参洞下禅，亦从事理道而善鸠焉，是可嘉也，故不辞覼缕以书。”[14]

瑞云霭公禅师正是瑞云寺的高僧，应命出山住持潭柘，弘传禅法者。《岫云寺志》将瑞云霭公列为潭柘寺历代祖师之一，唯其事迹不详。

16. 第二十八代柏山智公禅师

[13] 《宛署杂记》十九卷。

[14] 《日下旧闻考》卷一〇六。

《岫云寺志》将元柏山智公塔，列入历代祖师塔之中，塔在潭柘寺塔院内。智公事迹不彰，旧为柏山寺僧人，智公为潭柘寺第二十八代住持，与潭柘寺有法脉传承渊源，故建塔于寺。

柏山寺，据《归云大禅师塔铭》记载：“浑源州长官高公闻师道价，以本境柏山请师居之。柏山，洞下精舍，大隐所建者。夷门破——大隐之孙，听公南来，缘锡未遂，师尽以其寺所有授之，远近高其义……”（幢塔建于蒙古定宗二年、1247）。

据此，这位智公禅师是归云大师之法裔。其在潭柘已是元朝后期。

17. 法洪禅师

《敕赐故光禄大夫大司徒释源宗主法洪碑铭》记载了法洪禅师的行实。

至正七年（1347）八月戊寅，皇帝御慈仁殿。集贤大学士臣五十四言，故光禄大夫大司徒沙门法洪逮事累朝，其德业有足称者，愿刻石以示永久。有旨命御史中丞臣有壬制文且为书。翰林学士承旨臣起岩篆其额。臣有壬于洪公非有支许之分，而其为学又异，宜不足以知之者。然天子有命其敢辞。谨按其事状择而书之。

公姓刘氏，陇西巩昌成州人。生有异禀，九岁入乡校，日授书叁千言，辄成诵不忘。年十二窥释氏内外典，有契。遂辞亲礼州之兴化寺武公总摄而祝发焉。又八年从金仙律师受具戒，乃发足游方，谒少林法主参决心要，即廓然自得。时真觉国师松堂公居大白马寺，公往依之。

松堂沙门上辈，负海内之望。与语大见器异，留侍左右。为之发扬宗旨，周密微妙，遂能穷极法源，卒嗣其业。承记传衣之日，灵鹤翔其庭。松堂喜曰：是必能大吾教矣。

大德中总统司请为释源白马寺长讲，号大德法主。武宗皇帝在潜邸，闻其名特命住持秦州大圣寿寺。至大改元（1308 年）复命即秦州开演长讲，敕有司月给衣粮焉。

仁宗皇帝临御之明年（1312），宣政臣奏旨，起公住持白马寺。

未几，赐号释源宗主，驿召至京师。沙啰迦八哈失首见推重，请主西山龙泉寺（即潭柘寺）。寻奉敕翻译之菩萨行；撰大元帝师八思巴文庙碑。文成奏御，嘉赉甚厚。遂诏公住持大永福寺。莅事之日，三宫赐白金，中宫复制红衣以衣之。

英宗皇帝时居东宫，已虚伫信向，数尝引见。既即位，即授公荣禄大夫、司徒。已而进阶光禄加大司徒，刻银为印，食一品禄。承制总选名僧校雠三藏书，领江淮官讲凡三十所。于是贵幸莫比矣。

会寿安山大昭孝寺成（香山卧佛寺），诏以公主之。大都弘正、栖禅；上都弘正等寺皆隶焉。

大昭孝寺者，英宗之为太子，尝至其处，喜其山水明秀。左右或言此山本梵刹也，后为道士有耳目属意焉。至是以钞二万锭赐道士，使别营构。因观基炼石凿山，大启佛宇，功德无量。欲资以慰荐祖宗在天之灵，旨意甚锐。惟公具大善知识，愿力坚固，简在宸衷。其应是选，亦可谓非常之遇矣。于是车驾临幸，置酒流杯池上，丞相东平王及公侍，天颜甚怿。顾左右若曰：朕有贤相，又得此奇人，至可乐也。因手簪花其帽，谕所以畀付之意。故事，官寺方丈每岁望幸主者，不敢居。特敕大臣设宴命公入处，以宠异之。他日丞相就公问所以为治之道，公举儒者经权之论以对。丞相喜曰：吾今乃知公有济世才，非徒空言而已。

泰定初（1324年），或谋动摇寿安者。征公慧力，足以摄之，否则将不得免焉。至正二年（1342）今上皇帝御龙舟游幸玉泉诸山，至寿安以公先朝耆旧，特优礼之。初天历中（1329年）尝赐钞三百万锭，以其二买田饭僧，以其一视规息为国家修建佛事。其后官府稍见侵夺，至是丞相脱脱公以公故，奏请复之。比车驾还宫，复遣使赐上尊为公寿。其被遇累朝，光显如此。四年（1344）春三月六日卒，寿七十三，为僧凡六十有一年。

大臣以闻，天子悯悼，勅有司致赙备仪卫祖送如礼。既阇维门人三分其骨：瘗寿安、白马及陕西之兴教寺而建塔焉。

公度弟子十余人，得其道者曰允中，为昭孝法主，与公同日殁。嗣法者以百数，曰德政主白马。曰道传、曰慧润主永福。寿安则尤所谓杰然者也。公为人轨行严峻，识度开朗。其于禅乘律义，既究极无遗。而于孔老百氏之书，又能钩引贯穿，纵横出入乎其间。故其平生论撰多涉猎经史，娓娓可观。有《云麓集》十卷行于世云。臣闻西方之教以空洞为实，以有为为妄。儒家谓其有体而无用，异于圣贤之道也。惟大司徒始能以真知三味，启迪其徒，空术既显。及其树大法幢，鸣大法鼓，又能以才器文辩见知圣代。恩数优渥，虽宋慧琳、唐不空被遇之盛，未有能过之者。殆所谓为而未始，有为无为而无所不为者。與故观所與东平问答，又皆平易精实，体用兼备。其有得于圣贤之学者，未可以浮屠之说弃之也。谨叙而铭之，其铭曰：

出世之士，一切不作，流于空愚，无有知觉，

用世之士，一切有为，流于功利，靡所底归，

爰有大智，见道立卓，非律非禅，无适无莫，

白业之积，始自秦中，雷音震扬，达乎九重，

毳衣来朝，当伫前席，王后君公，膜拜接舄，

爵以上卿，为帝外臣，阴翊乾运，密赞皇仁，

动言事为，有典有则，著为文章，载在金石，

寿安之山，龙宫翼严，入天毕来，文字语言，

何有于我，得鱼忘筌，化缘既周，委席而去，

生也则荣，殁有余誉，天子念之，臬臣为词，

以永其诒。[15]

从碑文记述可知，法洪和尚住大都西山龙泉寺，即潭柘。他住此是元末仁宗

[15] 元许有王《至正集》卷四十七。

延祐、至治年间（1314—1323）。而至治元年（1320）开始兴建大昭孝寺，到至顺二年（1331）大昭孝寺建成，他被诏主昭孝寺（今卧佛寺）。至顺二年潭柘寺兴建毘卢阁，大概也是他的建议。

在潭柘期间，大都城内大永福寺建成（青塔寺），也由他住持。大永福寺在大都城白塔寺西侧，俗称青塔寺。据《日下旧闻考》记载："青塔寺创自元延祐间，有万历三年（1575）张一桂重修碑。略云：'青塔寺者，即胜国时敕建大永福寺也。寺在都城阜成门内，故有青浮图。'"大永福寺旧址在阜成门内四条胡同。

《佛祖历代通载》卷二十二记载，延祐元年（1314）弘教佛智三藏法师沙啰巴观照法师入寂，寿安山云麓洪公作铭有谓："佛法之传必资翻译，故译梵为华，或敌对为华，或唯以义，必博通经论，善两方之言，始能为之。是以道安尝谓：翻译微言有五本三不易，故非能者不足以有为也！所以传列十科，翻译居首者。岂非以其为之难、功之大乎。予尝以诏与京邑诸公校雠藏典，历观自古翻译之家，以义译经，如秦之罗什；译论唐之奘公；十数人之作，所谓禹吾无间然矣。其余或指义暧昧，或文辞疏拙。夫义之暧昧，盖译者之未尽文，或疏拙润色之失也。因思安公之言，以谓以弥天之高，尚称不易。今之译者何其易哉！自季叶以来，译场久废，能者盖寡，岂意人物凋残之际乃见公乎。观其所译可谓能者哉！"此碑由大永福寺住持释源宗主法洪奉敕撰；翰林大学士赵孟頫书；参议中书省事元明善篆额。法洪号云麓洪公是个新发现。沙啰巴观照是八思巴侍者，曾住大庆寿寺，是元代著名高僧。法洪对沙啰巴观照的学术予以积极评价和肯定，当是公允准确的。亦知法洪的崇高的地位是以其渊博的学识和修养获得的，今天读来亦令人钦佩不已！

法洪和尚住潭柘的时间，当在雪磵法祯禅师之前。

18. 元末雪磵法祯禅师弘法潭柘古寺

明《帝京景物略》卷七："（潭柘）寺晋、梁、唐、宋，代有尊宿，而唐华严（禅师）为著。元至正间，顺帝赐雪磵酒，皇姊致膳。"所记为雪磵法祯禅师故事。

今北京房山云居寺内北塔下存雪磵撰书之碑，名曰《大都房山县小西天石经山云居禅寺藏经记》。"嗣临济宗英悟正印大禅师燕京大竹林禅寺住持、传法沙门雪磵法祯撰并书，至元二年（1336）丙子六月一日建。”是雪磵禅师留存至今的碑石之一。另外在北京护国寺内旧存雪磵撰于至正十四年（1354）《重修崇国寺碑》（见《帝京景物略》卷一）。

关于雪磵法祯禅师事略如下：

“法祯，字蒙隐，雪磵其号也。蒋氏，其先曹之定陶人，家世阀阅，宋靖康间，高祖、曾祖避金兵，徙淮西寿春，因家焉。

“父德胜，将兵取襄阳有功，封济阴侯，母鲁夫人，严而贤。师生歧嶷，龆龀习诗赋声律，日记数千言，然气羸疾瘵，每病则濒死，术者以为非寿者相。父母舍之出家，事退庵无公大讲师落发。十七入讲肆，通经论大旨，开官讲于建邺（今南京），声华夺席。寻入京师（大都、今北京）告单庆寿寺，太尉驸马沈王，日请入府说法。

“延祐丙辰（三年，1316 年）被旨即庆寿开堂，移易州之兴国寺。逾年两奉诏旨翻译《菩提行释论》二十七卷，西夏僧慧澄译语，师笔受缀文，一言三详，删治一出于师。所司供给，仍指授画工，于大内宝云殿绘高僧像八十八龛，师作八十八传，金书其上。

“初皇庆之开举场也，蒙古、色目习三场举业者，渐染朱熹之说，谓佛语为诞妄。诏翰林虎承旨、竗三藏与师三人，以张天觉《护法论》译为国语以化之。

“英宗即位（1321），将以大藏经治铜为板，而文多舛误，征选天下名僧六十员雠校。师与湛堂、西谷三人为总督，重勘诸师所校，仍新为目录，旌赏特加。

“泰定、至顺之交（1327—1330），教门有大故，师必预议秉笔。后至元丙子（二年，1336）被两宫诏旨主南城大竹林寺。至正戊子（八年，1348）诏重译菩提行颂文，陛见于大口行宫。上以汉语呼师号而面谕焉。是年俗儒王溥、张琅陈言僧道之弊数十条。省部从其说，将行移文檄，师为驳邪论以辟之，其议遂寝。又江西儒学官塗以义上数千言，其大旨欲尽毁天下寺观，僧道还俗，财产没官。师为公牍回省部，折其邪说、乃止。

“甲午（至正十四年，1354）迁潭柘之龙泉。

“师开堂出世四十余年，膺累朝眷顾，凡皇家大会演法，师为巨擘。王公有识大人皆望尘加敬，名声振寰宇。碑志文言殆遍海内。性明敏，经书过目成诵，其于性相教义、禅学密乘、与夫孔老百氏、经子史籍（集）无不该览，发为文章，精致雅健。要为不蹈袭前人，蔚然自出机杼，成一家学。胸襟倜傥无芥蒂，爰自涖事。虽赏罚公行，未尝藏怒宿怨。性不猜贰，遇人一言之快，则倾倒肝腑。闻后进之善，欣欣然似出诸己，见不善，亦必苦口规训。五读华严大疏，两阅大藏，年逾从心而自强不息，禅诵益勤。

“其主潭柘也，力起颓废，丛林为之一新。施己衣资钞一万三千五百余贯，十方檀信施钞四千四百余贯，因缘相资，故致有成。且为寺储积年粮，安集云水，一诚感格，五年中七现祥光。师不之恤，唯以传佛心宗，唱高和寡为甚恨。师为文不存稿，多散失而未刊，进士葛天麟撰师行勅之石，未详所终。”

这是明代人为雪磵禅师所作传记。

据乾隆四年（1739）《岫云寺志》记述，塔院中有“龙泉堂上雪磵禅师塔，至正时建”。列入“历代祖师塔”一章中。说明雪磵法祯禅师逝于寺，并建塔于此。另据此传记有“五年中七现祥光”，师似逝于至正十八年（1358）。此传记大约亦是进士葛天麟撰碑的内容。

塔院中有数座元代喇嘛式僧塔，石额失落，其中雪磵禅师塔必居其一。竹林禅寺是辽金故城中的一座古寺，金元以来与潭柘寺法脉相连，因此竹林寺的高僧圆寂后，多建塔于潭柘塔院。雪磵禅师来潭柘前即在竹林禅寺任住持。

竹林禅寺旧址约在今北京广安门外手帕口西街中部一带。

今北京房山区云居寺内，留存“大都房山县小西天石经山云居禅寺藏经记碑”，元至元二年（1336）雪磵法祯撰书。是这位著名高僧存世不多的文物，故特予记录。

石经山云居禅寺藏经碑记

嗣临济宗英悟正印大禅师，燕京大竹林禅寺住持传法沙门雪磵法祯撰并书。

集贤殿大学士荣禄大夫陈颢篆额。

大雄氏之道大而用博，然以思议莫及，无德而名，不有系表之契，则恍惚杳冥，无得而窥焉。圣人悯物之迷，而欲以寤之也。设像垂教，以启迪诱引之。使之因指识月，寻波讨源，以融合乎用博之道，此三藏教乘之所由作也。皇元之有天下，列圣相承，崇重佛法。琅函玉轴，列刹争辉。仁宗御宇，尤笃深信。万机之暇，躬亲讨论，镂印经像，创建招提，皆设官以董之。

今银青荣禄大夫中书平章政事、太禧宗禋等院使明理董阿，时为密迩亲信大臣，特承顾问。凡所以弘护佛氏、兴隆三宝者，公盖有力焉。

延祐二年春，御建佛会于涿郡，公奉旨赍香往为代礼。因闻房山白带之东山有石经，厥绩甚懋。而长老归源云公适任住持，公故临观焉。徘徊顾眺，爱其山水奇秀，寺宇静深，可为皇家祈福之所。而藏教缺然，僧徒无以转读，归以是奏，得经律论一大藏，藏于寺。厥后公辅相累朝，大节益著，四海蒙德泽者，盖亦有年。当天历初(1328)，公实预大策，以佐命元勲入中书，领今职，其丰功盛烈，铭之鼎彝，大书国史，足以荣耀万世。而眷眷佛门，为之金汤，以护法为己任，吾曹久知其所自矣。而当山石刻未树，昧其藏教之所从来。

今住持长老行泽号藏山，前以公疏，劝请主京之竹林，竹林亡金旧刹也。既积弊废，公尝为奏，得田五十顷以施，选名僧居焉。泽住持凡四年，补苴罅漏，修饰寺塔，起废之功甚伙。及退席而来是山，亦公之荫。念无以旌厚德，具石乞文于余，余以山泽之矅，为学孤陋，乌足以应来命。弟惟山野开法之初，公实奏御，抑与藏山为法昆仲，而义不得辞。乃谓之曰：昔吾世尊，舍金轮位，亦修苦行，迨成心觉。而梵王请转法轮，当时大国王臣，咸闻王音，而誓愿拥护。及金河顾命，遂以佛法而付嘱焉。若曰：吾之灭后，非国王大臣威力，则吾法不立。今以时考之，若合符契，宁不知其所以然乎。且夫皇图巩固，万亿斯年，佛日之明，亦必与俱。而此一大藏教，转于未来，实无有尽，法既无尽，则吾仁皇之盛德，与公之福寿，庸有既乎？

汝当告诸比丘，精进行道，常转法轮，以无负公之意云耳。若夫寺之创建前后，与石经镌刻始末，则见于寺之诸碑，兹略不书。

至元二年（1336）岁次丙子六月一日建。

宣授进义校尉出蜡提举司正张彬，助缘监造司正提领蔡□。

功德主银青荣禄大夫中书平章政事太诰宗禋院使都典制神御殿事□侍□亲军都指挥使□工司卿领太史院事将作院使领回汉人司天监事明里董阿，本寺首座□□、知事□□、首座显果，提点显祖、□□，宗主显道、监寺显福。（按：著者1998年录于云居寺内此碑下。）

19.第三十一代竹泉寿公禅师

塔院中有砖塔，额曰“第三十一代佛心妙悟通遍大禅师竹泉寿公之塔”。从其排列的“三十一代”时段分析，竹泉寿公为元代末年的僧人。其住持潭柘寺的时间或许在雪磵法祯禅师之前。至正二十八年（1368），元顺帝撤出北京，逃往草原，元朝灭亡。竹泉寿公之封号“佛心妙悟通遍大禅师”，似是元顺帝时所封赐，其身世行实无考。

关于竹泉寿公禅师，著者颇疑是元末竹泉法林禅师。元代大学士黄溍曾撰其塔铭，康熙间《五灯全书》卷五十五《杭州灵隐竹泉了幻法林禅师》载其事迹。据《新续高僧传》十七：“释法林，字竹泉，别号了幻。姓黄氏，宁海人也。依法庵太虚出家，因看睦州语有省，白太虚曰：从生至死，只是这个不由别人也。时东屿海在净慈，招分半座，居蒙堂不出户者九年。行省左丞相脱欢请主万寿，还中竺。元至元间复迁灵隐，宗风大振，顺帝闻之，赐以金襴法衣，时龙翔虚席，累召不赴，遂避会稽山中。至元十五年二月二日索笔书偈云：七十二年，虚空打橛，末后一句，不说不说。”据《五灯会元续略》：“杭州灵隐竹泉法林禅师，是临安径山元叟行端禅师法嗣。参元叟于中天竺，问何处来？师曰：天台。曾见寒山、拾得么？师叉手向前曰：今日亲见和尚！叟曰：脱空谩语汉，参堂去看经。次叟曰：看经那！师曰：是！叟曰：将甚么看？师曰：将眼看。叟竖起拳曰：何不道将者个看。师曰：放下拳头将什么看？叟微笑。至元四年（1338）主灵隐。上堂：法是常法，道是常道。掺破面门、点即不到。雪峰一千七百善知识，只辊三个木毬。赵州七百甲子老禅，和见人只道吃茶去。中峰居常见兄弟相访，只是叙通寒温。，烧香叉手。若是金毛狮子三千里外定誵讹。上堂：举赵州布衫话。师曰：赵州虽则善用，太阿截断者僧舌头，未免自扬家丑。灵隐则不然。忽有僧问：万法归一，一归何处？只向他道：今日热，如昨日。上堂：古杭管内灵隐名山，肇建于东晋咸和年间，慧理法师为第一祖。今日上元令节，诸处放灯，知事、直岁各各照管风烛！便下座。至正十五年二月示寂。"

关于竹泉寿公传记，清代编著时显然取自元黄溍文集，疑文集内容在明代已被删削，故不载竹泉禅师住大都潭柘、得封号事。载此备考。

20. 道衍与第三十三代德始无初禅师

道衍（1335—1418），字斯道，号独庵，明初僧人。即明永乐皇帝之谋士姚广孝。

姚广寿生于元代后至元元年（1335），长洲之相城里人（今苏州），幼名天僖。其本医家子，不肯学医。身材魁磊高岸，意度伟然，喜为儒者，博贯该通之学。至正年间始削发为僧，尝寓嵩山寺，袁珙见其相而异之曰："公非常僧，刘秉忠之俦也。"

洪武十五年（1382），太祖朱元璋选调高僧赴"十王之国"，每个王（皇子）各选一名侍奉，使为马皇后冥福。姚广孝在燕王府籍中，实为僧录司左善世宗泐之荐，住庆寿寺。及靖难兵起，妙识机先、赞助秘密，卒成帝业。功首勋，封太子少师。复姓姚，赐名广孝。辅太子，在南京监修洪武皇帝实录，上命蓄发再三，终不肯。

永乐六年（1408）复到北京。功成身退，仍著僧衣，徜徉于北京西山诸寺。西山八大处、潭柘寺都有其禅居的身影和行踪，并有咏物悟禅的诗文留存。道衍逝于永乐十六年（1418）。

道衍于潭柘寺北侧林峦深处筑一小院，名"少师静室"，常在此居止。北京城内护国寺内旧有姚少师影堂，内有一像，一木主（木牌位）。木主上题："推忠报国协谋宣力文臣、特进荣禄大夫荣国公姚广孝。”像精峭，满月面，目炯炯，露顶，袈裟趺坐。有题偈，署独庵老人自题。偈曰：“看破芭蕉拄杖子，等闲徹骨露风流，有时摇动龟毛拂，直得虚空笑点头。”葬房山县东北四十里（今豆各庄村北），地名圣岗，塔成，成祖御制神道碑。盖少师生不冠而髡，不受赐第而寺处，葬不墓而塔，故享不侑庙而亦寺矣（《帝京景物略》卷一）。此记载中的姚少师像原在太庙。因有大臣奏太庙祀僧像不合礼制，此像移大庆寿寺。明代寺火灾，此像又移护国寺，直到明末始终奉于寺中。

关于道衍在潭柘寺事，《帝京景物略》卷七载：“我明永乐间，则姚少师道衍；万历间则达观大师真可。少师逃墨为元勋，潭柘是终。大师（真可）瘐死，预为诗辞潭柘，一往坐化。于法，俱曰息机善逝者。”

道衍曾作《秋日游潭柘山礼祖塔》诗，是其山居潭柘寺时真实思想的流露。

诗为：

“早悟人生如寄尔，不计流行与坎止。只缘山水窟中人，此心未肯负山水。

策蹇看山朝出城，葛衣已怯秋风清。白云横谷微有影，黄叶坠涧寒无声。

乍登峻岭宁知倦，古寺重经心恋恋。潭龙蛰水逾千丈，空鸟去天才一线。

老禅寂灭何处寻，孤塔如鹤栖乔林。岩峦幛开豁耳目，岚雾翠滴濡衣襟。

燕山如此越物表，下视群峰一拳小。何时乞地息余年，不学鸟窠居木杪。”

于此可见道衍与潭柘古寺的依恋心态，此后他在寺北建“少师静室”居止，正是这种思绪的直接体现。潭柘寺正南约 30 里，今房山区崇各庄乡豆各庄村边，建有道衍的墓塔，崇宏高大，至今犹存，永乐皇帝亲自撰写的神道碑亦完整地保存着。北京西山留下这位传奇僧人的足迹和高塔，足为西山山水增色。

道衍生前与日本僧人德始亦有因缘，也是与潭柘寺历史有关的一段轶事。

潭柘塔院中有德始的砖塔，塔额曰：“前住当山第三十三代住持终极无初禅师之灵塔”。德始禅师是日本国僧人，与姚广孝（道衍）有厚谊。他自永乐十年至宣德四年（1412—1434）在潭柘达二十余年，圆寂后建塔于此。

“德始、字无初，日本信州（今长野县）神氏子。一日舍所学，附商舶抵中土，谒灵隐远禅师得法。东归日本，国人景仰，尊之为禅祖。后因请于其国王，得随国使宣闻溪诣阙朝贡，馆于天界寺。久之闻溪得旨还国，师偕数辈顾留华夏参访求法，许之。

“首谒全室泐公（宗泐），机语契合，为掌书记。久之尽得其道。未几泐公有西域之行，师失所依怙。闻古幽州山川之胜，意其必有异人居之，拉友游观，及足迹殆遍，寻憩庆寿寺，若有所待焉。

“越明年，洪武壬戌（洪武十五年，1382 年）独庵衍公（道衍，即姚广孝）来莅寺事，以师为法门犹子，延致丈室相与激扬临济宗旨，意甚相得。洪武二十三年（1390）师告去，缁素遮留之不可。遂西踰栈道，巡礼峨眉。时蜀献王之国成都，嘉师远来，邀至咨问禅要，礼遇勤厚。岁丙子（洪武二十九年，1396）被命出世彭州之大隋院，瓣香为全室（宗泐）嗣，继迁飞赴，道望弥隆，衲子坌集，室无所容。一住七年，法席几于全盛。

“永乐初，独庵（道衍）由左善世正衣冠，进阶太子少师。念德始远在西蜀，寓书招之。既至迎归其第，昕夕论道。永乐六年（1408）春，应聘董平坡之席。（平坡山大圆通寺，即今北京西山八大处香界寺）居再岁，即谢事。永乐十年（1412）将辟静室为佚老计，遇太宗皇帝（即明成祖朱棣）特旨，畀领龙泉寺（即潭柘寺），师钦承明命，高提祖印，勘辩方来，一出言象之表。蚤夜孜孜，以缮修兴复为先务……

“先是献王（朱椿）与师备买山之资，师不自有，乃命工以漆布附土偶肖西方三圣之像。金珠彩色，为之庄严，曲尽其妙。又尝以达官富室所施服玩之具，贸钱数万缗，造千臂大悲像三躯，授净信者敬事之。其平昔尤喜赈卹贫困，薄于奉己，厚于待人，以故四坐道场，囊无余蓄。楮衾瓦钵，聊以自随……后端坐书偈，示寂于退处之金刚室，荼毗获舍利百余颗，晶莹圆润，塔焉。时宣德四年（1434）九月也。”[16]

德始禅师永乐六年春（1408）在平坡大觉寺（明代称大圆通寺，古称此名）

[16] 《补续高僧传》卷十五。

任住持二年。永乐十年（1412）应永乐皇帝特旨到潭柘寺统领寺务。退出住持之职后，一直居于寺内之金刚室，直到宣德四年（1434）圆寂。在潭柘古刹居止达20余年。逝后建塔于塔院，此塔为六角形的砖筑密檐塔，高达12米，塔形遒劲秀丽。从塔额知其为“潭柘寺第三十三代住持”。终极似是师号，名德始、字无初。师与道衍相交甚厚，并受到永乐帝特殊礼遇。命住持平坡大觉寺（今香界寺）和潭柘龙泉寺。在日本国被尊为禅祖，这是中日友好交往史上的一段佳话，大事因缘，值得很好地加以研究和重视。

嵩山少林寺，今存德始书丹碑石一座，明洪武二十五年（1392）建，旧立于山门殿内甬道边。名曰《淳拙禅师道行碑》，高1.55米，宽0.75米，记述淳拙禅师生平事迹。署有“扶桑沙门德始书丹”字样，碑文为正楷书体，颇具功力，是德始书法的代表，值得珍视之。

21. 第三十四代无相观公和尚

潭柘寺塔院中有观公无相和尚灵塔。为五级密檐式，高十余米。塔之石额刻有“钦依广善戒坛大宗师兼龙泉堂上第三十四代住持观公无相和尚灵塔”。师名道观，字无相。明宣德正统、景泰间声名卓著，受命为天宁寺广善戒坛大宗师，受皇命开坛传戒。并于宣德二年（1427）间为龙泉寺（即潭柘寺）第三十四代住持。唯其生平不详，仅知逝于正德年间。著者曾见大钟寺博物馆藏品中有潭柘寺明代大铜钟，题识有此无相观公者。另师还擅造金铜佛像，题款有“大明景泰元年（1450）龙泉寺住持道观造”字样。佛像面容丰腴清秀，法相端好，具有相当高超的艺术风格。

道观在潭柘寺当住持之时，还参与了著名的法海寺的建造过程。法海寺内明正统八年（1443）《法海禅寺碑记》，吏部尚书王直撰文。碑阴署有道观的题名，碑间还列有众多在京藏地喇嘛的名号，弥足珍贵。敕赐法海禅寺助缘法王、上师、国师、禅师、僧官、喇嘛僧众官员人等：

万行妙明真如上胜清净般若弘照普应辅国显教至善大慈西天正觉如来自在大圆通佛释迦也失。妙法清修静慈普应辅国阐教灌顶弘善西天佛子大国师哑蒙葛。弘通妙戒普惠善应辅国阐教灌顶净觉西天佛子大国师班丹扎释。净修弘智灌顶国师锁南释剌。弘善妙智国师捨剌巴、妙胜禅师锁南藏卜、戒行禅师班卓儿。僧录寺左善世大旺、右觉义南浦、右善世祖渊。

诸山长老：道观、怀润、恩常、正荣、觉海、妙山。（官员人名近400略）

开山第一代住持福寿。同开山喇嘛：领占巴、扎失乳奴、扎失远丹。

本山僧众：（有助了解明代寺院僧团结构状况、故详列于此）

西序前堂首座：宝峰、慧灯。东序提典：思泰、如实。后堂首座：智明……都管：慧忠、慧宣。书记：道识、福荣。都寺：慧恩、慧照。知藏：觉悟……都文：慧本、慧性。知客：善庆……监寺：圆忠、慧杲。知浴：清旻……维那：慧海、慧通、慧明。知殿：碧云……副寺：慧普、悟灯。衣钵：慧成……典座：了深、了通、明道、宗还。侍者：慧戒……直岁：慧庆。

列职杂务：

寮元：普通、普光。库司：慧因寮主、副寮：本射、如通。延寿堂主：天敏……净头：慧心……化主：悟澄……园主：慧全、维那：慧觉、文嚞。磨主：福缘、性盈。水头：定善、成英。炭头：昌秀、觉善。座主：永进、定洽。施地檀那：工部侍郎蔡信，同男营缮所所丞蔡琦。信士任兴、任信同男任英、任义。

正统八年（1443）岁次癸亥冬十月望日。建寺功德主太监李福善董工，中贵贺佛信、阮觉保等立石。（1979年1月27日录于碑下）

此碑中的诸山长老中，所列道观，即潭柘寺无相观公。师檀长铸铜钟、佛像，法海寺内的精美铜钟，想必也有其艺事在内。铜钟间有大太监王振之名，还有三保太监郑和的名字。

22. 嘉福堂上重开山第一代西竺源公

潭柘寺塔院中有明西竺源公塔，高达 15 米余，七级密檐砖塔异常高大。塔额题“钦依万寿戒坛传戒宗师嘉福堂上重开山第一代住持西竺源公大和尚塔”字样。塔前有谕祭碑一块，正面为祭文曰：“维天顺二年（1458）岁次戊寅闰二月己未朔初二日庚申，皇帝遣礼部郎中李和赐祭万寿戒坛说戒宗师道源。曰：惟尔究通佛典，务解外胶，命主戒坛，克持法律。曷不永年，修焉□逝，特兹遣祭，尔其享之。”

碑阴为《西竺宗师碑铭》，简述其生平，惜已风化过甚，不堪卒读。

道源（1403—1458），自号西竺，俗姓张。永乐初年出家，为潭柘山龙泉寺僧，初依隐山为师，于诸经典随诵随通。宣德元年（1426）为阇黎，正统十三年（1448）英宗钦命为万寿戒坛（今戒台寺）传戒大宗师，辅佐著名的高僧道孚（知幻大师），主持皇坛传戒事务。天顺元年（1457）复辟登极的明英宗朱祁镇，改龙泉寺名为嘉福寺。命道源为“嘉福堂上重开山第一代住持。”天顺二年（1458）正月二十一日道源圆寂。闰二月初二日英宗遣礼部郎中李和来寺致祭，恩宠有加。

道源以戒台寺皇坛传戒宗师身份，被刚刚复辟登极的明英宗派为“嘉福堂上重开山第一代住持”。名之曰“重开山”，结束了潭柘寺自金元以来开创的禅宗法脉体系。自辽金迄元明计有三十四代住持——连绵不断的法脉世系，至道源遂告终止。可见明英宗的复辟措施是多方面的：改寺名，断法脉，中断几百年传统的禅宗佛教世系。可谓用心良苦。道源在潭柘仅一年便圆寂了。

道源生于永乐元年（1403），寿五十六。

道源与讷庵辨公，在宣德七年（1432）谋划重建京西冯村的万佛寺。此寺系金元古刹，此间得以修复。该寺金代称之为万佛堂。万佛寺规模宏巨，殿堂雄伟，今有遗址留存。尚存围墙、殿基、石雕、石碑，以及山间两座残破的僧塔。

据万佛寺成化九年（1473）《勅赐万佛禅寺开山讷庵辨公营建记》碑：“万佛堂创始不可考。金大定间居民悯其废，改作上岸村石大店，元末罹兵燹。宣德壬子（1432）辨上人偶偕宗师源公至其地，若有夙契，遂以作业为己任……既成，不入城市以了此生。道俗倾慕，四方檀越输金帛，太监莫公倾囊以助。法弟广通为僧录左阐教，具陈其绩于朝，特赐额，仍以万佛名。正统八年（1443）戊午事也。”[17]

万历十八年（1590）皇帝赐经一藏，命万佛寺贮之。

明代天顺初年，潭柘寺被英宗改回旧名，仍叫嘉福寺，重开山第一代正是西竺道源大和尚。明天顺年间直到清朝康熙初年，一直沿用嘉福寺名。这个时期僧史资料很少，仅知万历年间有“赐紫沙门嘉福堂上大源佐公禅师”、“赐紫沙门嘉福堂上正舍禅师”，二僧均是嘉福寺的住持，并建塔于潭柘塔院。

23. 紫柏大师

明代万历年间，著名高僧紫柏大师曾住潭柘寺。并在观音殿侧建有屋宇、名一音堂。每作诗文即以一音堂署名，这是紫柏大师在寺时的堂号。后因事受牵连，受朝廷责处，紫柏预作诗辞潭柘，即《一音堂示诸法侣》。在寺期间作《送龙子归龙潭文》、《赠潭柘龙泉柘林藏主》等诗，并有《妙严公主拜砖赞》长诗。

“师名真可、字达观，晚年号紫柏老人（1543—1603）。俗姓沈，今江苏吴江人。十七岁仗剑远游至苏州虎丘，值雨，与僧明觉相遇，随同归寺，礼明觉为师剃度。明觉欲募铁十万两造大钟，真可径往平湖巨室门外，趺坐三日不食，主人进食不为动。问何所为苦行乃尔，曰：欲得铁十万两造大钟，主人立予之，乃受食，载铁以归。

“年二十从讲师受具戒，过匡山穷相宗奥义。一日行二十里足痛，更以石砥脚底，至日行二百里乃止，其猛进类此。

“游五台，至京师参遍融，问答之间机锋敏捷，融为折服，因留居焉。万历九年（1581）复归虎丘，更至淞江掩关百日。寻至嘉兴见太宰陆光祖，心相契。先是有密藏道开者，南昌人，披剃于南海，闻真可风范往归之，真可知为法器，留侍焉。

“万历十七年（1589）在五台山，以明《北藏》为基础，校明《南藏》，创刻方册大藏经。居四年，因冰雪苦寒，移于浙江径山寂照庵，继续刊刻工程，因称

[17] 周肇祥著《琉璃厂杂记》卷五《万佛堂》条引碑文。

《径山藏》，是为《明藏》的万历版本。

“复至都门访憨山，于东海至胶西，秋水泛涨，众度必不可渡。真可解衣先涉，疾呼众，水已及肩，真可跃而前，既渡，环顾弟子曰：生死关头，须直过为得耳！众皆钦服。及抵都门，访石经山（云居寺），礼隋琬公塔。念琬公虑三灾劫坏，正法澌灭，创刻石经藏于岩洞，感其护法深心，泪下如雨。琬公塔院地时归豪右，欲复之而未果，乃决策西游峨眉，由三晋历关中，跨栈道至蜀，礼普贤。顺长江下三峡，过荊襄，登太和至匡庐（庐山），过安庆。阮君自华请游皖公山马祖庵，喜其超绝，属建梵刹。江阴居士赵我闻谒请出家，遂剃发山中，命名曰法铠，所谓最后弟子也。

“复北游，至潭柘，慈圣太后闻之，命近侍陈儒致斋供，特赐紫伽黎。因随过云居寺礼石经于雷音寺，启石室佛座下得金函，贮佛舍利，三光烛岩壑。因奉舍利入皇宫供三日，出帑金重藏于石窟，以太后赐金赎琬公塔院。

“初，在潭柘居尝礼佛后方食，一日客至，真可误先举食。乃对知事曰：今日有犯戒者，命尔痛责三十棒，轻则倍之。知事愕然，不知谁犯戒，真可乃自伏于佛前，受杖如数，股尽墨。乃说，众生无始习气，如油入灰，牢不可破，苟情折不痛，未易调伏也。

“与憨山议修《大明传灯录》，以禅宗凋敝。往浚曹溪，以开法脉。先至匡山以待，时万历二十一年（1593）秋七月也。万历二十三年（1595）憨山供奉太后赐大藏经，建海印寺成。以别缘触圣怒，诏逮下狱，鞠无他辞，遣戍雷阳，毁其寺。真可在匡山闻报，为诵法华经百部，憨山得不死。乃闻南放，遂待于江浒，执手欷歔曰：君不生还，吾不有生。日濒行且属曰：‘吾他日即先君死，后事属君’，遂长别。

“万历二十八年（1600），朝廷以三殿工，榷矿税，中使者驻湖口。南康太守吴宝秀劾奏被逮，其夫人哀愤以环死。真可在匡山闻之曰：时事至此，其如世道何！遂杖策赴都门，吴太守入狱，真可多方调护，授以毘卢浮佛半偈，谓诵满十万当出狱。吴持至八万声，果蒙上意得解。

“真可每叹法门无人。谓憨山不归，则吾出世一大负；矿税不止则吾救世一大负；传灯未续则我慧命一大负。若释此三负，当不复入王舍城矣。

“万历三十一年（1603）因‘妖书’（关于宫廷内部倾轧的匿名信）案被诬，死于狱中，时十二月十七日也。世寿六十有一，法腊四十有一，万历四十三年（1615）葬于双径山。后弟子法铠启之，以万历四十四年十一月十九日荼毘，归灵骨塔于五峰内文殊台。著有《紫柏老人集》、《紫柏老人别集》行于世。”

另据《五灯会元续略》记载紫柏大师事迹称；“万历年间，神宗皇帝手书金刚般若经，偶汗下渍纸。疑更当易，亟遣近侍质于师，师以偈进曰：‘御汗一滴，万世津梁，无穷法藏，从此于光’。上大悦。……定罪欲死，师偈曰：‘一笑由来别有因，哪知大块不容尘。从兹收拾娘生足，铁橛花开不待春’。幸谢江南诸护法说偈曰：‘事来方见英雄骨，达老吴生岂夙缘。我自西归君自北，多生晤语更冷然’。”

明代著名高僧达观真可（紫柏大师），有多首诗篇赞咏潭柘古寺。今自《岫云寺志》辑录数首，见证他与潭柘古刹的至深因缘。

《一音堂示诸法侣》：

梦里青山梦里身，了然去住别疏亲。何须醒后观憎爱，始信龟毛第七尘。

《日暮龙潭即目》：

岩端待月一天静，石上听泉万卢空。笑问同来二三子，是谁行乐有无中。

《赠潭柘龙泉寺柘林藏主》：

布衲萧萧抱寂廖，遍探龙藏答清朝。山深自是桃花晚，红白枝枝祖意饶。

《潭柘怀缪仲淳》：

谷水龙泉一片云，去来谁复见离群。夜深惟有沧溟月，无限清光不可分。

晓露风高便结霜，冰凌入夏袭衣裳。人间暑气浑无有，五顶经行少缪郎。

《再游潭柘寺》：

峨眉万里去重来，法雨香林遍九垓。谁料昔年荊棘地，空山已复涌楼台。

《一音堂寄怀静光滑居士》：

世路多崎岖，悠悠寄岩谷。去来惟白云，天地亦茆屋。

渴有泉可饮，饥有松充腹。明月上东峰，贝叶聊披读。

会旨忽丧我，朗然镜光復。松边坐良久，介尔一成六。

天水本不远，亦宁非五竺。行踪顾难留，去去心有属。

邂逅虽可期，江山阻人目。摇摇莫进思，卷来托兹幅。

24. 印度高僧底哇答思

潭柘寺塔院内，有一座古朴、外部轮廓极有特点的石质喇嘛式僧塔，是元代末年自印度来华高僧底哇答思的骨塔。全塔由灰色石料叠砌而成，通高 4.5 米。下为六角形束腰须弥座，座上为覆钵状塔身，塔身之上为十三层相轮，塔顶为石雕障日盘，整座石塔外部形线朴拙精致。惜经 1983 年重修后覆钵变瘦，形态已非旧观，神韵丧失殆尽。

塔前立有石碑，名曰《故禅师底哇答思塔铭》，奉政大夫修正庶、吏部郎中兼翰林侍书广平程南云撰、书、篆。

底哇答思（1349—1438），西天东印土人，八岁师事中天竺迦罗维国人板的达撒哈咱失里为师（著者考注：亦名具生吉祥大师）。洪武初，底哇答思与师振锡而东，过印度、由高昌，所经诸国王臣畏敬。经四年始达甘肃，入五台山，憩寿安禅林。恆山之人敬事之，如古佛出世。

洪武七年（1374）明太祖朱元璋闻之，诏其师与底哇答思住南京蒋山。召至奉天门，亲赐度牒、命随方演教，底哇答思时年二十四岁。与师住蒋山时，皈依者风雨骈集。

宣德戊申春（1428），底哇答思来北京寄庆寿寺。宣德七年（1432）秋谓其徒曰：潭柘山乃吾旧游之地，幽胜廖绝。今老矣，落叶归根必于是焉。遂就龙泉寺（潭柘寺）之右建庵一区以居，自是足迹不入城市。舍资财修大雄殿……

正统三年（1438）三月初一，底哇答思寂于潭柘山，世寿九十，僧腊八十二。示寂之日，皆为泣伤。答思操履不凡，造诣广大，化之日，所居之庵现五色光。

火浴得舍利甚众，建塔于潭柘寺塔院内。

大师从少年时期来到中国，遍游南京、五台山、北京，足迹达大江南北，居留中国 80 余年，致力于中印佛教文化交流，增进了两国人民的友好交往。底哇答思塔及其事迹是中印文化交流史上的重要史迹。[18]

三、清代潭柘寺历代住持高僧

1. 敕建岫云禅寺钦命重开山第一代震寰照福律师

师字震寰、名照福，孟姓，大兴县人，生于明万历七年（1634）。初依延禧寺名驰剃染，受具戒于广济寺万钟律师。精进潜修，足不踰阃者十有五年，究求律学，跻辈钦止争师事之。万钟寂后，寺众同词请师继席，誉望日高，徒学益众。康熙二十五年（1686）春，康熙皇帝钦命住持潭柘山岫云寺，自是法侣景从，云合雾集，檀越辐辏，不可亿算。主持创建毘卢阁、三圣殿、斋堂、重修大雄殿、圆通殿、药师殿、伽蓝殿、祖师殿、钟鼓楼、山门牌楼等工程。光大法门，弘扬律仪门风，潭柘一时轮奂，崖壑交辉，为西山诸刹之冠。

师深得康熙皇帝契重，曾三次临幸潭柘。康熙四十一年（1702）来寺时，师已圆寂，帝御览其画像，并作诗赞震寰：法像俨然参涅盤，皆因大梦住山间，若非明镜当台语，笑指真圆并戒坛。

师圆寂于康熙三十八年（1699）五月六日，建塔于山前。营葬之日，特赐内帑并龙旗御杖，以示殊异。寿六十六，法腊三十二。

震寰照福大和尚《戒学颂》：往愆今已忏，从此依律行。念念求成佛，庶不枉为僧。威仪须谨慎，暗处莫妄行。口勿谈人短，语语要实诚。常恐身坠落，邪念自冰清。有德便是才，无过即修行。有怨反诸己，不必与他争。狂人相欺侮，忍辱且和平。见贤思与齐，不贤内自省。识见诚高远，罪果自然空。度量宜宽大，

[18] 详细事迹参见《新续高僧传》卷七。此碑文把元代师徒二人在大都得元帝室礼敬的旧事完全隐去。

好丑悉包容。宁免背后毁，勿求对面称。逆耳言须听，莫喜顺凡情。欲无谤讪至，梵行宜真诚。用心在一处，学道方有成。求道复求利，道必不相从。广积不若捨，多有岂如虚。一朝身或死，英名永留世。利己不为智，利他是福田。所行悉依此，出尘殆不难。施物并捨财，达人勤四愿。三者相比量。法施独无边。举起食粥饭，每每念农家。勤苦遇旱涝，欠赋仍捱打。提领着衣服，怜彼织机人，冬寒夏暑热，梭声依旧闻。粗食充腹饥，敝衣遮幻体。叹彼耕织难，妄心何忍起。人欺未为辱，身死不为殃。破戒辱极甚，作业殃极长。牛只食些草，耕田且拽脚。虚生不勤修，牛也露齿笑。人不与蜂食，蜂酿蜜成用。饱暖不修学，比蜂还愚性。草木结果实，与人充口腹。僧无济世心，难及枯草木。笼鹊及绊马，便不飞与跳。圆具仍犯违，不如马与鹊。遇境即贪染，如库倒墙壁。任贼盗宝尽，后悔成何济。守戒不坚牢，如跳井饮水。口渴虽解除，身命已相随。尔等诸英贤，各宜勤省察。戒体无染污，临死无畏怕。律藏即精研，经论亦当看。皆欲实遵行，不系徒观玩。戒律甚深广，更宜达根源。若以皮为骨，此身未为安。吃飱须欲饱，学戒必求成。日久或怠惰，便是枉此生。财色名食睡，五者悉沉沦。生老病死苦，时刻记于心。三业即清净，广度诸有情，四恩总答报，三有令出尘。

震寰照福律师戒学颂一百零八句，甚便诵习，诸贤即已圆具，若果皆熟诵而遵行之，庶不负予谆诲之意。

勅建潭柘山岫云寺钦命住持传演毘尼沙门照福撰。[19]

2. 钦命潭柘山岫云寺第二代止安超越律师

止安，名超越，大兴县人，王姓。康熙十四年（1675）于戒台寺道光和尚座下圆具，二十五年（1686）任潭柘寺监院。动静尊严，德性坚定，日有恒课，不牵外缘。入夜焚香趺坐净修，自摄其心。

康熙三十三年（1694）潭柘寺大雄宝殿毁于火，赐帑重修，将建栋时有一柱初欲置左，众欲右之，舁不能升。师祝之曰：我右汝也。不数人舁之以去。住持震寰见其诚感木石，知有自来。康熙帝临幸时奏对从容，称超品度比之仙露、明

[19] 引自《岫云寺同戒录》，1937 年刊本。

珠，帝亦为之嘉赏。康熙三十八年（1699）震寰示寂，奉旨继主法席。明年与诸山长老赴畅春园，将觐天颜。适虎圈有虎怒，唬威狞狞，众莫敢近。师突前曰：汝由性暴故坠虎身，今犹不改，性必终迷。汝伏，吾为汝说三皈，可得解脱耳。虎遂驯服，说毕帖然曳尾而去。生平奇迹此类甚多，恐涉怪诞，令门徒不以语人。师总摄寺务不辞辛苦，监造东西厢房，两角门，建震寰和尚塔。

康熙四十一年夏（1702）疾逝，寿六十一，腊二十七。

师在世精行戒律，日益严密，有北方律虎之誉。

3. 钦命第三代道林德彰律师

师名道林、字德彰，河间人。少依龙坡寺乾宗为师，后在广济寺道光和尚座下圆具。

康熙四十一年（1702）钦命主持潭柘法席，为第三代住持。在寺领众，持诵参礼倾刻无间。常领众绕寺内舍利塔念佛不辍，经年塔忽放光，后每岁常如此，远近见闻无不归心。师住持潭柘二十余年，兴造最多。监造观音殿、文殊殿、祖师堂、龙王殿、大悲殿、孔雀殿、地藏殿、少师静室，建止安和尚塔及下院奉福寺塔。

师于康熙六十一年（1722）圆寂，寿六十一，法腊三十九。

4. 中兴第四代洞初证林律师

师名证林、字洞初，武清人，张姓。幼从京师观音阁从心剃染，康熙二十八年（1689）在潭柘寺震寰和尚座下圆具。后参柏林寺妙伟和尚有省，遍诣讲肆，讨论性相兼叩禅宗，参究心要，虽出入宗教而律身端严，语不妄发，衣钵自随，过午不食。时瞿骨妙伟皆深器之，谓有优波离风，复归潭柘。辅助止安，为尊证四十余年，规范后进，不威而严，仪度汪汪，大众化之，廊寮接语，莫敢倾侧。一日静坐，闻棚上群鼠窸窣，少焉益甚，寻复寂然。林心怪之，命侍者破棚，十数死鼠累累坠下，口有余粒，知中毒药。乃至米库复见群鼠往来驶逐。林作色曰：何不治之而饱鼠腹耶？司库对曰：已和毒饵，彼东西跳梁者将自毙也。林乃痛加诃责，以违律伤慈摈之。然后知棚顶鼠声犹呼吁见告，其德行感物如此。

康熙六十一年（1722）继席本山，建楞严坛成，宣讲梵网，明辨以晰，开人心意。精严律仪，时与诸弟子讲演梵网、四分，毘尼等律仪。洞明开遮持犯之义，不为律缚，不犯律仪。圆陀陀、活泼泼，虽律而禅，虽禅而律。宛转偏正，纵横妙叶，人天共仰，龙象咸归。

曾重修后唐龙泉堂上从实禅师塔、海云禅师塔、广慧通理塔、政言禅师塔、相了禅师塔等十三处；清中兴祖师塔五座、中兴职事塔四座、比丘尼塔及京城下院翊教寺等。

其嗣法弟子有著名的达天通理禅师（住八大处香界寺）。

师雍正六年（1728）十一月五日寂灭，建塔于寺左。寿六十三，法腊三十八。

5. 中兴第五代本然明寿律师

师名明寿、字本然，杜姓，房山人。幼依普济寺休如师祝发，康熙四十年（1701）四月初八，于潭柘止安和尚座下圆具戒，即为本山引礼。五篇七聚及诸律部并穷研讨，精修锐进，罕有及者，德彰和尚请为首座，进尊证位，及洞初律师继席，阐心教授，为羯磨计十有六年，理解超群，侪辈罕有及者。凡规式丛林，模范后学，无不克尽厥职矣。

维时适逢和硕康亲王来山避暑，一见师深器之，时诣所居谈道妙。退辄语人曰：本公实而不华，真纯品也。继而洞公将以重任授之，犹恐其忍力不坚。乃伺其以事出山，故参错其日，谓之过期，于归时撤座锁寮，大加屈辱。师怡然受之，不嗔不辩，洞公始信其为入室真子，因属以方丈事。

师居丈室，不立侍僧，不使行童。凡香炉、茗椀、洗涤、瓶钵之事，皆躬自料理。檀越慕其品高，欲师一过其门不可得也，其慎重出入如此。一日无恙忽集众曰：我时至矣，汝等当念光阴迅速，人命无常，趁此强健努力修行。……今将方丈事付毓安阇黎，大家念佛助我西归，遂合掌而逝。师生于康熙十年（1670），寂于乾隆元年（1736）。世寿六十有七，坐夏三十有五，塔全身于锦屏山新房村南塔儿厓。

6. 中兴第六代毓安源福律师

师名源福、字毓安，新河县人，王姓。幼依本邑地藏庵护生慈公祝发，康熙四十二年（1703）四月初八日，圆具于潭柘德彰和尚座下。即依本山学律次，为首堂、引礼，阅四期为西堂，进尊证位。未几复请为监司，内外大小事悉尽心布置，大众一时粥饭，皆同典座如法调理。至师所得积至五两，即必入香厨，造食供众。事无大小，必协众心。常住上下咸谓师于过去生中，早得布施波罗密，故能再来，无忓毫悭吝心。雍正三年（1725）被举为教授，师力辞让贤，而以朝南海请。洞公知其志不可强，乃听暂住。权请沙河天水法师代之。洞公不以本寺职事代者，意盖有待于师也。

明年春师归自南海，有京都广济律院专启到山，请师为教授。师辞再三，不获已，应其请为客期教授，仍居本山尊证。越两期天水法师去，师补教授职。雍正六年（1728），洞公示寂，本公（本然明寿律师）继席，进师为羯磨。至乾隆元年（1736）本公将西归，集两序以方丈事嘱之。师继席后愈谦谨，与众同甘苦，每遇坡事必身先之。至于接待十方禅侣及本山弟子，惟以本分修行，脚踏实地者为重。乾隆四年（1739）钦赐龙藏一部，建阁储之。乾隆六年（1741）春月，监院琮璋大师于京城内外募化，大起龙华三会，遍请五十三参，缁素云集，法财雨施。二时过堂常有千众，洵希有之胜缘也。夏五月道场圆满。师以历年劳瘁致染沉疴，累月不痊。凡僧俗弟子问讯起居惟以身为苦本，各自努力幸勿顾我戒之。至十月二日安详而逝，建塔于山左。

师生于康熙十八年（1679）四月二日，示寂于乾隆六年（1741）十月五日。世寿六十三，僧腊三十九。

7. 中兴第七代恒实源谅律师

师名源谅、字恒实，候姓，河间府东光县人。六岁依吴桥县三元庵钧一师剃染。康熙六十年（1721）十二月八日，于潭柘山岫云寺德彰和尚座下受圆具戒，依本山学律。至雍正元年（1723）德公命为引礼，师范新学，朝夕不怠。六年（1728）肢体疲倦，举动维艰，至大慧寺住静。稍愈即历诸禅肆，锻炼身心。所至之处，机缘不契。九年（1731）归本籍居止。因念病苦纠缠，多缘宿业深重。遂自设坛，朝夕礼大悲忏，默求垂护。十三年（1735）身始健壮，朝五台礼文殊回京，值潭柘启建龙华大会，师赴之。时本公主席，留为引礼。乾隆元年（1736）

本公迁化，毓公继席，师由引礼迁教授。乾隆四年（1739）进羯磨。乾隆六年冬（1741）毓公示寂，师主法席。

乾隆八年春（1743）装潢钦赐龙藏工毕。开阅藏道场，恭请八大菩萨。乾隆九年（1744）春，乾隆皇帝幸本山临视，庄严整肃，供品明洁，天颜大悦。赐银二百金，匾额九，楹联二，诗二章、幅子一轴、珐琊五供一堂。乾隆十年（1745）秋，又建无量寿会。乾隆十五年（1750）复于下院翊教寺建龙华大会，请五十三参，道场之胜与前无异。乾隆二十年（1755）监院琮公，感念老病无依，与人为善，行化十方檀信，于山门外左畔建安乐延寿堂一所，收养老病。二十二年（1757）工竣，建念佛开光大会，勒碑刻铭，昭示不朽。乾隆二十五年（1760）朝南海一了夙愿。既归，遂不复出。二十九年（1764）皇帝驾幸山中，欢喜倍前，赐护身佛一尊、金刚经塔图二轴，供佛斋僧银三百金，并御书四额。皇太后赐珐琊镀金供器二十五，事此更难逢之盛也。师为人宽裕温厚，不矜不忌，虽新戒弟子、作务行人莫不爱之，如亲眷属。院中琐事一任职事经理，从不介意。所谓海纳山容者也。

师生于康熙三十七年（1698）十二月六日，寂于乾隆三十年（1765）四月二十日。世寿六十有八，戒腊四十有五。

源谅律师著有《律宗灯谱》一书。

8. 钦命中兴第八代静观圆瑞律师

师名圆瑞、字静观，山东济南府历城人。幼依本邑慧福寺还一师剃染。受具戒于潭柘洞祖座下，即依止学律，历三寒暑。时调公[20]住万寿寺，道法大振，师往参之，寻进堂结制，专心本分。解制后复参观音嵩法师，听讲法华诸经，凡日课有不足者，每于佛前琉璃灯下补之。嵩公悉其诚笃，遂印可焉。后遇世宗宪皇帝重修龙藏，师被选入藏经馆，三年既竣，犹历参都中诸大名刹。

雍正十二年（1734）值同戒琮公为潭柘监院，力挽回山任西堂兼引礼职，继迁尊证。及琮公辞阇黎，师进位教授，乾隆十二年（1747）补阇黎。乾隆二十七

[20] 调梅明鼎，杭州理安寺高僧，时住北京万寿寺。见《新续高僧传》卷二十五。

年（1762）春偕琮公南礼普陀，谒舍利于阿育王寺。乾隆三十年（1765）恒公示寂，时庄亲王兼僧录司事，为之转奏，师奉旨继席，阖寺僧众皆以主持道场得人为庆。

师登猊座后兢兢业业，益自勤慎。凡丛林之规条，遵守毋越，而于众僧之慧命，尤加意焉。且监院琮公年虽就衰，而辅弼之心益坚。乾隆四十六年（1781）恭逢高宗万寿，会启龙华用祝圣釐，香云缭绕，四众雾合，座拥万指，赞扬雷动。虽年逾古稀，精力犹健，以故潭柘道法之盛，春冬戒期之广，衲子景从之众，信施资助之殷，诚诸方所罕觏者也。

乾隆四十六年（1781）龙华会结束后不久，师庄严圆寂。寿七十六，腊五十有五。

9．潭柘山岫云寺监院琮璋来琳法师

师宛平县张氏子，幼依京北龙母宫祝发。及长仰潭柘律法大振遂诣山，于洞祖座下受具戒，潜心律学不避寒暑。时岫云屡遭岁歉，间以秫粥过堂。师膺知客职，见大众有不能下咽者，师悯之，乃发心置买香火地亩。继闻西方寺不二法师道冠都中，师下山听讲楞严，偶以疾不能随众，不公（不二法师）知师缘不在此，勉其还山以辅祖庭。复授以《菜根谭》令其细心玩味，应答事缘自有把柄，师领受不忘。

复参迦陵、调梅[21]二宗匠，机锋迅利洞澈本原，为二老所称许。值岫云监院印公力挽回山。师不获辞，复膺知客兼引礼。自来岫云旧规，监院、知客兼理内外诸务。师悉心筹划事必躬亲，虽劳不倦。时洞祖示寂，本祖继席。印公建龙华大会，庄严陈设，师之力居多。此乾隆元年（1736）事也。乾隆四年（1739）本祖示寂，毓祖继席。毓祖机教严厉，每以楗椎加之，师受之无难色。乾隆六年（1741）毓祖示寂，本戒师恒公继席。未几印公亦西逝。恒公性情浑朴，不以琐事萦怀，由是进师监院，一切事务悉以委师。相信益深，尽心益力，不数年殿堂寮舍百废俱兴，岫云名胜遂甲于畿内矣。师念印公夙愿未满，复建龙华三会，装潢

[21] 迦陵性音、明鼎调梅二禅师事，载《新续高僧传》卷二十五。

龙藏，恭请五十三参，仿善才故事。一时香花络绎，海众云臻盈万余指。

乾隆九年（1744）皇上临幸，览山水奇秀，道场精严，知为师所布置。赐匾、赐对、赐诗。宸章灿烂，辉映泉石。钦命佛楼各道场内、一切陈设悉以师总理。师又觐礼五台，以夏季开山朝山者恒苦饥渴，于是施茶接待，力行三年。所感种种灵异、事载清凉山志。当是时岫云阇黎虚席，合院请师由教授陞阇黎。教戒后学，精勤无倦，而承其教者，悉中规矩。

师以潭柘祖规职阇黎者即继法席，乃逊谢退位，仍专理监院事。盖心存行门，不以名位先人也。又念十方淄素穷苦无告者，殊堪悲悯，于寺左建安乐延寿堂，俾得以次就养。师犹朝暮入堂，导众念佛以修净业。乾隆二十二年（1755）堂成，建无量寿会，维时复有和硕庄亲王为之记。又增置是堂养赡地以贻永久，直隶总督方公为之记。乾隆二十五年（1760）自念年力就衰，夙有朝海之愿，迟恐不能待也，遂白方丈辞众南下。时有王公大人欲酬愿于普陀者，多以赀助属其代为举行。复以余赀于江浙名山大刹供佛饭僧。又于杭之净慈寺修济公塔，立五百尊者名号牌。及归过广陵，盐运使高公留瓶钵，于慧因寺度夏，延师送佛于宝华拜经台上供奉，事竣还山。

是冬于万寿寺启建祝延皇太后万寿道场七昼夜，复于九处设粥济贫，嗣是以后，冬三月例于本山下院二处施粥。本山旧规，凡求戒者不受香仪，惟自备香烛牒录之资，自是冬师皆代备，以为例。师后欲辞监院职，恒公不允，因命知客亮修副之。又重修大悲坛，吉林德公为之记。

乾隆二十九年（1764）皇上复幸山中，天恩叠沛，赐前韵诗一章，斋银三百金，玉佛宝塔一座。皇太后赐供器一堂。际遇之隆，真旷代所稀有也。

师自理院事后，增置香火地二百余顷，虽资出十方，亦由师感人所致。复蒙户部准作香火地亩，以贻永久。而吉林德公复为之记。师亦可谓有志竟成者矣。乾隆三十年（1765）恒公示寂，静公继席。师与静公同坛秉戒，辅弼之心较前尤笃。于是重修楞严坛，庄严陈设，焕然一新。

乾隆三十五年（1770）皇上巡幸京南，长芦盐运使延师至天津，建万寿道场七昼夜。乾隆三十六年（1771）春，皇上复幸东省，盐运使西公又延至泰安建万寿道场。当登岱岳之巅，天空海阔若置身云表，其胸次有难以拟议者。师平生戒行精严，广行利济，如饭狱囚、斋行旅、印经文、施棺木、种种善事，不可枚举。

且辅弼常住凡历五世，垂四十余年如一日，诚四方衲子所宜观法者。虽谱中无方丈位者概不立传，而师乃避位真修，其行实有超乎寻常万万者，顾可听其湮没不彰乎！因历述之。戒弟子善学拜撰。

琮璋来琳法师曾出资印行潭柘寺版《菜根谭》，并请著名高僧达天通理作序，以广流布。

《菜根谭》明万历年间洪应明著，是士人有关修身养性、处事规范、道德修养的语录式著作，版本颇多，明、清两代在士夫阶层中具广泛影响。

潭柘寺版《菜根谭》，由达天通理作序。达天通理在八大处三山庵养病，一日琮璋来琳法师来看望他，并请他为《菜根谭》作序，他们两人都是不二老人的学生，有同门之谊。

笔者考证，不二老人是清初丈雪通醉禅师法嗣。“燕京严净（寺）不二贵禅师”（大鉴下第三十七世），凤翔高氏子，廿岁落发，参遍诸方。入蜀见昭觉，因汲水睹影叨一声，原来在这里。嗣法后至燕京严净寺，除夕上堂：“飘蓬落落近天枢，殊意今宵又值除。纳子家私分别外，霜风凛凛扇皇都。神机弗假祛傩子，赤帜高悬法令初。不旧不新无事汉，惟凭拄杖作桃符。”以杖作插牌势曰：“急急如律令！”下堂。（《五灯全书》卷八十七）不二老人风采于此可见一斑。据达天通理传记称：“雍正二年（1724）不二老人于京北香岩寺讲法华经，理参之，每于难解处辄有新悟，老人屡印可焉。”琮璋法师从学不二老人于西方寺。由此可见二人同属老人门下的从学经历，这是约请达天通理作序的缘故。

菜根谭序

戊子（1768）之秋，七月既望，余以抱病在山，禁足阅藏。适岫云琮公由京来顾，出所刻《菜根谭》命予作序于是。

公自言其略曰：来琳初受近圆，即诣西方讲社，听教于不翁老人。参请之暇，老人私诫曰：“大德聪明过人，应久在律席。调伏身心，尊五夏之制，熟三聚之文。为菩提之本，作定慧之基。何急急以听教为哉？”居未几，不善用心，失血莫医，自知法缘微薄，辞翁欲还岫云。翁曰：“善！察尔因缘在彼，当大有振作，但恐心为事役，不暇研究律部。吾有一书，首题《菜根谭》，系洪应明著，其间有仁语义语、持身涉世、隐逸显达、迁善介节、禅机旨趣、学道见道等语，词约意明，文简理诣。设能熟习而励行之，其于语默动静之间，穷通得失之际，可以补过，可以进德，且近于律亦近于道矣。今授于汝，宜知郑重。”

尔时虽敬诺拜受，究不谕其为药石意也。洎回岫云，历理常住事务，俱忝要职。当空花之在前，元由眼翳而莫辨；认水月以为实，本属天影而不知。由是心被景迁，神为力耗，不觉酿成大祸，幸未及于尽耳。既微瘥，间无以解郁，因追忆往事，三复此书，乃悟从前事事皆非，深有负于老人授书时之心焉。

惜是书行世已久，纸朽虫蠹，原板无从稽得，于是命工缮写，重付枣梨。请弁言于首，启迪天下后世。俾见闻读者身体力行，勿使如来琳老方知悔，徒自惭伤，是所望也。

余闻琮公之说，抚卷叹曰：夫洪应明者，不知为何许人？其首命名题又不知何所取义？将安序哉！窃拟之曰：菜之为物，日用所不可少，以其有味也。但味由根发，故凡种菜者必要厚培其根，其味乃厚。似此书所说：世味及出世味，皆为培根之论，可弗重欤？又古人云：性定菜根香。夫菜根，弃物也，而其香非性定者莫知，如此书人多忽之，而其旨唯静心沉玩者方堪领会，是欤？否欤？既不能反质于原人，聊将以俟教于来哲，即此为序。

时乾隆三十三年（1768）中元节后三日、三山通理达天谨识。

琮璋法师曾参侍迦陵、调梅二禅师。《新续高僧传》卷二十五，载有迦陵性音、调梅二位禅师传。

据载：“迦陵性音，别号吹馀，沈阳人。年二十四投高阳毘卢真一剃染，寻受具戒。后辞师南游，见梦庵于杭州理安寺，使入记室。……住六安雪峰山。康熙丁亥（1707）梦庵主柏林，寓书招之入京，分座临众勘验，真切简要，莫不推服。戊子夏（1708）梦庵寂，诸山耆宿请音继席，乃遁之西山。缁素复以大千佛寺敦逼出世，殷勤六载。补处柏林才及三载，而杭之理安虚席以待，又往应之。后又住庐山归宗寺，未逾年有京都大觉之命。雍正元年春（1723）忽谢院事，飘然而南，居无定止。四年秋（1726）复还归宗寺，独居静室，凉风九月偶示微疾逝。后迁塔于燕都西山大觉寺内。礼亲王以其事上奏，敕赠'圆通妙智大觉禅师'。著述颇丰。"

"明鼎，字调梅。黄梅人，号粟庵，晚岁自称恬退翁。少年出家，年二十秉戒于万杉大楚。……参杭州理安寺梦庵。康熙丙戌（1706）承记莂，明年梦庵方主京师柏林，专使持书至，随之入燕。梦庵入灭，明鼎载柩南还，卜葬吴之石林，庐塔五载。壬辰（1712）主永宁，明年入京师集云堂校刻《宗鉴法林录》，礼五台。甲午（康熙五十三年、1714）主磬山。庚子（1720）移理安。世宗继位宣取来京住柏林，癸丑（1733）告退，还居石林。乙卯（1735）刊大藏奉召来京，庄亲王礼请住万寿寺并掌僧录。辛未（乾隆十六年、1751）五月逝。著《符梦堂集》一卷。"

10. 潭柘山岫云寺第九代静海印彻律师

师生于康熙六十年（1721）十一月二十六日，顺天府蓟州人。幼依本州关帝庙福余师祝发，乾隆八年（1743）四月初八日圆具戒于潭柘山恒实和尚座下。即习律于本山，遵五夏之制，严净毘尼，威仪不忒。五篇七聚之文烂熟于胸中，八万四千之行实征诸践履。见者咸以道器期之。曰：异日传木叉宏轨则续祖灯者殆此人欤。历经要职，位至羯磨，辅弼丛林，开导后学，聆其教者，无不畅满而去。嗣值静观和尚圆寂，大众共推即方丈位。因示众曰：本山自中兴以来，衣钵相传至印彻已九代矣。悉依戒律为根本，念佛为指南，矩镬精严，工夫邃密。仰承列祖之余晖，坐受十方之信施，各宜勉力行持，庶几一生事办，勿想黑山鬼窟里作生活。叻地一声明心见性，即得成佛。此火内生莲，古今有几者。岂不闻永明寿禅师云："有禅无净土，十人九差路。阴境若现前，瞥尔随他去。"又曰："无禅有净土，万修万人去。但得见弥陀，何愁不开悟。"夫以寿禅师之宗镜圆明、机锋迅利而开示后学。犹汲汲于念佛法门，则知禅不如净土之直截了当，万无一失耳。于是师自踞法座，专以纯修净业，广阐毘尼为己任，得度弟子多而且贤，类能不堕其业。迨师化缘毕，颜色颇不怡，忽猛力念佛，安然而逝。谓非夙根深厚，乘愿再来，能如是之自利利他，去住无碍乎！塔建本山南塔院，为潭柘第九代律主。

静海印彻律师约圆寂于嘉庆初年。

11. 第十代了然行修律师

师顺天府宛平县籍，雍正五年（1727）生人。弱冠即厌尘俗，决志出家。父母为纳采，遂遁山林隐匿，寻从弥陀禅院超尘师剃染。乾隆十三年（1748）腊月八日圆具戒于潭柘山恒实和尚座下，遂于本山学律，调炼身心，遵循规矩。于五分法身、无作妙色，冀有所自而生焉。寻擢引礼、知客，从无愆忘，众皆刮目。复由监院、尊证而任教授、羯磨，已桑榆暮景矣，所谓大器晚成之非欤。及静公示寂，众心共戴，请践法席，不得已俯从众望，肩荷重担。尝曰：赵州八十行脚，犹能眼炼大千，吾今坐食现成，独不能毅然而率众乎。由是淬砺精神，凡所应作以身先之，大众莫不感奋。讵意仅历寒暑而法幢将倾，一日忽觉幻体沉重，知时已至。遂唤侍者沐浴更衣端坐，遗嘱谆谆、以未传戒法为愧。大众对以即时开戒以偿师愿，遂合掌念佛瞑目而去，享世八十有余。师在潭柘达六十年之久。

12. 第十一代月朗海亮律师

师山东长清县人，生于乾隆九年（1744）。童年见僧辄喜，愿追随于左右。因父母在堂不忍去，因循者久之。二亲没，丧葬事毕，遂礼本邑灵岩寺至诚师祝发。乾隆二十八年冬（1763），自腰包至京诣岫云寺恒实律师座下圆具戒。专心律仪，五夏安居。律仪即明，思听教义而参禅理，遂负笈至京城。凡弘宗演教之区、陶炼后昆之匠，无不遍历，而领奥旨。寻归山中，拣静室潜居，有终焉独善之志。奈执事乏人不容不出，此正所谓：果熟馨香难藏隐，自有龙天拥出头也。师屡任要职，径阶两寮，匡扶律门，翊赞教化，致感人天欢忭、诸缘辅辏。讵意了公示寂，四众请师继席。因受了公顾命之重，先传戒法，广度沙弥。了了公未了之心愿，振律宗千古之徽猷。师可谓善继善述矣。尔后安居办道，传戒度僧率由旧章。岁无虚度，得戒弟子千有余指，筹室几满。……忽示微疾，泊然西归。

据考师约寂灭于嘉庆二十一年（1816）前后。

13. 第十二代永寿广福律师

师广福，字永寿，河间府阜城县人。生于乾隆三十年（1765），幼得礼天齐庙明天师祝发，因质鲁日仅持半偈，复事田畴，勤苦自甘，异于惰食。遂辞师远赴潭柘，禀尸罗于静海律师座下，时乾隆四十八年（1783）十二月初八日也。复以经卷少谙，愿习劳执役厨下。淘米去沙，高风继夫卢老（慧能）；搬柴运水，苦行效夫寒山。嗣充典作，调和六味。供佛斋僧，必洁必净，朝汲夕薪，无厌无倦。然虽日勤于厨务，仍不懈于真修，忙里偷闲专以念佛为主。故十方啧啧，谓之菩萨再来。一日忽著衣告假，愿礼五台，行至中途，遇一老僧扶杖而来，鹤发童颜，庞眉深目。问师何来？曰：潭柘来！何去？曰：礼文殊去！老僧曰：天将暝矣，请荒庵一宿何如？师欣然，随至一寺，茅屋数椽亦甚清洁。茶饭毕，相对促膝，老僧曰：观师福相也，光明温润，当有大因缘至。仍在本山，为期不远，莫外驰求，徒费草鞋钱也。宜急返锡。

翌日别僧仍寻旧路，行不数武回望而寺已杳，老僧殆菩萨化身，为师指迷欤。师叹息不已，遂归本山，执役如故。未几，月公西归。本山祖规应阇黎即位，而阇黎以目疾未痊，难作人天眼目。逊之教授，而教授以才德未备，莫振古祖家风，彼此揖让，一寺无主。有僧挺然出曰：二师不居大位，宜另选贤者。倘权不达，固执成规，则提唱无人，焚修奚赖。厨下典作师，再来人也！才虽未裕，德实有余。足以仰继前型，俯开后学，何不请证尊位，以为山门主。众从其论，于是备香花鸣钟鼓，齐集厨下，请师继位。

师方朝阳补衲，不知所以，众以实告。师默念因缘至矣，遂允所请，继席名山为仁厚主。噫，天下讲席星罗棋布，而典作践高位未之前闻。岂知行门之下，内秘终当外显。特不至其时，则人不知耳。故曹溪负舂，雪峰司饭，沩山典食，径山洗筹，百丈不作不食，寿昌终身力耕，往哲遗徽，传灯备载。学者习焉不察，遂以执役服劳为分外事，岂非俗眼。师莅重任以来，佛心为心，苦行是行，从不以善知识自居，恒日中一食，身未尝离衣钵具也。足不履长者之阈，衣不沾尼寺之尘，戒行清净，皎若冰雪。至以时传戒，普度沙弥，逐日念佛诱引诸子，盖二十余年如一日焉。

道光十六年（1836）染微疴，默然念佛三日而寂。

14. 第十三代西峰印吉律师

师山东济南府济阳县卢氏子，稍长，父母送至本邑长寿寺从弘亮师披剃。性颖悟，授以儒书、佛经，过目辄成诵，若夙习者然。众咸异之，以为再来人也。年二十诣西山岫云寺静海和尚座下圆具戒，时乾隆六十年冬（1795）也。

读梵网经，研毘尼法，五载中跬步无所亏。继思听教参禅，宜遵五夏之训，不可躐等而进也。遂负笈至嘉兴寺，灿公一见奇之，即授以堂主之职。寻灿公讲法华指掌，此经为阐教禅师[22]注疏，文简义该，学者读之若指诸掌也，故以指掌名。师听讲既久，始知佛为一大事因缘出现于世，开示众生，欲令悟入佛知见。故夫佛知见者，即吾人固有之知见，第从无始以来为情尘锢蔽，失却本来。遂至流浪生死，无有了期。非佛发慈悲心，运广长舌，则芸芸之众，又安知勤而习之，神而明之。出火宅而造安居，复见本来面目乎。

师于是晓夜研究，深得法喜。嗣闻崇寿寺祥座主开演楞严，复踊跃曰：三乘即是一乘，慈父之善诱，幸得闻矣。七征八还之妙义，讵可交臂失之！因诣座下谛听。而名言奥旨日灌溉乎灵根，颇有怡然焕然之趣。后以参禅之愿不果，隐居阜成门外慈悲院、地藏王庵十有余年。观佛法衰微、人心偷薄，有终焉之志。迨嘉庆二十一年（1816）秋八月，因得戒之常住理事乏人，为永寿和尚挽回山中。料理院务兼教授职，订正规模，整饬纲纪，百废一时毕举。寻转羯磨，维持法席。由是诸山法侣莫不景仰，以为将来续鸿规、张梵网有人矣。复授本师洪老人衣卷，为南海观音堂上传贤首、慈恩，性相两宗第三十二世焉。

至道光十六年（1836）本山永公谢世，师继席领众。因平素有威可畏，有德可仰，故一寺肃然，无敢放逸者。其于传戒、安居、讲经、念佛诸事，率众行持、以励真修，始终无怠。至道光二十八年（1848）正月二十日略染微疾，不思饮食，召众嘱以后事，言讫而去。

师生于乾隆四十二年（1777）六月初五日，享世寿七十有三，戒腊五十三冬，法腊二十二夏。

---

[22] 乾隆间高僧达天通理，皇帝赐号“阐教禅师”。著《华严指掌疏》、《楞严指掌疏》。

15. 第十四代寿光源祝律师

师顺义县人，生于乾隆五十九年（1794）。髫龄厌俗务，誓志出家作佛弟子，遂投本邑关帝庙礼静然师祝发。嘉庆十九年（1814）冬，依潭柘山永寿和尚座下禀受尸罗，谨遵五夏之制，严净三业。于三千威仪、八万细行，无不因端竟委，曲畅旁通。尝曰：无上菩提道，以戒为本，本立而道生，不独儒者为然也。今时学人才知戒品，律仪犹未深谙，便去听教参禅。譬如未升堂即思入室，岂可得欤。

师秉性直谅，戒律精严。由引礼以次递升位至羯磨。辅佐律门，模范后学，从无过失。至道光二十八年（1848）西峰和尚圆寂，潭柘一席推师主之。师虽居高位，犹在学地，每施食自以梵音高亮，谨遵古式，不减不增。不如法者，辄重惩之，无所徇用，是清规严肃，不肖者畏之如烈日严霜。嗣以事事躬亲，积劳成疾，遽尔撒手西归，世寿五十九岁。时在咸丰二年（1852）。

16. 第十五代心纯真常律师

师山东济南历城县人，李氏子，生于嘉庆二十一年（1816）九月二十七日。师幼名和尚，在襁褓时有相士曰：此子骨格丰隆，状貌绝俗，他日出家必为英贤佛子。父母信之，丱角时即送至本邑东方寺景礼宽露师剃染，就塾读书，及长攻梵典，皆以聪敏称。至道光十四年（1834）冬径赴潭柘圆具戒于永寿师座下，师一见其仪表知为法器，即委以知客引礼之职，嗣升慈相法主堂，复入法室为贤首。其于三藏之实相妙理，即能心领神会，宗说皆通，而于史鉴诸子百家，并能沿流溯源，贯通融会。由是士大夫翕然称之，求见者踵相接，师即以此为诱掖，所谓先以欲钩牵，后令入佛慧也，其善巧度人若此。

三十六岁，由教授转羯磨，适值寿公化去，众请师正位，遂为一寺领袖，统六和之僧众。自中兴以来，如师之年荷重任者诚罕覯哉。师性量恢宏，不亲细故，一切事务皆委任执事经理，自惟率众薰修，冬则传戒，夏则安居，平时则上殿过堂念佛，虽风寒雨湿不愆其期，识者谓深得住持之大体也。性复至孝，因母春秋高，无人侍奉，而又远隔千里，每一言及泪涔涔下。遂白大众，迎至常住，晨昏定省，作孺子慕。凡出家者当以孝名为戒，师殆深知此意欤。

师荷大任历十四载，届孔子知命之年，偶患痰疾，自知时至，屏药弗进，越数日遂化去。论者惜之，以为未竟所施云。时在同治四年（1865）七月，世寿五十岁。

17. 第十六代栋昌元魁律师

师生于嘉庆二十五年（1820）二月二十七日，直隶宣化府万全县籍。幼稚即依龙王庙安正师祝发，就乡馆攻书，颇称聪慧。及长专心梵册，皆能上口，见者奇之。

道光十七年春（1837），诣潭柘圆具戒于西峰和尚座下。遂结夏安居，足不越阃。取所受之三坛戒法从头披阅，细心玩索。总期言行相符，三业清净。又复精研五篇三聚之文；梵网、四分之律；悉谙旨趣，掉臂游行，绝无束缚之苦。西峰和尚鉴其好学深思、四仪不缺，柔和忍辱、与世无争。知将来造就有不可限量者，即命为书记、引礼、知客，任事后练习世缘，莫不洞中肯，綮如庖丁之解牛，由是陞教授转羯磨。嗣因宣化府城内有普化寺者，师之祖庭也，开建常住，接纳云水，大家俾师主之，寺内之清规戒律，则一以潭柘为式。继席未久，心纯和尚示寂，师因本山阇黎未退，大众仰望，故仍回本山即方丈位。是冬即传戒法，继往开来，为人天法眼，洵可嘉也。讵意秉赋素弱，加以一心两刹，兼顾为劳，仅及二年即示疾辞世，时同治六年（1867）秋也。世寿四十八。

18. 第十七代慈云普德律师

师普德、字慈云，生于道光七年（1827）十一月初十日。直隶顺天府大兴县人，付姓。兄弟三人，师最小，两兄皆以痘殇。二亲惜之，乃师出痘复危甚，虔许为僧乃得愈。……九岁礼药王庙奇峰为师，未入庙而奇峰师化去。从两师兄成立，而两师兄日勤稼穑，碌碌无所短长。师虽年少，立志最坚，欲学经典，苦无人指授。幸庙内设塾，日就正之，得读邹鲁之书，颇谙文字。

年已十九，犹顶重发如俗子。心甚厌之，恳两师兄为削去之，乃大欢喜。继登潭柘山秉尸罗于西峰和尚座下，时二十五年（1845）冬也。由是发心参学，亲近善友，栖息禅堂，勤习功课。复精研毘尼，举止威仪，毫厘不忒，大众咸以清才目之。后膺维那、充收掌和合僧伽，权衡出入，皆无过失。遂擢引礼、知客。续陞教授、羯磨，凡二十年，常住职掌无不备历。而总以谨慎小心、因果不昧为本分。师性廉介不乐苟得，不畜珍玩。尝曰：世间奇货异宝、人之所欲也，远之则无害；天下仁义道德、人之所尚也，行之则致祥况。吾辈身登戒品，号称福田，当力除贪瞋，勉修梵行，庶报佛恩于万一耳。适翊教寺海然大师，察师动静语默皆循规矩，知是法门砥柱，末世良师，遂出昔年所得崇理老人[23]衣卷付之。俾为贤首宗第三十四世敕封阐教禅师达天理祖之五代高足也。自得法以来更加策励，事无巨细，罔不躬亲。天性复至孝，每思母年老衣食艰难，所得儭资，悉以供母，不令有所缺。同治六年（1867）七月栋公示寂，众推为本山继席，今阅十七年矣。春冬传戒绍寰祖之家风，九夏安居秉如来之法命。六时行道，一心念佛。以倡梵行，以导清修。用是常住之僧恒逾二百众，而云水往来尤不可以更仆数。苟非法喜禅悦，有以饶益而感通之，焉能道风远播，缁白咸钦，俨然灵山胜会又现于今日耶。

师每念梵宇倾圮，风雨飘摇，奉圣栖僧均有未便，辄诵古德语云：莫谓诸天不护佑，皆因自己无修行。于是先立刹竿、以壮观瞻；次修斋堂、以供僧饭；续修司房记室、以司出入；此正院之紧要所也。东院则延清阁、库神殿、吕祖殿、猗玕亭、东西配殿、左右廊庑、方丈静室。西院则楞严坛、比丘坛、南楼、禅寮。其上则舍利塔、大悲殿。寺外则龙潭、观音洞、少师静室。缺者补而旧者新，金碧辉煌，参天耀日。嗣又修补祖塔，俾没者得安。续添香火，俾往者获福。视曩日印公、琮公竭力经营者岂多让哉。

师梵行清静、居心平等，又得圣修公襄赞，乃能如是耳。然犹未已也，本山有下院两处，一在栗园庄奉福寺，一在城内翊教寺，俱属化城，接待来往。今皆庄严藻绘，蔚为大观，非复昔日景象。良由法眼所照，职事得人，以故继往开来，所作皆办。而两处憩息之所，尤以奉福寺为最要，总理香火，出纳财产。春秋二季有还愿修福者，来此得信宿之安，无暴露之苦。既宏扬夫佛法，复嘉惠夫本山。故并叙之，以垂永久。后之主是寺者，当奉为龟鉴焉。（愚闻之继海然大师之愿者超尘，师故重修翊教寺。又闻之继清福大师之愿者一元师，故重修奉福寺。）贤宗后学义庵拜叙。[24]

[23] 所指为贤首宗三十二世崇理杲鉴，道光间为僧录司印堂，兼大钟寺住持。其塔在八大处二处灵光寺后，建于道光十二年（1832）。

[24] 清代住持传记详见乾隆四年《岫云寺志》；光绪九年《岫云寺续志》。

师圆寂于光绪十四年（1888），建塔于南新房塔园内。世寿六十二。

19. 第十八代觉海慧宽律师

师觉海，字慧宽，山东临清人。俗姓郭，生于道光二十三年（1843）。少年时依本邑大佛寺阔然禅师祝发。二十一岁始发足游参，遍历名胜。因诣潭柘山依于心纯师座下圆具戒，同治十二年（1873）授书记，更诵《法华》、《报恩》诸经，旁及三坛仪范。历教授阿阇黎，训诫后学，悉中规矩。复思禅宗教义奥旨弘深，不得良师未易窥测，立志深求。乃负笈京师贤良寺，任维那，益加精进。未几，潭柘慈云师召之还山，证果倍蓰。

光绪十四年（1888）慈云大师圆寂，乃承传衣钵，继席领众。宏济之怀，孜孜不倦，传戒十坛，津梁益远，。深味古德语，重修天王、观音、药师诸殿及厅堂、朝房，静室、石路、龙潭、塔院。并重修下院翊教寺，阜成门外海潮观音庵等。光绪二十一年（1895）慈禧六十寿辰，奉僧录司征调慧宽师赴内廷唪经法会。宣统三年（1911）秋冬之交示微疾，乃传席于觉正，养疴静室。一日诫众曰："道在心不在事，法由己非由人。"民国元年（1912）春二月疾甚，念佛西去。建塔于山之南塔崖下，世寿七十，僧腊五十。

20. 清燕京潭柘山岫云寺沙门释常顺传

释常顺、字智成，姓王氏，俗呼王三涉人也。父母早逝，少依邑中松尔寺同兴祝发。蔬食苦行，幽阁独坐不与众处。常自言笑，若与人晤。及就察之、块然一室，人莫测所由。

清同治十三年（1874）诣京西潭柘山，从慈云师受戒。既得度牒，便造寺北高峰极巅置焉。归谓其侣曰：吾牒俾虎守之。人笑其妄，然自是居无常所，仿佛若狂。寺东山旁有蝎子洞，六月寒气袭人，或不敢近。顺独居之无恙，人始异焉。尝为人治病，无方药、针灸，偶拾木叶、草茎，杂以牛溲马勃，饮之辄愈。人以是奇之，竞相传说，求医者日益多，则息于树梢崖巅以避之。有寻得者辄谩骂，已而，复随拾与之使去。

时值瘟疫流行，顺至津沽为人驱疫。所至就差，人多信仰，为造像奉之。今河东桥畔人家，犹时相膜拜。顺往来津、京，飘忽无定，时见时隐。或向人作禽言兽舞，多不可解。以魔佛号之。

光绪十六年（1890）春，顺赤体跣足，手持白灰、粉石，于山树崖壁图画龟黾、鱼鳖。人或怪之，但云：到时便知。至秋七月山洪暴发，寺门外石桥沟深十丈，至是水高于桥数丈。荡析林屋，漂流数百里。寺中铜鼎重万两，为水冲至罗滩村南，后运还寺。新房村东首庙前古槐大十围，乘水浮去。自佛门沟至房山县地四、五十里，因根石盘结，树随水行，不偏不倚，卒止于沟口。亭亭若张盖，至今存焉。当水发时居人登高见有兽而角者，涌浪澎湃，状若怒涛。或云此蛟也。

顺预知其兆，人始服其神异。庚子之变（1900）肇于拳民，联军入京，两宫西狩，六部长官先后奔赴行在。达官富室纷纷迁徙，都城一空。先数月，顺不著衣履游行市间，袒露胸膊指示人曰：上半截一扫光。且行且唱，多不解其故。及拳祸作，红灯教出，名曰一扫光。其言乃验。当水灾后寺宇倾废，方欲兴修。正待募集，适恭忠王出游，将至山寺。顺悬两铁钩于颐，独坐石桥候之。王至奇其状貌，又习闻山有异僧。因戏之曰：汝坐此何为？曰：化缘。王曰：化谁？曰：谁肯捨吾化谁。王曰：吾闻汝有道行，能食椒四两不死，吾助此缘。顺果食之，卒无恙。恭王前后捨施巨万，规模闳廓，金紫煊赫，殊胜于前，顺之力也。然鸠工估值出入经营，顺不过问。敝衣行囊，放浪自若。

尝游京市走入娼门，直躯卧闼，踞床高坐。两手金钱盈握，伎女环观。复指肘后一囊，白光灿灿，若数千银饼。笑谓之曰：若爱，我即予。若然伎寮素闻魔佛，敬之若神，俱莫敢近。顺出，以金钱掷地，铿然有声。迫而视之若流入地中，都忽不见。行疾如飞，走马逐之不及。

宣统元年（1909）正月元日示微疾，作偈别众曰：始来终去，五旬五状，疯颠类禽与兽舞，人赠别号称魔佛，愿众醒迷说三塗。

寂于水云堂。清御史徐花农者，感厥神异，执弟子礼。是夕梦顺至其家，伎乐前导，天花缤纷，与之别曰：‘吾今他去，老虎洞里，烦君护持’，醒而异之。明日探视，则顺于子时入灭。徐于西山洞中塑像奉之，至今乞药者灵感尤甚。

顺生时尝作偈云：将来罗睺岭上平，片野荒凉行路希。独自吟咏，人莫得其故。及洪宪改元，袁总统将即帝位，使人至西山削平罗睺岭顶，以通车路。殆所谓岭上平砍，尚未至行路希也。[25]

21. 有猛虎看守其戒牒的常顺和尚

常顺，字智成，姓王氏，俗称王三涉人也。父母早逝，少依邑中松泉寺同兴祝发。蔬食苦行，幽闇独坐，不与众处。清同治十三年（1874）诣京西潭柘山从慈云和尚受具戒（清第十七代住持）。自称，我的戒牒放在集云峰山顶，有猛虎为看守之。

自是居无常处，引动若狂，人多异之。常为人治病，无方药，偶拾木叶草茎，杂以牛溲马勃，饮之辄愈。时津沽瘟疫流行，辄往除疫，所至人多信仰，为造像奉之，今河东桥畔人家犹时相膜拜。光绪十六年（1890）近畿水患，及庚子变乱（1900）独能预知其兆，常作异状以示。人多感灵异，生平奇异事迹甚多，人莫能测。

民元（1912）以微疾寂于潭柘寺中之水云堂，时清御史徐花农者，感厥神异，于西山之洞中塑像奉之，至今乞药者，灵感尤甚焉。[26]

著者按：另有因亮法师，为同时期寺僧，行事亦灵异超群。因亮与常顺事迹已混淆难分，因亮行事之详，见“西观音洞”一节。关于常顺和尚，光绪二十六年（1900）虚云大和尚曾来寺晤访。虚云年谱记载到潭柘寺访灵异僧事，显然即是常顺。

22. 第十九代纯悦觉正和尚

师名觉正，字纯悦，清同治十年（1871）生，山东平度县人。依本县弥勒庵本立师祝发，于光绪十八年（1892）春依岫云寺（潭柘寺）慧宽和尚圆具。宣统三年（1911）秋冬之交，岫云寺第十八代住持觉海慧宽和尚因示微疾，传法席于觉正。

师以其字纯悦为世熟知，民国早期与政界名人颇多交际，在北京地区佛教界

[25] 《新续高僧传》卷三十八。

[26] 《华北宗教年鉴》“佛教名人”。

享有盛名，主掌潭柘寺务期间，多次开坛传戒度僧，在民国早期多次参与德胜门内拈花寺开坛传戒事宜。

据 1932 年冬季《拈花寺同戒录》：得戒本师老和尚普志全朗，为拈花寺德明和尚法嗣；代传本师大和尚实淮量源，是戒台寺达文和尚法嗣；羯磨阿阇黎师觉平宽广，为拈花寺德明和尚法嗣；教授阿阇黎师量阔月潭，是潭柘寺觉正纯悦和尚法嗣；首座大师由觉正纯悦和尚担任，他是觉海慧宽的法嗣；堂主大师昌鉴越尘，觉省普福，大山体仁等三人，监寺大师源智慧明，均是觉正纯悦和尚的弟子；知客大师印如玉峰，是光绪十九年（1893）在岫云寺慧宽和尚座下圆具的得法弟子；另外优婆塞引礼师昆章觉妙，是戒台寺达文和尚的得法弟子。

民国期间传戒的寺院，在北京以拈花寺、潭柘寺、戒台寺为主，还有广济寺、万寿寺、柏林寺、圆广寺、广化寺、香界寺等。

纯悦和尚约圆寂于 1935 年。

23. 悟台和尚

悟台，字静修，河北唐县人，少读书颇知理义。光绪十一年（1885）受戒于潭柘山岫云寺，依次升职，终羯磨位。禅宗朝暮，以念地藏经十数部渡世。每抄录地藏经渡世结缘。禅宗法语，著而问世。1925 年 7 月 20 日圆寂，世寿 62。

悟台和尚自出家之日起，在潭柘寺行修礼佛，辅助寺务四十余年。

24. 第二十代茂林丛悟和尚

查阅 1937 年《岫云寺同戒录》，这一年潭柘寺开坛传戒，本师和尚为茂林，是本次传戒的寺院戒坛的主持人。戒录文本采用康熙、乾隆年间旧戒牒形式，前有开山第一代沙门照福（震寰）撰戒学颂 108 句；乾隆时期“和硕庄亲王爱月居士序”；以及乾隆九年（1744）钦命住持源谅和尚所书戒录题词；清末“提督九门步军统领江朝宗赞”；有这些不同年代人物出现在戒牒里，说明潭柘寺的戒牒文本，在有清一带是不断沿用并随时予以增补的。

师字茂林，名丛悟，清光绪十四年正月初一子时（1888）生，遵化县人，幼依关帝庙洪纯师祝发。光绪二十八年十二月初八日（已是公历 1903 年），依岫云寺（潭柘寺）慧宽和尚座下圆具。民国中后期担任潭柘寺住持期间，与北平国民政府上层、日伪当局都有来往。北平解放前一直主持潭柘寺事务，但多数时间住北京城内下院翊教寺，解放后则长住潭柘寺。1966年“文革”初起时，北京市所属僧人、尼姑、道士、修女、神甫、牧师，全部集中到北京市佛协所在地，即什刹海的广化寺内进行学习，此举实际上是对全市宗教界人士的一种特殊保护方式。茂林遂移居广化寺，1968年圆寂于广化寺。

1937年潭柘寺开坛传戒，戒坛本师大和尚由茂林担任，尊证阿阇黎全朗，是拈花寺的住持，他是拈花寺德明大和尚的得法弟子。尊证阿阇黎宽广，是八大处证果寺住持，也是德明法嗣。戒台寺住持达文和尚也是尊证阿阇黎，是大觉寺佛果老和尚的法嗣。尊证阿阇黎福振，柏林寺澄海和尚法嗣。尊证阿阇黎普顺，万寿寺德果法嗣。尊证阿阇黎妙空，潭柘寺慧宽和尚法嗣。尊证阿阇黎明山，潭柘寺慧宽和尚法嗣。引礼师诚一，潭柘寺慧宽和尚法嗣。引礼师桐缘，广化寺灵山和尚法嗣。引礼师悟禅，潭柘寺纯悦和尚法嗣。引礼师瑞禅，潭柘寺纯悦和尚法嗣。引礼师文焕，潭柘寺纯悦和尚法嗣。引礼师如慧，江苏句容隆昌寺光悦法嗣。引礼师润宽，潭柘寺纯悦和尚法嗣。引礼师德山，潭柘寺纯悦和尚法嗣。引礼师镇海，潭柘寺纯悦和尚法嗣。引礼师胜存，拈花寺全朗和尚法嗣。引礼师德福，圆广寺慈慧和尚法嗣。

据考，1937年潭柘寺传戒一期，1945年，在潭柘寺下院翊教寺开坛传菩萨戒一期，均由茂林和尚主持，这是民国后期潭柘寺两次开坛传戒的佛教史事。

节录自《潭柘寺史略》书稿，2000年撰就

戒台寺元明两代高僧事略统汇

一、元初慧聚寺月泉新公禅师

北京西山戒台寺存月泉新公幢塔，刻文为《大都鞍山慧聚禅寺月泉新公长老塔铭并序》，塔铭由“大都万寿退隐林泉从伦撰，大都奉福禅寺南溪野衲居实书”，至元二十八年（1291）建造。

山东济南长清县灵岩寺，建有新公禅师塔，塔下有《泰安州长清县十方灵岩禅寺第二十九代新公禅师塔铭并序》石碑，至元二十二年（1285）立，“进士雷复亨撰，按察使漆水耶律希逸书丹篆额”。

另外明《补续高僧传》卷十四载师传记，内容多有讹误，今据戒台寺幢塔刻文辑录之，间作考证以正其实。

> 师名同新（1220—1285），字仲益、号月泉。燕都房山神宁太平里双明居士郭君次子，母延氏。年十二恳愿出家，二亲设计欲沮其志，莫之可也。父母不夺其志，送于安山寺[1]，依坚公山主祝发，年满受具。每临众执役採汲炊舂，日加弥谨，侍师供众之余，涉猎杂花，不一二载通五大经。坚尝谓人曰：此子他日可兴吾此山矣！
>
> 年廿，有参谒诸方之志，同辈多沮止之，乃成偈于壁曰：气宇冲霄大丈夫，寻常沟渎岂能拘。手提三尺吹毛剑，直取骊龙颔下珠。

[1] 今北京房山大安山延福寺。

辞师奔燕，投诸讲肆，研穷奥义于悬谈中，六相十玄颇获佳趣。谒清安方公，公问：欲行千里，一步为初，如何是最初一步？师叉手进前。公曰：果是脚根不点地！师拂袖便出。

闻磁州（今河北磁县）大明暠公（天党皓公）大禅师学该内外，名播诸方，即徒步往谒，而亲依之，于杖拂之下多所发药而深肯焉。以奔母延氏丧，未尽底蕴，续投清安方公大禅师门下，示以恶辣钳槌，又三年尽彻曹洞宗旨，遂为首嫡嗣法。

癸丑春（蒙古宪宗三年、1253年）鞍山（慧聚寺）耆宿具疏坚[2]，请开堂演法而住持之。时海云宗师同伸劝请，是日林泉从伦亦为引座度衣而已。一音才举，万众欢呼，在会权豪仕庶翕然增敬。因兹云山改色，钟鼓新音，内外雍容，遐迩称善。未三五载，增修产业，开拓山林，破垣颓产无非济楚。

丁卯（1267）拂袖他之！便宜刘公相国具疏同众复邀住持之。

至元六年（1269）国师拔合思八[3]法旨，驰疏请师迁住十方灵岩大禅寺，答其勤也！

公既至晨香夕灯，陞堂说法备依古式，如是者亦有年。适以事忤于当途权势，致有同室操戈之挠。实直在此，而曲在彼。师略不与较，但援笔成诗：流行块止本由天，屈指灵岩已四年，人事衰时宜拂袖，风波深处好迴舡。驽骀入厩夸千里，骐骥牵车赠数鞭，收拾巾瓶归去也，一声长啸向云烟。

退居归鞍山结庵养道，由是师之名誉益重，与相往来皆一时贤士大夫，尚书张公子有待遇之殊厚。师因访藏教于东南，历览江淮山川之胜，岁余来归则琅函满载，锦轴充囊矣。

师寓江南时，灵岩山门提点正广等，持总统所并本州诸官书疏，

---

[2] 坚公，慵庵坚禅师，蒙古国时期大庆寿寺的一代住持。

[3] 即八思巴（1235—1280）又译发思八、八合思巴。忽必烈之帝师。

径往建康府礼请，师复住十方灵岩大禅寺，彰其德也！且不远数千里而迎一方丈主，人世亦罕见矣。非中悦诚服，其谁能若是乎。师犹未之遽允也，逮还东平，而后受疏再赴。欢声远近，晨夕焚修，三时钟鼓，入室小参，学者云臻。

至元二十二年春（1285），山东宪府监司耶律公相门世胄也，高师学德，访之禅扉，机语相投，就请于济南观音寺结夏。师以遇合难再，抱疾而往，未几左丞相薨于京，公奔丧，未经旬师疾弥笃。侍者正连问旨正宗，告之曰：余平生深信正宗，此心未尝少替，幸中年于天觉和尚、洎清安老师处得个修行快路，□字法门也，不虚负为僧之志。今我甫及七旬，老病相逼，去亦乐也。时正连在侧泣下，师复晓之曰：人之生死，物之起灭，世理也，何忧何悦！遂令执笔书颂云：咄憨皮囊，兀底相殃，伎俩不解，思想全忘。来本无从，去亦无方，六凿空空，四达皇皇。且道，这个还有滞碍也无？良久云：撒手便行无里碍，云开天霁雨茫茫。语竟右胁而寂，实至元二十有二年（1285）五月一日也。僧腊四十八，俗寿六十六。

师性豪迈，道眼分明，接运有机变，长韵语，善谈论。尘尾一扬，倾座耸听，终日而无厌也。且滑稽辩给，人不敢以轻率触，有雪窦持之风。荼毗时送者万人，香花彩幡塞路不可行，非道化入人之深，焉能至是，诚一代英杰衲子也！荼毘讫，收灵骨于灵岩、鞍山、祖茔，三处建塔，遵遗教也。

考述：月泉新公出家之安山寺、即其祖庭，也是他的家乡。为今北京房山区大安山延福寺。这是一座唐辽大寺，辽通理恒策大师曾倡法于此。坚公山主，指元代初年的慵庵坚禅师，最初在大安山延福寺为山主，即住持，后出任大庆寿寺住持一职，是月泉禅师曾参访过的著名禅师。鞍山（戒台寺）硕宿具疏坚公，请月泉出任戒台寺住持，坚公正在大庆寿寺，管理佛教务，故有此举。月泉同新禅师与大元帝师八思巴、海云印简大禅师亦有过从。其一生行止于北京西山戒台寺、山东济南灵岩寺，青年游学，曾至磁州大明寺天党暠（皓）公处参学，后在燕京大万寿寺清安方公位下得法。癸丑（蒙古宪宗三年、1253 年）得林泉从伦推荐，海云印简赞同，慵庵坚禅师同意，出任慧聚寺（戒台寺）住持，在戒台寺弘法前后达十余年。

至元六年（1269）主持济南十方灵岩禅寺，是遵从帝师八思巴之法旨而为。除戒台寺幢塔外，灵岩寺亦建有其骨塔并立碑。

月泉禅师在世时代正值金末元初，他经历了金朝自燕京南迁汴梁，蒙古大军南进灭掉金朝，并建大都于北京这个历史时期。元朝初年的月泉同新禅师，在燕京地区乃至中国佛教史上都留下动人佳话，他秉承万松老人曹洞之禅，为万松之孙辈传人。（《续指月录》卷九载其事略）

考注：月泉新公出家之安山寺，距旧房山县城约 60 里，名大安山延福寺，是唐辽创建的寺院，辽通理恒策曾唱法于此，在唐末刘仁恭曾据此建造宫馆。

据《海云大禅师碑》，蒙古国时期海云大宗师曾住持兴州（河北滦平县西）安山仁智寺，这是又一处安山。慧聚寺所据山名马鞍山，元代简称为鞍山。

这三处寺院，极易混淆，故分述其情予以廓清。

二、明知幻大师道孚和尚

道孚大师是明代重建戒台寺的著名高僧，为“敕建马鞍山万寿大戒坛第一代开山大坛主”。戒台寺内戒坛殿前立有道孚大师行实碑，礼部尚书胡濙撰，文华殿大学士程南云书，荣禄大夫安乡伯张宁篆。此碑记述道孚生平事迹详备。除此，各种僧传等皆讹误过甚，均不足采录。

> 大师姓刘氏，讳道孚（1402—1456），字信庵，别号知幻。世为江浦望族，生于明建文四年（1402）。父仲贤枭雄悍毅不事浮图，母沈氏得异梦而娠。及大师诞，昼夜啼声不歇，人皆惊愕以为异事。方期月遂抱送邻比接待寺为沙弥，啼声乃止。既成童高额深目，大颐方口，仪表端严，眉宇森秀，人相具足，梵音清畅。七岁遣入乡学，忽言此书非我所读，先生亦非我师。其父母骇悟，依京城（今南京）灵谷寺礼前堂庆叟为师，落发衣缁，恭求要旨，昕夕瞻拜观

音，恳求聪慧。未几复礼天童观翁，具威仪，禀特范，传《唯识》大义，通涅槃大旨。曰经、曰律、曰论，囊括百川注。曰戒、曰定、曰慧，逢原而委会。群言所涉一览无遗，滔滔然莫能窥其涯涘。以是见大师之聪悟骏发，足以诛茅塞于心胸。雨甘露于法种也。

时观翁缁门独立，名振天下。仁宗为太子时，每承顾问，恩礼特隆。宣德元年（1426）被宣宗皇帝召至京师，馆于庆寿（大庆寿寺，在今北京长安街电报大楼处）丈室。道孚左右朝参，出入宫禁，翼翼勤慎终始如一。宣德二年（1427）受度赐西服茜衣，道孚牢让不服。尝于文华殿楷书大字齐额，宣宗皇帝（朱瞻基）每俯案视之，有高僧书法胜中书之奖。又尝设施食于内庭，利济天人，开法场于秘殿，为民请福，敷演瑜伽华梵，阐扬三乘真诠。皇帝改容坐听，击节叹赏，以为灵山胜公，今古一时。宣德四年（1429）飞锡江浙秉受戒具，乃言曰：此行不达曹溪路，永不回头见故乡。既而遍谒知识，历览胜概。宣德七年（1432）还京会观翁，指明心要，乃西游五台，睹文殊菩萨于清凉，办供养于鹫岭。或见摄身光相，或见自性虚灵，或见水鸟树木，皆演梵音，或见溪声山色，全彰大用。或谈不二，或悟前三，乃曰：一翳在眼，空华遍界。遂号知幻！

英宗（朱祁镇）闻其名，召之，一见天颜大悦，呼为凤头和尚。寻陛僧录讲经，以是见大师宏才硕德，足以显大不思议之道，际龙华之会也。自是披榛结轩，匾曰：'松樾'。杜门绝迹，屏息诸缘，攻苦穀淡，不妄交接。

时司礼监太监阮公简，深仰高风，事以师礼，相与往返，注纳偏厚。而大师符彩超迈，词理响捷，凡所论议皆契真乘。先是太监公得京西马鞍山毁寺，捐赀修建，思得至人以振宗风。乃执贽修词，跽进礼请，大师坚辞不许，至于再三。太监公复考诸断碑，泣且请曰：彼实名山大刹，非师不能复振。大师得文读之，始知此寺乃大辽普贤大师所建四众受戒之所。喟然叹曰：释迦如来三千余年遗教几乎泯绝，吾既为佛之徒，岂忍视其废而不兴耶！乃翻然而起，往住兹山，于是铲荒夷险，黪起层构，散己赀以鸠工，择干僧以董役匠，成于心授规于手，日而不笠，雨而不屐，悉以崇饰殿宇，穷极雕绘，为心而一。时贵臣盛族莫不荐金帛以致诚。豪侠工贾，孰不仰端严而礼足，趋风望景者，翼如而至。攀危辇重者，踵接而来，日以千数，不可殚记。于是廊庑龙象焕然一新。楹梁栋桷金碧相错。其兴作始末，台殿崇卑，备载大学士杨公士奇所撰碑记。兹不悉赘。

正统十二年（1447）昭靖王以宣武门左所居府第捨为梵刹，赐承恩，以为大师往来游憩之处。当是之时，法闻四方，徒众盈庭，而僧中之杰然者，唯大师而已。以是见大师之奇功妙道足以驾苦海之慈航，济迷途于彼岸也。

景泰七年（1456）夏六月十四日，饮食讫而敷坐，沐浴毕而更衣，升堂别众曰：昔本不生，今亦不灭，云散长空，碧天浩月。皇帝震悼，遣官谕祭，公侯以下咸往吊临，睿词深切，嘉荐令芳，礼冠群伦，罕能与比。遗命荼毘得舍利若干，建塔于寺之南原，遵本教也。大师俗寿五十五，僧腊四十九，手度缁流数万，得戒四众百亿，门弟子比丘约千余辈。皆修禅秉律分作人师。其著述有定制戒本、戒牒之文，并偈颂诗章若干篇行于世。

其弟子僧录司左觉义万寿戒坛传戒坛主德默，右觉义传戒坛主德育、传戒坛主宗师德秀、万寿戒坛禅寺住持德今等，于成化九年（1473）夏四月佛诞日为知幻大师道孚建行实碑记。此碑今仍立于戒坛大殿前。

三、明传戒宗师大方上人

据史料记载，明正统年间肇建大戒坛，由高僧知幻道孚主持传戒。其后有无际、大方等十名高僧主持传戒仪轨，开坛传戒，而兹寺益为盛矣。

大方上人事迹，刊载于嘉靖四十年（1561）《重修广慧寺碑记》，嘉靖四十三年（1564）六月《广慧寺流芳碑记》。二碑今存于北京石刻艺术博物馆碑林中（后院）。1995 年 8 月至 1996 年 12 月余曾在馆内工作过年余，担任研究部主任一职，浏览展陈的碑文，不期而遇，大喜过望，遂记之，亦为一大因缘。

> 师名觉连（1503—1563），字大方，号容庵。真定府定州行唐县人，姓蒋氏，父友敖，母何氏，兄弟六人，上人行五。髫年礼本郡敕赐封崇寺叔僧无碍禅师为师。剃度之后即明佛性，而不乐人事。初于神□山参大川和尚请益禅旨，打七炼魔，不畏寒暑，凡三年，倾刻不忘于道。因受具足戒于万寿戒坛（戒台寺）。而随入伏牛山，同了空和尚规范大众三岁余。次之少室（少林寺）礼月舟宗主讲西来奥旨。上人天性圆悟，耳入心通，言下了达。大事既了，遂挑囊至京，遇吉祥翠峰和尚（周太后的弟弟）请居首座，赞理丛林。诸中贵恳求上人坐普会方丈，弘扬公案。经迈千日（三年），百废俱举，期完遂应西山碧云寺之请，检阅大藏，期经三载。诸中贵鸠金于大隆善护国寺，署修精舍延上人以挂锡。嘉靖庚戌冬（1550）祠部考试诸僧□□，上人在内，首中斯选，疏荐钦依广善戒坛（天宁寺）传戒宗师。嘉靖三十一年（1552）内官监太监刘成，于宣武门外西南二里许，捐金置善地一区，建古刹广慧寺，供大方居止。师嘉靖四十二年（1563）五月十三日午时趺坐说偈西归，寿六十一岁。建塔于方丈之右，传衣钵与诸弟子中有善继上人慧灯者，至今缁素犹请开示宗旨不绝。

明代京城有广善戒坛（天宁寺），万寿戒坛（戒台寺），大方上人于万寿戒坛受具足戒，后奉帝旨为钦依广善戒坛传戒宗师，亦曾于万寿戒坛参与开坛传戒盛举。戒行精妙，诚一代之高僧。

四、传戒宗师无际和尚

了悟，号无际，又号蚕骨。安岳人（今属四川），姓莫氏。幼佣于大竹雁平里黄友谅家，能办异于他佣，尝有人代为耕牧者。黄异之，妻以义女，相对叠膝，坐如宾客，未尝小涉温煖。与同事作语皆佛法，黄益奇之，因结庵使居，以成其志。如时送饮食衣服无缺，一日义女私送一双绣鞋。师讶之，曰此何来也？遂引刀碎之，说偈谢主人而去。削发于定远之罗围寺，师事本真长老，本真为言：幽谷和尚为当今善知识！即蹑蹻往参，获证心要，因而发通，大著灵异。四方无贤愚，咸归向之。登坐说法，天花如雨，尝经巴之刘何乡，乡人礼之。师说偈曰：‘天下大旱，此处半收。天下大乱，此处无忧’。所言罔弗获验，自是从者日众。所至腾沸，或以妖言惑众，拘于狱中，昼则端坐，夜则出募钱，修狱中坏屋，至今狱中无鼠虱蚊蚋。

师居安岳四十余年。永乐中召诣京师，命为宗主，登坛说戒，赐号‘大善知识’。后居南京牛首寺，一日集众说偈：‘我我元无我，光明圆陀陀，荡荡任纵横，处处无拘锁。’端坐而化。赐祭给赙，还葬木门，所著语录一卷行世。”（明《补续高僧传》卷二十《安岳了悟传》。）

五、万寿戒坛传戒宗师朽庵宗林

戒台寺西极乐峰下，太古化阳洞左侧有明嘉靖三十九年（1560）建成马鞍山护国宝塔，石塔造型颇为雄丽，宗林撰写碑文记述此事，署名为“万寿戒坛传戒宗师前古杭净慈住山沙门宗林”。为我们考察寺院史事提供了线索。宗林此间为戒台寺万寿戒坛传戒宗师，早年间在杭州净慈寺当过住持。经考索，明《补续高僧传》卷二十五有其传记，可资参证。

“宗林字大风，朽庵其号，杭人也。幼孤，母忧其不能自立，舍送普宁庵，事某师为童子。诵经执务能得师欢心。及长精戒行，起息必慎，不妄与人交，交必以道。能诗文，不漫作，作必惊人。性至孝，虽出家，孜孜以母为念，曰戒不忘亲也。自是流誉遂达宸听，弘治中被征入京，命为登坛大戒主，为学佛者师。又敕提督五台山，校正清凉通传入藏。

“正德改元（1506 年），赐紫衣玉带、大宗师之号。西直门外大香山寺，立宗师府居之。虽际荣盛，处之若无，淡如也。

“有诗云：天命传来墨未干，栉风沐雨上长安，低头懒进三公位，洗足羞登万寿坛。闻戒故多持戒少，承恩虽易报恩难，何如只向山中住，松竹潇潇共岁寒。

“师倦于津梁，奏乞南还，得请喜。

“有诗云：再拜下丹宸，衣香御路新，九门三月雨，千里一归人。马踏残花路，莺啼细柳春，因思头白母，心火热如焚。二诗可以想见宗林为人矣。”

宗林律师，字大风、号朽庵。杭州人。幼年丧父之后，母亲送入普宁寺，诵经执务。长大之后，戒行精纯，起息必慎。性喜交友，交必以道，能诗善文，作必惊人。心存至孝，戒不忘亲。因是声名远播，闻于宸听。遂于弘治年间，被征入京，命为万寿戒坛大戒主，为学佛者的楷模。后又命为五台山提督。他在五台山一则管理僧众，二则传法授戒，三则校正《清凉传》入藏，为五台山律宗的复兴和《清凉传》的流传做出杰出贡献。正德元年（1506），武宗敕赐紫衣、玉带和“大宗师”之号，并于北京大香山寺立大宗师府居之。后寻请归，著作有《梦寝集》行世。

由传记附列二诗可知，宗林律师的忠君孝亲思想以及不为名利地位所牵的淡然品格。由于他能文善诗，在提督五台山期间，作了不少诗歌。现仅存《送友之五台讽华严》歌一首。不过从中看出他对文殊信仰的虔诚，对五台山自然景观的挚爱。在他的影响和训导下，明代五台山出现一批有成就的诗僧和律宗大师。

另外，在宗林传记之下附有智淳，也是万寿戒坛一位传戒宗师，惜事迹极为简略。

“前是，杭有智淳者，亦以戒行著声。尝于灵芝寺说戒，受从颇众。正统间被征为登坛大宗师，至景泰六年（1455），沐浴坐化。上遣礼部赵勗谕祭，碑石现存灵芝寺中。”

明永乐中之无际和尚，正统间智淳和尚，嘉靖间大方和尚，以及这位正德年间的朽庵宗林和尚，都是万寿戒坛传戒宗师，有关戒台寺的著述皆不见记载。仅凭史籍中只言片语，能考索到一些他们的身世，实在是一种缘分使然了。

关于这位万寿戒坛传戒宗师宗林和尚，他与京西的因缘极为深厚，至今京西深山区的斋堂川内仍有两块他撰写的碑文留存，今一并附列于此，以增加对这位高僧的认识和了解。

百花山北麓即是著名的长达八十里的斋堂川。斋堂村以南有马栏村，村有元明古刹龙王观音禅林。马栏村西有圣泉寺，寺已不存，有明成化六年（1470）《圣泉寺碑记》，由“承旨讲经兼宝藏开山圆融显密宗师播扬道深撰文”。道深，明代密教声名卓著的高僧。马栏村再西为清水村南沟，有明达慕寺。再复西行有明福田寺，此地已是百花山主峰的正北方位。百花山的北部有圣泉岩古寺，为一巨大的天然石洞穴，面积达200平方米，洞穴内即胜泉岩。其一，宗林和尚于明嘉靖七年（1528）为寺主德广撰写《百花山胜泉岩主广禅师行业碑记》，赐宗师沙门朽庵宗林撰文，大宁州隐士安谦书丹。文曰：

> 师讳德广，号无边，江西吉安人，俗姓刘，母氏妙莲。师自幼雅淡，因父母缘绊，不遂壮志。晚年出家，遍游湖海，参礼高僧，落发披缁，得万法归一之道，以应无所住为宗。于尘世名利荣华，目不顾视。笙管、歌唱，耳不顾闻。美味馨香，鼻舌皆无所染。绮丽衣裳，身不爱著。唯于庄严道场，护持佛法，则有意在焉。故自南而北，自东而西，所经名山大刹，罔不稽首赞叹。助扬佛化，劝人为善，阴翊皇猷，以报父母劬劳之恩，而普利群生也。
>
> 正德五年（1510）游至宛平县西百花山中，喜见薪水方便之处，乃文殊古佛道场，金章宗赐额胜泉施地，方圆百余里。旧业虽废，其迹犹存。师于此结草为庵，日往月来，而善信归向，殿宇、圣像、钟鼓、坛器、炉香、瓶花、幡盖等制，不费力而易成也。
>
> 嘉靖五年（1526）九月十二日夜半，师示微疾化去。弟子明住与诸檀越恐泯师绩，磨附珉求予记。呜呼，吾伟之教于真谛中，一尘不立于俗谛中，一尘不舍。今禅师发明一心混融二谛，则为有而不有，无而非无，随缘接物者也。为弟子者，苟能以心为心，不耽不染；如月照水，过不留痕；如云住山，散不留迹；则是报佛之恩，报亲之恩，报师之恩，及普报檀越之恩，咸在其中矣。何必求文刻石，然后为报耶，是为记。一代和尚，生的无样，拄杖虚空，玄放传留，觉动十方，无边刹那，无心贤荡。
>
> 同发心弟子贯普、石匠李士增大明嘉靖七年十月十七日立。

其二是《重修灵严寺碑记》。斋堂川西部齐家庄是个大邑落，村内有古刹灵严寺，至今犹存，大殿尚是元代遗构。寺内今存宗林和尚所撰碑文。文曰：

重修灵严寺碑记，钦依万寿戒坛传戒宗师兼诏校正清凉僧史赐金襕袈裟褊衫上杭净慈住山沙门朽庵宗林撰文，大宁州隐士安谦书丹。

都邑宛平西去二百余里，维清水社金柱山也。社之深处曰清水，山之秀者曰金柱。古有佛刹肇创于唐武德间，倚山向阳与今□□□□□俗呼灵严为太子堂，盖因古有太子之像。白马□□……必悉达太子踰城入山之影堂也。

元季兵火之余，胜迹尽灭，十无一二存焉。迨永乐中居民张氏出家为比丘尼，法名广真，悯于□□□□□重兴，遂成尼寺。村民赖以祈福也。景泰间广真□□传不替。但历年既久，迭经霜日风雨□□非有大福德者，焉能续前人之志而整旧添新耶。呜呼，佛法有灵，山神护佑，忽有比丘尼曰：本□若出于其间。

于成化中募缘修建，中为大殿，前为太子殿，为三门，而伽蓝祖师，为鼓为钟，为□□立竿矣。于□□厨库、经像极尽香花供事之美，无不□□□□余寒暑而告成□□村民求□祀□□世间事业无有□而不住，住而不坏，坏而不空者也。苟非众善者以一茎草，为燃灯佛建一□□，名闻天下，光照十方，今古不磨，是无量无边无坏真功也。□□灵严者因有相之功，究无相之理，□□高明无疑之域，念吾佛无字之经，祝吾皇无疆之寿，利益其乡趋善之民，同归无上之道，未必不由灵严重新之力也。懋之！懋之！

时大明嘉靖六年岁次丁亥孟冬十月二十七日立。

这两块碑皆由“大宁州隐士安谦”书写。大宁州为今四川省巫溪县地。

节录自《戒台寺志略》书稿

京西天太山慈善寺深藏的历史奥秘

——涉及与《红楼梦》著述相关的史事人物

一、北京民间盛传顺治皇帝出家的寺院——天太山慈善寺

清康熙年间，在慈善寺有一位修行的高僧，举止状若疯癫，警动四方，被京城百姓誉为魔王菩萨。在乾隆时期，这位成道的疯僧名气更大，他就是曹雪芹笔下《红楼梦》起始开篇疯癫僧道人的来历。

天太山慈善寺在小西山，位于八大处山峰的西侧，是北京市重点文物保护单位。

天太山慈善寺位于石景山区五里坨村北部6里潭峪村，北部山路通海淀区挂甲塔；南至双泉寺；西部山坡下即五府村、潭峪村；东至南北马场。

天太山主峰海拔430.8米，因寺院建在主峰西部一处平缓的台地上，而误称“天台”，遂又有天台山、天泰山的说法。慈善寺为明清古刹，寺内中路大悲殿内供奉金漆木雕观音菩萨像，两旁有碧霞元君等8尊塑像，这种佛、道共祀现象，在京城寺院比较罕见。后殿佛楼内供康熙年间坐化肉身和尚，俗称魔王菩萨，民间传说是清顺治皇帝。旧时每年三月十五日举办庙会，因魔王菩萨故事在民间有很强的号召力，因此庙会极为兴盛。

慈善寺是京西一处修静避暑的佛教胜地，民国初年冯玉祥在三家店驻军，就对天太山情有独钟，1917年、1924年、1928年冯玉祥曾三次在天泰山慈善寺内居住，他好几个孩子的奶妈子都是找的五里坨村妇女。寺内外留下“勤俭为宝”、“真吃苦”、“耕读”、“淡泊”、“灵境”和“谦卦”等摩崖石刻，是1924年12月

23 日、26 日和 30 日冯玉祥在寺内亲笔书写，由本地石府村牛姓石匠镌刻，水准高超。

1928 年 7 月 6 日，冯玉祥在碧云寺与北伐军各集团军总司令陪同蒋介石谒祭孙中山陵寝之后，翌日他又故地重游，寻访旧迹，来到曾经隐居过的天太山，并在慈善寺内住了一宿。

天太山慈善寺所在的五里坨地区历史悠久，文化古迹众多。因在模式口以西 5 里，村北有石山土坨而得名。五里坨以西 3 里的三家店村，是排在衙门口后边二大村落，三家店为第三大村落，均位于京西古道沿途。明清以来五里坨村因服务于煤业的缘故，工商业较为发达，村中保留着一些古庙、古民宅，具有独特文化价值。

旧时北京城香会所称“三山五顶，五路香道”，其中三山指妙峰山、丫髻山、天太山。

天太山西部有一座突起的山峰，东西横亘达三里余西达三家店永定河边，辽代以来一直称为荐福山，明代一度称遮风岭，属于北京小西山范畴。天太山慈善寺东南为著名的翠微山和西山八大处，历来有山间道路相通。

天太山一带峰峦秀丽，奇石伟岸，绿树葱茏。慈善寺地处山峰环抱之中，经清康熙以来逐渐建造完善，现有殿宇百余间。据光绪八年《重修天泰山慈善寺碑记》及其他碑刻记载，寺内有大悲殿（亦称大悲坛、观音殿）、古佛楼（民国间改称莲花宝阁）、伏魔殿（关帝殿）盂兰殿、地藏殿、达摩殿、娘娘殿、韦驮殿、玉皇殿（亦称玉皇阁）等。寺外沿山道还有：接引佛殿、马王殿、龙王殿、水帘洞、卧佛殿、火神殿、天齐殿（泰山神）、药王殿、古佛塔、玄坛殿。

天太山慈善寺在北京城有下院两处：一处是石碑胡同西方寺；还有一处叫神州庙，在西直门外。慈善寺现存康熙、乾隆、嘉庆、道光、光绪石碑十几方，记载史事颇详。

据 1945 重修碑记称：“缘京西天太山慈善寺者，清初之古刹也。供奉燃灯古佛，俗称魔王老爷，元觉妙境，灵显真迹，亿兆同钦，名闻中外。例于每年三月之望为古佛成道之期，远近村民绅商学界善男信女焚香顶礼者，络绎塞途。

感灵祈福者争先恐后，厥因肉体成圣，佥欲瞻祷仪容，诚为一方香火极盛之寺也。”1937 年冬，寺内供奉魔王菩萨真身的二层楼阁，计 10 间，不慎失火焚毁。经五里坨村乡绅艾芝亭、王喆臣筹划，以及把持门头沟煤业的日本人白鸟吉桥等人参与，以及京西众多村落资助下，历经八年将魔王殿（莲花宝阁）及配殿 20 余间全部修复。

据 1974 年访问潭峪村 78 岁袁河老人，他讲：他从小就在慈善寺当杂役，供奉魔王菩萨肉体真身的莲花宝阁大殿，不幸在 1937 年冬季失火焚毁。当时寺僧全部到圈门为门头沟镇长闫子仁去世的母亲做道场念经，留下庙役看管殿堂，当晚上香时香火燃断引着了拜垫，接着引着幔帐，大火冲天而起，已无法扑救，楼阁以及佛龛内魔王菩萨肉身被烧毁无存。其后京西众多村落及门头沟煤行捐资重修殿阁，历经 8 年时间，于 1945 年修复，前后花费几十万大洋，寺貌焕然一新。并由五里坨村一位姓英的艺人，把魔王和尚骨殖捡出塑在塑像里，依旧供奉在龛内。解放后这些佛龛塑像被拆除，楼阁也被改作他用。

自 1937 至 1945 年重修佛楼情况，详载于重修碑记中。

清末民初，王姓、艾姓家族都是本地百年望族，祖上历来担任乡约一职。据京西诸多修庙碑中记载，多担当引善人角色。

艾芝亭，民国时期五里坨人，抗战时期在门头沟火车站开有煤栈，囤积煤炭以便用火车运输到城内贩卖。门头沟煤业组合头目日本人白鸟对他极为敬佩，曾拜他为干爹，1947 年病逝，葬在五里坨村北净德寺的后山坡下。艾姓在京西是大姓，斋堂、丁家滩等地广有分布，五里坨为单独一支，当时户数不多，民国早期有艾玉芳为村副，即其祖上。艾芝亭的旧居极为精良，在五里坨东街至今保留其家清末建造的两进四合院，是相当精良的京西民宅大院。王喆臣（王肇睿），民国五里坨人，住在该村后街，至今仍有清末的两座三进古宅院留存，曾担任五里坨乡村小学校长，也是曾致力京西煤业的企业家。

解放前后有松庄老僧人居住寺内，归石景山区民政部门管理供养。老僧满族人，个子矮小，精神矍铄，谈吐不俗，常作奇语。1975 年以 90 岁高龄圆寂于寺内，五里坨办事处为其料理后事。他大约是西直门里人，其亲侄子 30 来岁，时常来寺看望他，笔者 1974 年在寺内曾遇见过一次。

魔王祖师与香山四王府的阴阳先生，则有民间传说。魔王和尚想建造一座佛殿，预先在殿址地下埋了四个铜钱，请此阴阳先生也帮助选一下殿址。阴阳先生在地上钉了四个钉子，大家扒开一看，四个钉子正好从钱孔中间穿过，显然四王府的阴阳先生也非等闲之辈。

1960年以来，在本地多次听老年人讲述顺治天太山出家的故事，多称顺治帝就是魔王老爷，生活在这种氛围里。受这些故事影响，著者青少年时读《红楼梦》，便一直认为魔王和尚正是曹雪芹笔下疯癫和尚的原型，《红楼梦》开篇的疯癫和尚即从此而来。成年后，此种感觉更强烈。北京西山天太山魔王和尚，在老北京是有着巨大影响的历史人物，尤其在八旗民众中传说更多。

1935年田树藩先生著《西山名胜记》一书，详细记录了慈善寺的状况。

“天太山，八大处西北十余里。由八大处山中前往，步趋向上经过一岭，名一片石。岭上平坦，一片青石净无尘埃，故名一片石。东望京师，西望浑河，三家店及西山峰均历历在目。清康熙年间有疯僧在此苦修，有道行，敕封号为魔王和尚。后坐化，供其肉体为佛。因其貌酷似清世祖，故世传顺治十八年归山修行坐化成佛云。龛旁有诗一首，题曰：世祖章皇帝圣语遗迹。云是坐化前一夕所题。诗曰：天下丛林饭似山，钵盂到处任君餐。黄金白玉非为贵，惟有袈裟披最难。朕乃山河大地主，忧国忧民事转繁……

“语言虽极旷达，然太显露，令人怀疑。此寺经康、乾两朝敕修，闻说高宗临幸此寺时，颇注意肉体和尚云。其旁有石缸一口，脚印石一块，为魔王和尚生时跪拜之石，年久磨成脚印，石缸为其圆寂时盛尸之具。据云，魔王和尚圆寂前向弟子曰：我圆寂后三日，如不放香，即葬入塔中。如闻异香，即成正果，可将遗体供于龛中。三日后果有异香放出，遂供肉体于龛。”以上是《西山名胜记》关于魔王和尚的记载。

著者考证认为，这首顺治出家诗其实仿自赵孟頫禅家诗演化而来。

三月十五日是魔王菩萨圆寂日，每年此日天太山慈善寺举办盛大庙会，纪念魔王和尚，庙会持续半个月，与四月初一至十五妙峰山娘娘庙会连接起来，旧时是京西最具影响的庙会。

清代、民国时期，北京城乡内外众多香会均来顶礼膜拜，庙会香火兴盛。

天太山慈善寺具有极大历史文化价值，周边的村落应该保持历史风貌，尤其千年古村五里坨、黑石头村有价值的古旧宅院、庙宇不应拆除改造，村落应永久地保留，与荐福山、天太山古迹联为一体，保持京西村落传统民宅独特风貌，与古迹风貌相得益彰。应该把开发与历史文化传统有机地结合起来，应该对历史，对历史文化遗产负责，要经得起历史的检验！传统地区的社区改造，如果忽略并抛弃了传统文化遗产，这样的现代化是要不得的，也是可怕的，本身就是没有文化的表现。

新型社区建设本来就是一个文化重建的过程，割断历史与传统的建设，无异于缺乏文化内涵的暴发户，不仅令人看不起，还会形成历史性失误，成为后人唾骂的对象。

1. 关于魔王菩萨

天太山为正式称谓，清代城里无良文人误称为天泰山、天台山，寺内古碑都称为天太山，没有其他说法。在它东南约 10 里隔着一座山峰便是八大处的宝珠洞。旧时在北京京城内外，提起“天太山慈善寺魔王老爷”无人不知，无人不晓。那么天太山慈善寺的魔王菩萨到底是什么样的人物，他的出身经历又是怎样的呢？

据慈善寺清初碑石记载，康熙年间“始有疯僧隐居荒山，坐卧苦修，警动四方，有求必应。”被称为“天太古佛，道高德重，神人皆钦。”这位疯僧在寺内梵修，得道成佛，被人们奉为“魔王菩萨”。魔王菩萨是一位苦行僧，“群奉燃灯古佛，志坚行苦，转石丸于悬崖绝壑之间；德盛道尊，成金身于化日光天之世。”康熙以来施奉者颇多，为“魔王菩萨”修建寺院，至民国初年寺内外殿堂、禅房已达百余间。

另据乾隆十年碑记述，“魔王菩萨”生前礼“燃灯古佛”，他的塔额题有“燃灯古佛莲花教主之塔”，俨然以新宗派教主面目行世，“魔王菩萨”圆寂于康熙十七年（1678）三月十五日，逝后真身不腐，信众们把他供奉莲花宝阁大殿龛内，同时在慈善寺南山坡为他建造一座喇嘛式宝塔。特别是八旗官员、民众对“魔王菩萨”最为崇拜，在乾隆十年（1745），他的名号已是“天太古佛”。每年农历三月十五日，满汉民众结成香会，虔诚进香膜拜。寺内外 20 多块石碑，大部分是八旗民众所立，记载着清代以来寺院扩建发展的历史，以及庙会的盛况。

据相关材料考证，魔王和尚属临济宗第三十三世僧人，其师承及门派尚不清楚，或隶属玉林琇禅师法孙“超”字辈，或属于木陈忞禅师法孙“元”字辈僧人。

毋庸置疑，信众大多都认为“魔王菩萨”就是顺治，认为顺治皇帝在此出家，这是慈善寺得以不断扩建完善的主要原因。清中期以来天太山慈善寺三月十五庙会，是北京著名的“三山五顶”娘娘庙会中的重头戏，并与妙峰山四月初一至十五庙会相连续。僧众与民众把两处庙会衔接举办，联成一体，真是具有想象力的创举。

2. 关于鬼王菩萨

八大处第七处为宝珠洞，是一处很著名的寺院。前殿为观音殿，殿后有一个洞穴，洞壁凝结卵石黑白相间，大如鹅卵、圆润光洁，恰似宝珠黏结而成，因此得名宝珠洞。洞深广约 5 米，昼不见人，很是幽暗。洞上岩壁建有阿弥陀佛殿宇三间。

宝珠洞中旧有一尊肉体真身，系当年坐化的高僧，身面俱贴以金，像前一牌位，上书“钦命赐紫圣感堂上中兴第一代传临济正宗三十三世桂芳岫翁老和尚位。”旁边桌上玻璃匣中有其生前所著巾履，履系红缎制成，趾间包黑云头，鞋后跟已穿破。巾似黄缎为之，质料已经很难分辨了。

关于宝珠洞内真身，道光间麟庆《鸿雪因缘图记》记载：“殿后有宝珠洞，洞石本黑，白点渗之，珠名以此。入洞黝黑，昼不见人。中坐海岫禅师像，海岫禅师，俗称鬼王菩萨。在洞梵修，日夜诵佛施食，四十年如一日，名闻京师。圣祖（康熙）召见赐紫并赐诗，有‘驯鸽檐前应受戒，游鳞花下亦参禅’句。同天台山魔王菩萨并称，香火颇盛。余问原委，僧不能答。”

海岫禅师即中兴圣感寺的桂芳岫翁和尚，又称鬼王菩萨者。海岫自幼出家于保定府白衣庵，后移居京城寺院，落脚于宝珠洞。精研佛理，戒行超众，深得康熙皇帝器重。故康熙皇帝下令重修圣感寺（今香界寺），钦命他为开山第一代住持。就连后来的乾隆皇帝都说：“圣感寺内圣祖（康熙）赐匾最多，复有赐海岫和尚御笔条幅。”(《日下旧闻考》卷一〇三，游圣感诸胜即景诗。）由此可知康熙皇帝对海岫和尚的特殊礼遇。

《五灯全书》卷一〇〇载海岫禅师传记，特附列于此以便研究。

“京都圣感桂芳林禅师，保定清苑张氏子，赋性淳和，不茹荤酒，虽羁尘网，矢志出家。二十七岁，礼本郡观音庵光碧玉披剃，诣悯忠（今法源寺）圆具戒。后居漏泽园，日诵华严，夜持尊胜，设放焰口施食，三年无辍，四众倾心，鬼王之号，由此称之。

“继住西山宝珠洞，有禅者以拄杖向背语请益，师罔措。遂抱疑团，通宵不寐，次晨食椒菜有省。适竺庵于善应（八大处一处）开炉，师预其数，闻鼓声，正思惟间有人诵《金刚经》，三心不可得，豁然悟彻。抚掌笑曰：此心不逾三心外，离却三心亦此心。后参先师静，屡征诘，知臻堂奥，乃记莂焉。

“洞前有平坡寺废址，系唐朝敕建者，师不辞劳瘁，拮据一新。善应结制示众：善应结制，好个消息，禅不会参，噇饭第一。饭后吃茶，不知何味！喝一喝曰：过了三十，定是初一。自题像曰：者个阿秃，生来薄福，不谙人情，太甚孤独。破衲随身，爱栖林麓，虚空作邻，顽石为族。问著宗风，张口闭目。咦！建立门庭三十年，等闲难觅知心腹。

“康熙壬子（十一年、1672）秋，今上皇帝召师入万善殿，见师朴实，解珍宝数珠赐之，并赐龙藏扁额，咏诗褒之，命内翰亦咏其事。至丙寅（康熙二十五年，1686年）七月十日，忽然示寂，世寿六十八，僧腊四十一。上闻，仍赐白金为殡资，其徒寂印，奉师全身，塔于后山广禧寺之前（道安静嗣）。”

所谓后山广禧寺，即八大处以西山后满井村，村南有明代所建广禧寺。这位桂芳林、海岫禅师，又称鬼王菩萨的高僧，其塔就在广禧寺前。按广禧寺清末建筑规格刊，规模一般，乾隆以来未经修复，久已荒废，塔亦毁掉。

据分析，明末清初的竺庵禅师、道安静禅师，为临济宗三十二世辈分，身世暂无考。

至于与海岫禅师并称的“天台山魔王菩萨”，所指即慈善寺开山老祖魔王和尚，本地民间流传古老谣谚称：“前山有个鬼王，后山有个魔王，四王府有个阴阳。”“前山”指宝珠洞，“鬼王”即指桂芳林禅师；“后山”指天太山慈善寺，即魔王菩萨所在寺院。香山四王府有位风水先生，他们三人之间，在本地还有一些民间故事流传。

除天太山魔王菩萨、八大处鬼王菩萨，1978 年春著者在天太山慈善寺还见到一尊塑像，刚从拆除的夹壁墙内搬出，置于一个方桌上，牌位称“临济正宗三十三世 ×××× 地王菩萨之位”。

在康熙年间，西山八大处、天太山慈善寺有魔王、鬼王、地王菩萨共存，“魔、鬼、地”三样都占全了，是个奇特的社会现象。

3. 关于所谓顺治出家诗文

民国年间，慈善寺尚存“世祖章皇帝圣语遗迹”长诗，写在纸上，装裱成条幅挂在魔王殿龛位旁边。1978 年在香界寺，听民国拈花寺受戒的曹云峰师傅讲及，在他授戒的大功课上即有此诗。他在德胜门大石桥拈花寺受戒，戒期要求学僧背诵此诗。1994 年在昆明筇竹寺也见到这首诗文的印刷品，于此可见年代之久，流传范围之广。此诗文各地略有差异，是流传过程中的变化所致。

田树藩先生《西山名胜记》称，诗文录于慈善寺，显然是天下“祖本”。诗为：

天下丛林饭似山，钵盂到处任君餐。黄金白玉非为贵，惟有袈裟披最难。

朕乃山河大地主，忧国忧民事转烦。百年三万六千日，不及僧家半日闲。

来时胡涂去时迷，来去昏迷总不知。不如不来亦不去，亦无欢喜亦无悲。

未曾生前谁是我？生我又知我是谁？长大成人方知我，合眼朦胧又是谁？

但愿不来又不去！来时欢喜去时悲。每日清闲无有事，空在人间走一回。

口中吃得清淡味，身上常穿补衲衣。五湖四海为宾客，逍遥佛殿任僧栖。

莫道僧家容易得，皆因前世种菩提。虽然不是真罗汉，亦搭如来三顶衣。

兔走乌飞东复西，为人切莫用心机。世事如同三更梦，万里乾坤一局棋。

禹开九州汤伐夏，秦吞六国汉登基。古来多少英雄辈，南北山头卧土泥恼恨当年一念差，龙袍换去紫袈裟。我本西方一衲子，因何落在帝王家。

十八年来不自由，江山坐到几时休。我今撒手归真去，管它千秋与万秋！

1936年李慎言著《燕都名山游记》一书，亦刊载此诗，诗句多处不同，不知据何版本而来。

此诗言辞极有气魄，因此产生很大的影响力，流传也广。在昆明筇竹寺居然也有这首诗文，是寺僧印刷后，分发信众的佛教宣传品。经对比此诗文与顺治帝诗风较接近，因此产生了独特的教化作用，如顺治帝宫中座右书诗文曰："莫到老来方学道，孤坟尽是少年人。"在句式、遣词方面，平淡质朴，不加雕饰方面都具共性。当然所谓的顺治诗绝对是无稽之谈，是寺僧招揽香客获得布施采取的造势之作，与顺治皇帝毫无关系。但这首造势的诗文，对民间却产生了强大号召力，清乾隆以来直至民国期间，天太山慈善寺因此而致富，财力雄厚，名气非凡。

二、祖上是满洲显贵的妙安禅师

中华民国时期（日伪前后），天太山慈善寺有四位僧人，依次为德安、妙安、义安、永安。据冯其利同志考证，其中"二当家"的是妙安，其原名已无从知晓。妙安禅师是满族人，老姓赫舍里氏，民国时期其家族在西城刘海胡同三等子爵宅第居住。妙安在清初的始祖希福为赫舍里部人，故取该部名姓赫舍里，至清末保留赫字为姓。由于赫氏家族人丁兴旺，族大枝繁，后又分赫、康、张三个姓，因其祖先是努尔哈赤旧部，世有战功，在清代为官者甚多。妙安禅师先祖是清初弘文院大学士希福，希福是顺治帝薨逝时明确的四大辅政大臣之一索尼的亲叔叔。希福与其兄硕色（一等公索尼之父），在明末后金时期由哈达部归附清太祖努尔哈赤。由于他们精通满、蒙、汉文字，同值文馆，赐号巴克什。希福翻译辽、金、元史，纂修《太祖高皇帝实录》，任总裁官。他文武双全，出使喀尔喀、科尔沁诸部，有胆有识，作战勇敢。顺治九年（1652）晋封三等子爵，世袭罔替。

希福有三子：奇塔特、帅颜保、威赫。后世子孙中也不乏显贵：帅颜保官至礼部尚书，赫奕官至工部尚书，希福曾孙嵩寿官至礼部侍郎。

刘海胡同东口路北的三等子爵宅第，为三进院落。据红学家杨乃济先生考证，最初这所宅第是超勇亲王策凌的赐第，有房一百七十五间。乾隆三十四年五月"其门右一路由德棱多尔济居住，左一路已糟朽，不堪居住，中间房屋尚好，不需大修，仅配置毡帘即可"。那么，这时希福的子孙住在何处就成了问题，与索尼住在一起未分开也有可能性，待考。

最迟在乾隆三十五年（1770）春，超勇亲王策凌之孙拉旺多尔济已在东城宝钞胡同立府，一两年后，刘海胡同这座宅第闲置，修葺后赏给希福子孙居住。

1900年农历七月二十一日，八国联军侵入北京，慈禧太后、光绪帝仓皇出京，而北京的官宦世家来不及避难，为不致受辱往往全家殉难。

据载，希福后裔副都统、三等子文福守城失败，返回刘海胡同请命，秉其父富谦之命，第三子刑部笔帖式斌福带领长兄五福的长子清霖、二兄文福的长子清需到西直门外祖坟地避乱。富谦及其子五福、文福、女儿三姑娘，儿媳伊尔根觉罗氏、呼都里氏、刘氏，孙清霈、清需，孙女大胖姑娘、二胖姑娘、竹姑娘皆举火自焚。及至市面趋于平定，斌福带领两侄返回刘海胡同才知道合宅死难。其后，在后花园掘地将死者埋葬。农历九月二十八日奉上谕予以赐恤、旌表。1901年，年仅13岁的清霖承袭三等子爵，但刘海胡同三等子爵宅第已经元气尽失，陷入衰败境地。民国初元，斌福幼子到天太山慈善寺出家为僧。1920年，斌福把宅第和长子清某托付给本家，只身赴东北谋生。斌福的两个侄子清霖、清霨年轻有为，曾参军并很快晋升为校官。1929年，清霨在作战中阵亡。伪满洲国成立后，清霖到宫内府庶务科做事。1940年，斌福和清霖一同返回北京，这时刘海胡同家族老宅已经易主，斌福长子也已病故。他们到草厂大坑4号本家院里居住。其后不久，老宅院成为内五区警察署所在地。新中国成立后，西四分局使用内五区警署旧址。西四、西单两分局合并为西城分局后，这里改为拘留所，亦与炮局、藏经馆齐名。后布局调整，拘留所迁出，此地建为鼓风机厂，其后成为林业出版社址。该胡同南北长一百米，后边是弘善寺胡同。

三、《红楼梦》之疯道人形象源于天太山慈善寺魔王和尚

著者多年以来一直认为，天太山慈善寺魔王和尚正是曹雪芹《红楼梦》起始

开篇中疯癫道人形象的来源。天太山魔王和尚是北京西山最具影响力的一个佛教历史人物，其事迹传说颇多，主要在附近荐福山下隆恩寺村的旗民中广泛流传。

纵览清人文集，可知敦诚、敦敏、张宜泉都有诗文提到天太山慈善寺，并在寺内留宿。魔王菩萨的传说故事他们必然是知道的，交往之中能不影响曹雪芹创作的艺术构思吗！当然慈善寺僧人们为维持香火繁盛，有意地给寺院增加一些离奇神秘色彩，以广教化，吸引香火布施，故任凭民间把顺治帝出家故事附加在这座寺院上。民间多认为魔王菩萨就是出家的顺治皇帝，并且有坐化的真身一直供奉在寺内的佛楼里。

或许因魔王一系列民间传说的关系，致使寺院周围的景物也得到神秘的升华，令乾隆时期宗室贵族诗人流连忘返，屡经游赏，作诗记之。

四、曹雪芹诗友以及《红楼梦》早期读者

有关《红楼梦》与曹雪芹的诗文陆续发现，使得曹雪芹的诗友逐渐显现出来。这些珍贵的史料，使曹雪芹的身世及著述《红楼梦》的情况逐渐清晰，而对《红楼梦》初期的读者情况也有新的披露与了解。通过相关的发现与考证，陆续出现一批颇有研究价值的新线索。

敦敏（1729—1796），字子明，雍正七年生。清太祖努尔哈赤第十二子英亲王阿济格五世孙，理事官瑚玐长子。家住北京内城西南角太平湖畔槐园，曹雪芹常来此作客。乾隆二十年参加宗学岁试，考试列优等。其父在山海关管理税务，他曾在锦州做过税官；自三十一年历任右翼宗学副官、总管。后因病辞职，卒于嘉庆元年以后，年近七十。著有《懋斋诗钞》。

敦诚（1734—1791），字敬亭，号松堂，敦敏胞弟，理事官瑚玐次子，出继给堂叔父宁仁为嗣。在右翼宗学读书时，与敦敏同时参加岁试，位列优等，以宗人府笔帖式记名，但直到乾隆三十一年才补宗人府笔帖式，旋改太庙献爵。瑚玐管山海关税务时，分司喜峰口松亭关税务。母死后闭门不仕，以诗酒自娱。因始祖英亲王阿济格获罪赐死，罢黜宗籍，敦氏兄弟的家族在乾隆朝才恢复宗室身份，但是地位并不突出，只是徒有宗室的虚名而已。著有《四松堂集》、《鷦鷯庵笔麈》

（抄本作《鷦鷯庵杂志》）、《白香山“琵琶行”传奇》等。

富察昌龄是曹寅的外甥，著有《枣窗闲笔》。裕瑞的母亲嫡福晋就是富察氏，承恩公傅文之女。因此裕瑞曾说：“前辈姻戚有与之交好者”。

“裕瑞，字思元，豫通亲王多铎裔，封辅国公。工诗善画……著有思元斋集。”

据《爱新觉罗宗谱》，裕瑞，乾隆三十六年（1771）生，历任镶红旗满洲副都统，正黄旗护军统领，正白旗护军统领，嘉庆十九年四月因林清逆案永远圈禁（同案的曹纶被民初人认定为曹雪芹后代，经胡适研究实为谬误，高鹗也因此案受到牵连），道光十八年（1838）卒，年68岁。

永忠（1735—1793）字良辅（良甫），又字敬轩，号臞仙，又号栟榈道人、如幻居士，为康熙帝第十四子允禵之孙，多罗贝勒弘明之子，封辅国将军，任过宗学总管，有诗文集《延芬室集》传世。

敦诚与永忠颇有交往，敦诚《四松堂集》诗文有《题臞仙（永忠宗兄）小照二绝》，即是直接的证据。其文集中有永忠参与的宴集、聚会诗文较多。

敦诚、敦敏的叔父墨香（1743—1790），名额尔赫宜，曾任乾隆帝侍卫，永忠是通过墨香而读到《红楼梦》的。

永忠的堂叔弘旿，曾批阅过永忠《因墨香得观红楼梦小说吊雪芹三绝句》诗，曰：“此三章诗极妙。第《红楼梦》非传世小说，余闻之久矣，而终不欲一见，恐其中有碍语也。”

弘旿（1743—1811），字卓亭、仲升，号恕斋、醉迂，别号瑶华道人、一如居士、杏村农、谦吉堂、乐闲安福斋等。他是乾隆帝的堂兄弟。

弘旿是康熙第二十四子諴恪亲王允祕的次子，其母为侧福晋殷氏（殷大成之女）。乾隆二十八年正月授二等辅国将军，在乾清门行走。乾隆二十九年至乾隆三十八年，历任厢黄旗蒙古副都统、正黄旗满洲副都统、厢白旗蒙古副都统、镶黄旗满洲副都统等职，并曾管理健锐营。乾隆三十九年正月，上谕曰：“弘畅系諴恪亲王嫡长子，着袭封諴郡王。其次子弘旿，乃諴恪亲王素所钟爱，着加恩封为贝子。伊兄弟务当共相友爱，孝奉伊母福晋，善承恩眷，以副朕笃念懿亲至意。”

乾隆四十三年三月，缘事革退。乾隆五十九年四月，调正红旗蒙古都统。是年十月革都统，赏给奉恩将军品级。嘉庆四年二月，由奉恩将军品级授头等侍卫，本年十一月，因误差革退。嘉庆十四年九月，奉特旨赏封奉恩将军。弘昨卒于嘉庆十六年五月，年68岁。道光二十四年二月，追封为固山贝子。

敦敏《芹圃曹君霑别来已一载馀矣，偶过明君琳养石轩，隔院闻高谈声，疑是曹君，急就相访，惊喜意外！因呼酒话旧事，感成长句》，这位富察明琳正是写有《题红楼梦》诗二十首的明义的兄弟。

明义（1740—？），姓富察，号我斋，满洲镶黄旗人，生于乾隆五年（1740）左右，傅恒的二兄都统傅清之子，富察明仁（明益庵）的胞弟，乾隆帝孝贤皇后之侄，是清朝皇室成员，当过上驷院侍卫，给皇帝管理马匹。他的《题红楼梦》诗有20首之多，收于《绿烟琐窗集》。

富察明义是宗室永忠从兄弟永珊的外甥，他与永忠、墨香、敦敏、敦诚都有交往。

富察明义称墨香为姐丈，与永忠、敦诚有交往，而明仁又是怡亲王允祥之子弘晓的姐丈。

辅国将军书诚，字实之，号樗仙，郑献亲王济尔哈朗六世孙，辅国将军长恒子，奉国将军，有《静虚堂集》。性慷慨，不欲婴世俗情。年四十，即讬疾去官。邸有余隙地，尽种蔬果，手执畚镈，从事习劳以为乐。袭封辅国将军书诚，年未四十即托疾辞退，汲井莳菜，以养心自持。书诚在西山翠微山下八大处山下筑有崛山山庄，经常与众诗友聚会于此。崛西山庄即在八大处一带，“崛西”即“觉山”（翠微山的古称）之西，大致地点在雍王府村，今为部队驻地。再往南2里余即模式口村东口。

永忠作《寄樗仙将军，时已辞爵》诗云：“仲夏时雨佳，树色摇窗绿。墀花启开落，鸣禽止还续。卷书消日永，千古如照烛。遥忆草堂人，遗荣得无辱。年华方鼎盛，引疾已辞粟。一朝谢缨冕，官骸散拘束，”他对书诚敬佩不已，和以“怀君如清风，天半骞黄鹄”句，诗作于乾隆三十年（1765）。四年后有《樗仙四十寿》，可知书诚年长于永忠，比永忠大一岁。书诚工画，尤爱梅，曾作《写梅偶题》，以四明狂客、孤山处士之“高人不与天下事”的处事态度自诩。

永忠《题樗仙画扇头梅次韵诗》盛赞：“郭髯画山裁一角，不屑层层事锤凿。天机一到万象吞，阿谁继此神仙学？樗兄人竟以仙称，兔颖鼠须常把捉。平生高洁癖爱梅，前身疑是夫铁脚。画法师心成一家，若有骊珠在君握。风霜咫尺幻冰天，呼起蛰龙碾干雹。痴蝇黠蚊避不遑，翻飞恐代大匠鉡。更题新句硬盘空，知君肝肾愁雕琢。”

复在《赠樗仙宗兄》诗中描述其“早辞荣禄”、“抱瓮灌花斜日下，研朱读易晚凉天”的隐居生活。赞颂的本意实寄托着一种对心灵空间自由的憧憬，而时时又为未能企入的境界而叹息，正是其心灵郁闷的展示。与书诚比较，永忠的忧虑与忌讳要多一些。乾隆二十一年春（1756），初应试得授辅国将军，他赋诗称：“过去事已过去了，未来何必预商量。只今只说只今话，一枕黄粱午梦长。”当是现实的无奈心境真实写照。

永忠《延芬室集》反映着八旗文人历史与心境，是清代社会时局的映像与写照。

乾隆年间的张宜泉是今北京通县张家湾人，生卒年不详，或为汉军旗人，曾在村塾教书，约比雪芹大十多岁。他幼年双亲早丧，晚年“亡家剩一人”。自雪芹迁居西山，两人交往更为密切。所著《春柳堂诗稿》，有光绪年间刊本，是其嫡孙张介卿付梓。

这些与曹雪芹同时期的人士，除张宜泉以外都是满洲没落宗室贵族出身，他们与曹雪芹交往并得以阅读《红楼梦》，因与曹雪芹家族境遇相似，对《红楼梦》里大家族的败落最易产生共鸣，正所谓“人们的社会存在，决定人们的意识。”共同的命运，共同的经历与心理因素把他们融合在一起。

2008年以来青年学者陈林等考证提出：清末民初突然陆续出现多种关于曹雪芹生平的史料和文物等，如《四松堂集》及其所谓“付刻底本”、《懋斋诗钞》、《枣窗闲笔》、《延芬室集》、《绿烟琐窗集》、《春柳堂诗稿》、曹雪芹故居等，全都是文化败类、汉奸陶洙（1778—1961）亲手伪造和篡改，或与陶洙的造假有密切的渊源关系。现存一切“脂本”都是文化败类陶洙从民初到1949年前后这半个世纪里陆续伪造出笼的。陶洙不但伪造“脂本”欺世，甚至自胡适以来考证“曹雪芹”生平的“史料”都被陶洙动过手脚，可以肯定的是，《四松堂集》、《懋斋诗抄》、明义《题红楼梦诗》和永忠《延芬室集》等，都有陶洙伪造添加的内容。所谓“曹雪芹是曹寅之孙”的结论，恰恰都是用陶洙伪造的材料推断出的结论。

天太山是与《红楼梦》创作有直接关系的重要历史古迹，无论《红楼梦》作者的论辩如何持续，也不会影响这个推断。无论这场论战结果如何，也无法否定清乾隆时期以上各位宗室贵族诗人置身天太山的史实，这里有顺治出家的民间故事，有康熙年间疯僧（魔王）隐居的历史现象，疯僧与大荒山补天巨石，一片石历史传说等同时存在。康熙、乾隆时期，他们不约而同地对慈善寺倾注眷恋之情，创作与此有关的诗文，并收入各自的诗集，其中必有内在的情结与隐秘。

本文引述诗文，与民国初年被怀疑经陶洙造假的特定内容，没有任何关联。

五、敦诚《四松堂集》诗咏龙泉庵清泉与天太山

敦诚的西园，是颇具盛誉的宅园名胜。据考证西园旧址当在北京西城锦什坊街以西，顺城街以东，阜成门内大街以南，武定胡同以北这个范围内。此处当初为华嘉寺旧址，据考原华嘉寺（20世纪80年代尚为学校，今改为华嘉小区）为嘉庆初年所建，而华嘉寺是在废敦敏西园旧址所建。其母亲在敦诚40岁时病逝，从此他闭门出，以诗酒自娱。著有《四松堂集》，内有与曹雪芹相交的诗文多首。（卷首有敦敏写的《敬亭小传》）、《鹪鹩庵笔麈》（抄本作《鹪鹩庵杂记》）、《闻笛集》（辑录友人诗文书翰，当有曹雪芹的作品，已佚）等，其中有关诗文对研究曹雪芹身世具有重要参考价值。

本文引录的四首诗皆摘自敦诚《四松堂集》。

《慧云寺龙泉水》：

“偶忆西山慧云寺龙泉水，因令小奴驰骑往取一瓶适友人，惠以湖井露芽，松下煎之，亦复清况自怡。

“西山古泉盛南麓，潺湲直下流清曲。慧云白石甃龙颐，冷乍冰浆迸寒玉。昔年我卧松风堂，夜疑急雨飞沧浪。晓与山僧作茗饮，云窗三椀禁枯肠。戏斫坡翁

调水竹，一瓶冽水分幽谷。钗头瀹罢卧风檐，梦入空山听飞瀑。”

《宜闲馆重阳赏菊》：

“九日置酒宜闲馆，客为嵩山蕖仙（即臞仙）、方仰斋（体祖）、墨翁叔（讳额尔赫宜、字墨香）子明兄、汝猷、贻谋两弟、兰庄，是日微雨。

“帘捲秋阴晓阁开，诸公欣看菊花来。难逢篱外啼鸿雨，莫放筵前抵鹊杯。我恐效颦先脱帽，客皆能赋一登台。龙山不幸遭宣武，千古相传亦陋哉。”

八大处四处是大悲寺，内有乾隆六十年（1795）方体祖撰写《重修大悲寺碑记》留存至今，时住持是喜然禅师，当时方体祖官职是“中宪大夫工部营缮司郎中”。敦诚及众诗友重阳佳节在宜闲馆摆设酒局，赏菊燕集。此诗证实方体祖也是敦诚的挚友，他们之间有着极深厚的友谊。

《腊月二十五日夜宿一片石》：

“风捲黄沙急，山围古塞偏。醉中悲壮志，客里送残年。祀腊怀乡土，登楼怅海天。只余孺子泪，向夜一潸然。”

此诗令人费解之处在于，为什么敦诚居然在天寒地冻的腊月末还要在西山夜宿？一片石在古刹慈善寺东南10里，既是一处山石道路的自然胜景，又是村落名称，今称陈家沟村，他不可能夜宿在一片石村的农家。其实他与朋友们夜宿的是天太山慈善寺，因不便在诗内挑明，而以一片石代之，何况一片石（陈家沟村）也没有什么楼阁可登。“登楼怅海天”即指慈善寺内的二层佛楼，底层就是魔王菩萨供奉之处。敦诚诗文不明讲腊月末夜宿慈善寺，一定有历史的隐情与秘密。因挚友相约集聚慈善寺，以送残年，饮酒至醉，且悲歌其志，都说明有不尽的隐情在其中。

《岁暮宿村寺不寐挑灯感赋二首》：

“烟林竹古寺，幞被拂行尘。征仆供宵馔，荒厨燃湿薪。客途多感旧，岁晚易怀人。百事难回首，翻成一怆神。猜犬遥村吠，微飔响叶干。龛深古佛暗，屋老病僧寒。”

“月色迟冬杪，人言静夜阑。萧然不成寐，相伴一灯残。”

敦诚这首诗文又一次证实，他在岁末腊月栖身山寺，上次称夜宿一片石，这次明说夜宿山寺。这寺是何处？必是天太山慈善寺，无有其他。

联想敦诚挚友辅国将军书諴在八大处建有“崛西山庄”，“崛西”即“觉山”之西，大致地点在今雍王府村，现为部队驻地。再往南里余即是模式口村东部，有福寿岭、西福村。村东口以北山坡有明代法海寺第一代主持福寿圆寂后所建塔院，故得名福寿岭。福寿岭有“礼王坟”，占地广阔，是清礼亲王府的第三块坟地，俗称福寿岭礼王坟，葬有四位礼亲王：即乾隆十八年（1753）去世的康亲王巴尔图，王府中称为简太王，是福寿岭第一座礼王坟，规模较大，有宫门、碑楼、享殿、月台、宝顶。巴尔图死后，亲王爵位被康修亲王崇安之子永恩这一支承袭，又在金顶山西福村（距模式口村东口仅二百余米）开辟新墓地，葬有礼亲王永恩。其子昭梿，嘉庆二十年（1815）被革爵、圈禁，亲王爵位赏给昭梿的堂弟麟趾，礼亲王麟趾死后葬入福寿岭礼王坟，墓地还葬有其后人清末礼亲王全龄、礼亲王世铎。

自“崛西山庄”往北经八大处诸寺北行，抵宝珠洞后西行可达一片石、慈善寺，路程约 15 里。甚至可以说，曹雪芹在翠微山、平坡山的谢草池著《红楼梦》，这个谢草池就隐藏在八大处西北、翻山可达的一片石（今陈家沟村）一隅，此地距天太山慈善寺 8 里。

敦诚、敦敏寄情这片山林之间，徜徉居止赋诗，他们与曹雪芹又是挚友，想必有某种情思与心结的联系，说明这里隐藏着不为人知的历史秘密。慈善寺即清代民间传说顺治皇帝出家的寺院。

《四松堂集》卷四还载敦诚《秋山游纪》一篇，记述诗人与伯父游西山的史事，为广为流传，特引录于此。

“岁次癸未（乾隆二十八年，1763）秋拙庵伯父召游西山。癸卯余约同贻谋、桐崖、桂圃出西郊，三子臂鞲鹰隼为搏击之戏。枉道北之余，遂独入福田堡（今福田公墓），日暮同抵山下，进登大悲禅林（四处大悲寺），殿铎泠然寂无人语，惟见橡林霜叶时坠空庭间。乃纡路而上，至慧云寺（即五处龙泉庵）夕照已沉，万壑阴晦。饭罢夜宿北堂，俄而清光耀纸上，急启山窗月吐东峰矣，众山绵亘不辨溪径，远寺灯光遥杂，青磷明灭于烟林有无中，而山风飒飒吹人栗冽，因呼童子硃酒、试笛、蹴三子起剌剌至夜半。

“甲辰早起试水泉上，近午携酒出游，首抵香界（六处香界寺）访龙上人，于山阁茶话移晷，贻谋不乐口头禅，故欲作门外汉，独彳亍辛夷树下。余笑曰：我辈钝根讵能答了元一语，不过赚吃赵州茶耳！何凝滞乃尔。贻谋亦噱更历数坡至絶顶，坐澄观万有亭（七处宝珠洞前之亭），左眺裂帛云东半泓，右顾桑干天南一线，太行隐隐于云中，亦巨观也。高歌狂啸，不减千秋亭上谢公大呼时。晡日薄西倦鸟啼晚，遂鱼贯而下，数憩至龙泉联巨几于潭中，为流觞之戏，不觉溅玉喷珠、淋漓襟袖矣。仍宿北堂看月饮酒如昨夕。

“乙巳晨兴饭于怡情泉石堂。又为石经（今石景山）之游也，三子呼鹰田野间，余独策蹇前往，拾级而上入孔雀洞危坐石窗，望上方、马鞍、极乐诸峯，烟云出没气象万状，但闻浑水澒洞激啮山根声。而三子亦至遂同陟塔上，饮于回廊。贻谋出鹰隼之馀为下酒物。寺僧云晓间有青狼五，杂踏此山，其四已渡河而西，犹余其一于山畔。桂圃、桐崖因欲往觅，遂肩火枪，仆人各持木杖去，余与贻谋向寺僧索笔墨题诗一绝而下。桐崖、桂圃等历尽崎岖卒不得遇，败兴而回。至狼山三子强余走西麓，余固欲走南麓，遂舍三子扶两仆，振衣而上。越数岭荆棘牵衣，竟不得路，黄昏渐暝，满岩阴黑，遥望虎头山（山下为一处长安寺）尚在云际，而两脚惫焉。忽闻人声对峰相呼，则知三子已过虎头矣。更历数险始抵灵光寺，山中已持炬来迎，遂奋余勇至慧云（五处龙泉庵），则枵腹雷鸣矣。竞釂村醪大嚼羊胾。

“韫轩兄亦来山中，是夜豪兴倍于前夕，独月上稍迟耳。翌日丙午早餐已遂辞，拙翁下命，驾而东归。余顾三子曰：西山卅里朝发午至，而二十年中始三蜡其屐，是知软红面目。久为山灵笑客，则虽数日之眺游，数客之畅咏弯易言哉。三子曰：盍纪之以告同人，余曰诺。”

《四松堂集》卷四复记录敦诚西山八大处游记两篇，所记友人臞仙即宗室辅国将军永忠，为恂勤郡王嫡孙，他在五处龙泉庵、慧云寺内留有诗文，被敦诚记录在游记中。从这些记载中得知，乾隆年间龙泉庵内有“怡情泉石堂”；灵光寺有“苦药山房。余新为题名也！”这座山房显然是敦诚所重新命名的；八处秘魔崖证果寺东院有“绿玉轩”。并且提到香界寺的紫玉兰花，其大如掌。都是宝贵的历史资料与典故，足为八大处的寺院山水增色。

经常参与雅集、诗酒唱和的汝猷是敦敏、敦诚的四弟，名敦奇，即《宗谱》中的“敦祺”，他们三人都是瑚玐的儿子。贻谋名宜孙，是敦敏、敦诚的从堂弟，乾隆五年（1740）生，比敦诚小六、七岁，少年时曾同学于家塾。

《西山游纪》：

“甲午夏（乾隆三十九年，1774）与修暇居士、暨孟、季二君游西山。时新雨初霁，凉飓袭裾，浓柳之色，绿染巾车，因乏指南，悮践歧路，乱行荆棘中，辐几反侧，日晡始抵山下。憩于涧边，老树夹荫，水声淙淙，坐移晷不能去。

“晚登崖上（秘魔崖）宿西院，置酒绿玉轩。清蟾从云峯阙处耀，一时夜静烟消山空如水，隔岭钟声，杂以梵语，微微然醒春梦。

“翌日同着蜡屐，携酒榼由崖之东拾级而上，皆崎岖仄径，复失道，历危石荦确间屐齿为之折。抵澄观万有亭，左裂帛、右桑干。天南直视，空阔无际。洞僧二耄而充耳，亦不甚酬答，但与茗饮而已。复与孟季二君陟绝顶，太行诸峰依稀隐约于天末，四山出云，如米南宫泼墨，初而横阴断岫，继而群峰俱失。下至洞口风雨骤来，万山响应，悬瀑鸣喘，争岩赴壑，至慧云寺（今称五处龙泉庵）未入，冒雨至山下，展榼共饮石上，听石河泉声。遂回卢师洞，仆人具鸭酒，倚啸松窗间而烟光云气，倏然变态矣。

“仍宿绿玉轩，与洪上人茶话，雨后山月，又非昨日景色也。越翌日，束装东上。此行也，昼有雨、夜有月、僧能解禅，客皆善饮。

“虽三日之清游，亦一时之胜事耳，是为记。”

《山游纪事》：

“贻谋养疴于西山，折柬相约，三月初二日戊辰束装西来。时春雨新霁，纤尘不生，过大悲庵，昔嵩山约余与周大理立岩先生、马冠军虚舟赏蜡梅于此。今先生已赋遂初作万里归人。虚舟侨寓无定所，凄然有今昔之感。

“早食摩诃庵，庵建于嘉靖丙午（1546）。旧有楼以望西山。天启中魏珰过庵下，偶指楼曰宜去之，即日毁。殿前多松桧，圆盖低荫甚为苍古。

“其西为慈寿寺，明孝定皇后梦中受经于九莲菩萨，因建寺焉。后有窣堵波高入云表，即永安塔也。午出西门，远峰翠色从新，柳杪落人眉宇间，神为飞动，日斜抵山中。

“晤贻谋、赢斋、桐崖于苦药山房。余新为题名也！小饮夜话，翌日己巳晓起，携一童越古涧彳亍危石间，泉流涓涓，忽有忽无，登对峰即清凉故基也，相传梵相为唐天宝中遗制，今已无片瓦矣。其下为证果寺、卢师洞。师于隋仁寿中从江南棹一船来，至厓下而止遂居焉。有二童施雨事，所谓山僧汲空潭，惊起二龙子，百里云溟蒙，三日雨不止，是也。仍回山房早食，与赢斋出游，过慈云叠嶂（四处大悲寺牌楼额题字），拾级数转至慧云寺，试茗池上，听泉声淙淙，坐移晷不能去。

“观壁上诗（听泉小榭），皆不耐卒读。惟友人臞仙题者，句既清新，字亦遒劲，如‘境幽人到稀，小憩喜秋朗。流水无知音，空山终日响’，有右丞风味也。入怡情泉石堂，记余少时尝侍拙庵伯父于此，有“蜡屐定呼小阮从，凿山频逐谢公游”之句，又生华屋山邱之感。�ီ庵携其犹子自城来，赢斋遂先回山房，余独携二仆载茗酒振衣而上，至古平坡寺（六处香界寺）。姚少师所云：平坡最幽胜，真学佛者所宜处也。与龙音上人茶话，阁前玉兰花大如掌，玉蘂琼枝不减昭华旧植。余向寺僧乞一枝不与，因戏举元微之韩员外家辛夷花诗：‘折枝为赠君莫惜，纵君不折风亦吹’，一噱而已。

“出寺循东壁行，至行殿东门憩石桥上。前岁甲午（1774）同复斋来，避雨门下。尔时山涨骤发，万山响应，复斋擘桃引满笑酹山灵。今日北邙一抔，白杨萧瑟，回思之，惝恍若梦，山阳之笛，能不凄然。更上而至澄观万有亭（亭在七处宝珠洞），高瞻远瞩盰焉。骇矣桑干水自北来。

“明吴文恪公云：‘卢沟河出太原天池，伏流至朔州马邑从雷山之阳涌为金龙池，迤逦东下曰桑干，雁门、云中诸水皆会。由大同抵宣府保安，过怀来行两山间，至石经山之西，地平土疏冲激迁徙不常，至看丹口分为二：一东流至通州入白河；一南流至霸州合易水，又南至丁字沽入运河。’

“东望玉泉、裂帛诸胜历历指顾间。辛卯（1771）织局之役会，泛舟湖上已七年事矣。稍憩复陟山椒，西眺万山蜒蜿东来，太行、中条隐然云际，时日斜风起，春寒袭袂不可久立，下山失路乃行乱石荆莽中，数憩而下抵山房，贻谋、赢斋因病不饮，荩庵、桐崖已醺然矣。闲步庭中，看新月出两峯间，已复挑灯夜话至三鼓而寝。庚午早食罢，与荩庵别，赢斋、桐崖出山，贻谋就医亦随以东。贻谋有诗一首，余诗二首云。”（据文中记载考察，此篇游记作于乾隆四十一年，丙午，1776 年。）

这些记载，都极大地丰富了西山八大处的历史文化内涵，使这处文物古迹的历史价值进一步地得到提升，因为有了这些历史名人的足迹，而令人感到亲切有趣味。

六、敦敏《懋斋诗钞》提到天太山

敦敏这首长诗主要是赞诵八大处各寺院的，顺便提到天太山，即慈善寺。天太山慈善寺与八大处之香界寺、宝珠洞相距不远，往西翻山抵一片石村（今陈家沟村），前行约 10 里路即到，显然他们兄弟均曾游历、居止于天太山慈善寺。

《送敬亭游西山》：

“去年四月西山道，柳翠烟浓花正好。嵚崎直上白云颠，眼界胸襟何浩浩。层峦秀叠重崖垂，招提半属前朝基。君今二月奚囊去，我能历数西山奇。到山径寻翠微境，柏榻禅龛梵宇静。谷榖镗鎝鸣钟声，鸟语松风发猛醒。迁迴石磴走嶙峋，香界庙貌香烟新。朱门碧瓦离宫院，仙风绰约仙姿春。煮茶曾试龙泉水，一泓如镜清且旨。遥以飞洒觅源头，此泉宁止此山里。怪哉秘魔真奇异，二青谁与传其事。崖横路断老樵踪，古洞幽深藏鬼魅。振衣更上蹲嵯峨，峰峰相峙楼台多。南望白石卢沟路，西看碧浪昆明波。宝珠古洞森烟萝，中旋一隙通岩阿。问君幽宿何方寺，跻攀天太可能过？平生自负双屐健，春来游兴为君羡。去去四望想诗怀，一时古寺题留遍。”

敦诚，字敬亭、号松堂，是敦敏的弟弟，此诗是敦敏送其弟壮游西山的诗作。诗文表明，在去年的四月他与敦敏共同结伴畅游西山春色，留宿于翠微山即八大处的寺院，饮龙泉茶、游秘魔崖、登宝珠洞，当然也游历了天太山慈善寺。

七、张宜泉《春柳堂诗稿》记载夜宿天太山

张宜泉，乾隆朝汉军籍旗人，大约是北京通州张家湾人，据杨兴让同志考证，张宜泉生于雍正三年（1725），死于乾隆四十一年（1775），享年51岁。所著《春柳堂诗稿》有光绪年间刊本，其嫡玄孙张介卿付梓。对张宜泉家世尚有待深入考证，他的身世遭遇颇为坎坷，13岁丧父，有“缅想孤儿日，悲含舞勺时”句，后又丧母。长兄比他大15岁，他在《分居叹》诗中写道：“嫂兄悕弃弟”，“亡家剩一身”，显然为兄嫂所不容。他自己则是“纵饮原多故，拈毫只苦吟。”《春柳堂诗稿》透露他是一位怀才不遇，科举落第之人，境遇凄苦，曾以授馆课童为生。张宜泉有一子二女（注：张宜泉诗集未按年编排，在《哭子女并丧》之后又有《喜生子》诗，据前诗题，似后又生子），“因出痘，仅存一焉”，他的家境及晚年是惨淡而凄凉的。

另外他的诗文记载与曹雪芹较近的交往，对张宜泉身世的深入探索，将有助于红楼梦研究的扩展与深入。张宜泉与曹雪芹的交往有众多的史料堪为佐证。

张宜泉《春柳堂诗稿》收录《同李二甥婿沈家四世兄登天台山宿魔王寺》，现先将全诗抄录如下：

其一：“山势层霄外，人登日已晡。径斜寻寺远，洞小隐峰孤。渴饮红泉未？来逢白鹿无？非携刘阮至，欲住问僧厨。”

其二：“古刹年经久，山峦致不齐。岫风吹涧冷，岩月挂林低。弹剑能惊鬼，抨弓可射麑。觉依星斗近，终夜梦魂迷。”

其三：“绝顶凌晨踞，长空四顾遥。荡胸朝日上，裂眦曙云飘。虎豹何堪猎（山中怪石形同虎豹），虬龙未易樵（山中老树像若虬龙）。请看山下路，曾见脱尘嚣。”

其四：“亭午山初下，悬崖寺在云。青鸾飞尚见，元鹤唳犹闻。岘首碑遗泪，燕然石勒勋。他年同树德，当似此超群。”

诗文所言天台山魔王寺，正式名称是天太山慈善寺，在京西磨石口村西北10余里，称天太山，亦名天泰山，寺院以供奉魔王菩萨闻名。天太山是北京清代著名的“三山五顶”娘娘庙之一，三月十五日庙会极为盛烈，在北京士民中声望颇高。

张宜泉所做诗文，直接证实这个文人圈子与天太山慈善寺（魔王寺）有不解

之缘。有这些历史材料为证，推断曹雪芹与众位诗友可能曾在天太山慈善寺相聚，他们与天太山慈善寺之间有着某种渊深未知的独特因缘。

八、曹寅诗诵西山潭柘寺与弘济石壁

曹寅（1658—1712），字子清，号荔轩、楝亭、雪樵、棉花道人、西堂扫花行者、柳山居士等别号，也曾自号紫雪庵主，晚年又别号盹翁、嬉翁、柳山聱叟等。一般认为他是曹雪芹的祖辈，其先世为满洲正白旗内务府包衣，母孙氏是康熙帝的乳母，他自幼陪伴康熙，13 岁即任御前侍卫，后历任江宁织造、巡视两淮监察御史、通政史，为康熙朝重臣。他是清代著名学者，富有文才，在京或江南为官期间，与文坛名士皆有广泛交往；曾受命刊刻《佩文韵府》，主持修纂《全唐诗》等。是清初诗坛具有重要影响的诗人。康熙五十一年（1712），曹寅自编其诗《楝亭诗钞》八卷，旋即付刻。

曹寅病殁之后，他的门人顾昌、郭振基等人于康熙五十二年（1713）将其未编入《诗钞》的部分辑为《楝亭诗别集》四卷；同时将《楝亭诗钞》、《楝亭诗别集》及其所作《词钞》、《文钞》各一卷合编为《楝亭集》。《楝亭集》中的诗词，极富才情，向为文学名流钟爱。

曹寅《楝亭诗钞》卷一收载的诗文，多为咏诵北京西山景物之作：如弘济石壁（一片石）、来青阁、读梅耦长西山诗、晓游潭柘寺等，都是曹寅与北京西山一带景物关系密切的直接证据。

曹寅《楝亭诗钞》开卷第一首诗，即《坐弘济石壁下及暮而去》。诗为："我有千里游，爱此一片石。徘徊不能去，川原俄向夕。浮光自容与，天风鼓空碧。露坐闻遥钟，冥心寄飞翮。"

《潭柘山岫云寺志》，镶红旗都统、宗室神穆德乾隆四年（1739）著，载录其所作《摩天壁》诗。他在诗中赞凌壁峰："摩天峭壁疑无路，流汗赪肩悯仆夫。却忆吴山登眺好，画船载酒荡晴湖。此首甲寅（雍正十二年、1734）秋陪座主北平公游潭柘作也。偶话及天下法螺之游，偶占此诗，附识此。"

据考凌壁峰，即摩天壁也。摩天壁，在潭柘寺以南 8 里，位于鲁家滩村的东南部，戒台寺的正西。明代称佛龛山，又称极乐峰，峭壁高耸，直入云天，状如佛像的背龛一般。如从永定河麻峪地段远看，夕阳下又如同一头紫金驼，颇伟岸奇古。此峰正位于戒台寺正西方位，成为寺院东西中轴线殿堂尽端远方的衬景，与寺院辉映成趣。

明清之际的王崇简（其子王熙跪录顺治帝遗诏）有诗赞凌壁峰，即指摩天壁而言，录此备考。

《自戒坛至凌壁峰诗》："路疑无想步，高峰生遐想。登登无径从，目与心相恍。树老风自寒，云起溪欲响。崩冰欹峭壁，疎花缀塘蟒。我侣同远怀，悟异欣所往。所往无暇日，一步一欣赏。趺坐古石根，心胸忽清朗。"

凌壁峰或许即是弘济石壁，但这仅是一种推测。曹寅所说"弘济石壁"到底指的是哪里？尚无法最终确定，载此备考。

另外曹寅游历过戒台寺，也可说明弘济石壁或许在此。

《马上望戒台》诗云："白云满山谁打钟，马首西来路不逢。即此相看如一梦，因缘还欠戒台松"。

曹寅所作西山弘济石壁、潭柘寺诗有很多。

《坐弘济石壁下及暮而去》："我有千里游，爱此一片石。徘徊不能去，川原俄向夕。浮光自容与，天风鼓空碧。露坐闻遥钟，冥心寄飞翮。"

《晓游潭柘寺》："诸峰云未开，前途马已驾。逡巡饭行人，纵览忘深夏。幽光蒙青林，轻阴散丹榭。古迹不可追，依稀见残柘。坐闻流泉哀，百折空亭下。"

《不寐》："月落林屋暗，寒镫耿幽光。邻鸡私咿喔，冰声裂方塘。既醉复思梦，神清愁亦忘。晓车如秋潮，雷鸣过空堂。尘役苦无厌，俯躬自徬徨。"

曹寅游历潭柘寺，并夜宿在潭柘寺，又与弘济石壁诗编排在一起，或许曹寅所说"弘济石壁"即是凌壁峰，此山峰在戒台寺西部，高入云天，颇奇古。但他的诗文中又有"一片石"的描述，与凌壁峰形胜又不相契合，颇令人费解。

曹寅有《坐弘济石壁下及暮而去》诗："我有千里游，爱此一片石。徘徊不能去，川原俄向夕。浮光自容与，天风鼓空碧。露坐闻遥钟，冥心寄飞翮。"

周汝昌先生在《曹雪芹小传》称:“《石头记》首回写一僧一道“来至峰下，坐于石边，高谈快论”。而把那石头缩成一块美玉，袖之而去的却是那僧；后来又来要玉和还玉的也是这位癞头和尚。曹寅自定诗稿，把《坐弘济石壁下及暮而去》这首诗列在卷首，可见对它很重视，诗颇有冥心见道的境界。我以为雪芹小时读他祖父的诗，这第一首，在他小小的心灵里印象一定比较深刻，难免不对他后来写书时的构思发生影响。

一直以来，对康熙中期曹寅笔下“弘济石壁”学界提及的不多。而它藏身北京西山的何处？更是没有头绪和线索，故一直无法得到确定。

笔者倾向天太山东北山坡间的风雨门（三块石）巨石崖壁就是曹寅笔下的“弘济石壁”。至天太山的道路较多，步行可从香山碧云寺门口西行，经打鹰洼、挂甲塔、善化寺、潭峪抵达慈善寺。途中天宝山和香山之间的隘口处有一座小城台，建有清代汉白玉覆钵式石塔，称为挂甲塔。在香山和八大处之间，是一大片广阔的林区，经白庙港就是弘济石壁所在地，在慈善寺东北 3 里余。

或从八大处经七处宝珠洞往西北，途经一片石，再经满井、双泉寺全程 10 里路可达慈善寺。慈善寺东北 3 里白庙港一带可至风雨门（弘济石壁)。满井村正西 2 里馀达万善桥和双泉寺。而在碧云寺一直往西经打鹰洼翻山就是门头沟区的军庄东山村、杨坨，可达妙峰山香道南道。旧时妙峰山庙会、天太山庙会有部分进香的香客会走此道，比较近便。

现在自驾车去天太山慈善寺，可沿阜石公路西行，经模式口、高井、黑石头，在五里坨村折往北行，经新隆恩寺村约 6 里达潭峪村，沿东部山路走数百米即抵达天太山慈善寺。

由黑石头村北行，经佟家坟东北行也可达慈善寺，全程 5 里，知此路者不多。

慈善寺东北 3 里许白庙港北部山峰即弘济石壁所在地。

这座石壁高耸、状貌奇特的崖壁，峭壁插天，伟巨雄浑，颇具大气象。联系到此后诸多宗室文人、失意墨客屡屡跻身天太山慈善寺，都会对它伟岸的风貌有深刻印象，故可以断定，这处景观就是曹寅诗文中的“弘济石壁”。在其东南 10 里，即著名的地理名胜一片石。

九、明义《绿烟琐窗集》有诗称“石归山下无灵气”

明义，姓富察，字我斋，约生于乾隆五年（1740），满洲镶黄旗人，都统傅清的儿子、明仁（明益庵）的弟弟。在乾隆朝一直在上驷院当侍卫，为皇帝管理马匹。母舅永珊把“邻善园”送给他，改称环溪别墅（在北京动物园内，旧称三贝子花园）。

明义诗集《绿窗琐烟集》，周汝昌先生认为大致作于乾隆三十五年至四十年（1775）之间。

明义著《题红楼梦二十首》诗小序称：“曹子雪芹出所撰《红楼梦》一部，备记风月繁华之盛。盖其先人为江宁织府，其所谓大观园者，即今随园故址。惜其书未传，世鲜知者。余见其抄本焉。”

诗为：

“佳园结构类天成，快绿怡红别样名。长槛曲栏随处有，春风秋月总关情。怡红院里斗娇娥，娣娣姨姨笑语和。天气不寒还不暖，曈昽日影入帘多。潇湘别院晚沉沉，闻到多情复病心。悄向花荫寻侍女，问他曾否泪沾襟。追随小蝶过墙来，忽见丛花无数开。尽力一头还两把，扇纨遗却在苍苔。侍儿枉自费疑猜，泪未全收笑又开。三尺玉罗为手帕，无端掷去复抛来。晚归薄醉帽颜欹，错认猧儿唤玉狸。忽向内房闻语笑，强来灯下一回嬉。红楼春梦好模糊，不记金钗正幅图。往事风流真一瞬，题诗赢得静工夫。帘栊悄悄控金钩，不识多人何处游。留得小红独坐在，笑教开镜与梳头。红罗绣缬束纤腰，一夜春眠魂梦娇。晓起自惊还自笑，被他偷换绿云绡。入户愁惊座上人，悄来阶下慢逡巡。分明窗纸两珰影，笑语纷絮听不真。可奈金残玉正愁，泪痕无尽笑何由。忽然妙想传奇语，博得多情一转眸。小叶荷羹玉手将，诒他无味要他尝。碗边误落唇红印，便觉新添异样香。拔取金钗当酒筹，大家今夜极绸缪。醉倚公子怀中睡，明日相看笑不休。病容愈觉胜桃花，午汗潮回热转加。犹恐意中人看出，慰言今日较差些。威仪棣棣若山河，还把风流夺绮罗。不似小家拘束态，笑时偏少默时多。生小金闺性自娇，可堪磨折几多宵。芙蓉吹断秋风恨，新诔空成何处招？锦衣公子茁兰芽，红粉佳人未破瓜。少小不妨同室榻，梦魂多个帐儿纱。伤心一首葬花词，似谶成真自不知。安得返魂香一缕，起卿沉痼续红丝。莫问金姻与玉缘，聚如春梦散如烟。石归山下无灵气，纵使能言亦枉然。馔玉炊金未几春，王孙瘦损骨嶙峋。青娥红粉归何处？惭愧当年石季伦。”（《绿烟琐窗集》刊本。）

天太山一带顺治出家的民间传说、风雨门石崖传说故事，或许也与《红楼梦》中的大荒山无稽崖的描述有关。是“石归山下无灵气”诗文的出处，灵石宝玉就生发存在于此。

研究《红楼梦》的学者中，有一个流派认为《红楼梦》与“顺治皇帝出家”说有关。北京有关顺治帝出家的故事，最为集中地体现在天太山慈善寺身上，民间声称慈善寺魔王老爷就是顺治皇帝。

著者在20世纪五六十年代，闻听耆老讲述顺治出家的故事较多，特予简略概述。

1. 天太山慈善寺东北部山峰间有“风雨门”，“雹子石”胜景，均与民间流传的顺治帝出家故事有关。在天太山东北部山峰间有黄褐色巨石插天而立，浑润伟巨，与背后山体色彩卓异，颇显突兀，循具大气象，游览者无不唏嘘而赞叹。西山耆老俗称为“三块石”山峰，又称风雨门。据传说，顺治帝出家前往西山，宫廷人马追赶至此，被骤至的大风雨阻止，遂得名风雨门。复前行为“一片石”，光滑石面达数亩，因石面有许多的麻坑儿，又称雹子石。传说顺治帝出家过了风雨门前行到此，宫廷人马又追赶过来，突然天上又下起了冰雹，把追赶的人马阻止住了，雹后顺治帝就无影无踪了。因石面被砸了许多小坑，因此俗称雹子石。

2. 据传说，最初顺治帝住在隆恩寺以北的中峰庵。康熙初年魔王菩萨又搬到天太山慈善寺修行，每每在半夜，他来到“三块石”峰顶，把三升绿豆倾下沟谷，而后能够一粒不少地收集回来。后又改为三升小米倾下山谷，也能够一粒不少地收回，原来魔王经苦修已经成道得法。魔王的虔诚苦修感动了山中的“四大门”，使得这些小动物们都来帮助他。这位魔王老爷就是出家的顺治皇帝。

3. 有一大户人家出殡，远处来了一个骑驴的红衣绿袄的小媳妇，葬户认为是风水，要立即下葬。魔王过此，制止说不是真风水！一会儿，天空飞过一只“奔的木”鸟（啄木鸟），魔王说这才是真风水呢！手一挥鸟儿掉在了墓坑里，遂下葬。一会儿魔王拿出一块花手帕，原来“奔的木”是花手帕变的。遂使小媳妇躲避了祸殃。

4. 隆恩寺旗民王家娶媳妇办喜事，在中峰庵修行的魔王老爷（顺治帝）下山来帮忙。他坐在灶前帮助煮面，只见他用山桃木棍在锅里搅了搅，真神奇，全村几百人吃酒席，煮的这一锅面条总也捞不完。从街上跑过一条“玉门狗”（黑狗头部正中一块白毛），魔王说：这是一条玉门狗，你家绝对不能养它。喜事办完，王家感谢，送礼不收。后在炕席下还发现一个金元宝，原来是魔王老爷留下的。在中峰庵修行年余，因地势高峻可以望到京城，顺治帝总觉尘心不能断，遂搬到东部 6 里的天太山慈善寺继续修炼去了！

5. “前山有个鬼王，后山有个魔王，四王府有个阴阳”是京西著名的民谚。鬼王在宝珠洞，阴阳先生住香山四王府。魔王在慈善寺要建一座大殿，请四王府阴阳先生来选址，在殿角处埋了四枚铜钱，魔王说我也选一下，用四根钉子钉在了地上，大家把土扒开一看，结果魔王的钉子从四枚铜钱孔正中间穿过。即金钱点穴建庙的故事。此类传说故事还有很多！

6. 顺治帝死后，安亲王岳乐抱着年幼的康熙帝登极，因袍子袖肥大把康熙帝遮住了，因此各位王爷都不跪拜，还说安亲王有篡位的野心。云云。

这些故事是 1965 年以来本地的南宫王润德老人、隆恩寺村的多位老人们所讲述。顺治出家的民间故事在本地民间流传很广，而且年代也比较久远。

《红楼梦》写道：“却说那娲皇氏炼石补天之时，于大荒山无稽崖炼成高十二丈见方，二十四丈大的顽石三万六千五百零一块。那娲皇只用了三万六千五百块，单单剩下一块未用，弃在青埂峰下。谁知此石自经锻炼之后，灵性已通。因见众石俱得补天，独自己无才不得入选，遂自怨自愧，日夜悲哀。”天太山东北伟巨的“三块石”（风雨门）山峰，很可能即是曹雪芹《红楼梦》笔下大荒山无稽崖下弃置成仙的通灵宝玉的来源，与卧佛寺水源头的元宝石相比，它在历史上的名气要大得多，时间也早得多。

也许因为这些传说故事的缘故，“三块石”奇峰被赋予神奇的色彩，这正是明义笔下“石归山下无灵气”的真实来源。

再联想敦诚“夜宿一片石”，敦敏“跻攀天太可能过”诗句，其间肯定都藏有不言的秘密，令他们不约而同地有感而发，赋诗咏之。我们今天所听到的民间故事，在当时他们也会有所耳闻！

十、敦敏《懋斋诗钞》的“登观音阁吊安亲王故园”诗

隆恩寺所在的荐福山在天太山西北部，两地山峰一脉相连，相距约6里。清初隆恩寺山场辟为饶余敏亲王阿巴泰墓地，有清一代其家族是宗室贵族，后世子孙中袭爵位者的墓地也都设置在此。阿巴泰是努尔哈赤第七子，骁勇善战，为建立大清国功勋卓著，顺治初年逝世。其子安亲王岳乐曾辅佐幼年的康熙帝登基，是清初著名的宗室人物。与曹雪芹有深厚交往的敦诚、敦敏弟兄俩，曾置身于北京小西山的诸多寺院，也曾沉吟在隆恩寺的山水之间。敦敏诗“安亲王故园”所指即隆恩寺山场，饶毓敏亲王家族墓地一直延续使用到清末民初。乾隆年间敦敏曾在此凭吊安亲王岳乐。

敦敏《懋斋诗钞》“登观音阁吊安亲王故园”诗:“落木响萧飕，遥登古佛楼，白云樵子径，黄叶废园秋。台榭啼乌恨，垢林落日愁，临风吊遗迹，竹外梵声幽。”

敦敏诗文所指即是西山隆恩寺山场的安亲王墓地。“白云樵子径”显然位于山野，佛楼、观音阁都是隆恩寺内的殿堂，安亲王故园所指正是隆恩寺的安亲王家族墓地。敦敏在此登观音阁，并居留数日是顺理成章的事情。隆恩寺及安亲王墓地是与敦敏行迹有关的一处历史古迹。

安亲王的女儿柔嘉公主自幼抚育宫中，长大后嫁给耿聚忠。耿家父祖辈耿仲明、耿继茂的“靖南王府”在今六部口以北的中宣部院内，高大的王府围墙尚有留存。乾隆年间这里成为仪亲王府，今有一座五间的后照楼留存。康熙间耿昭忠、精忠、聚忠三兄弟，精忠即“三藩之乱”祸首之一。耿聚忠与公主死后葬在门头沟九龙山前的龙门村，墓地及墓碑至今仍留存。

阿巴泰、岳乐家族与敦诚、敦敏家族一样，在乾隆早期也经历着落寞与失意。他在隆恩寺看到的是“废园秋”、“落日愁”的落寞景象，此情有感而发，喻意深刻，寄托着几多感慨与无奈。

顺治初年隆恩寺即成为旗地，有清初“随龙入关”的饶毓敏亲王、安亲王家

族产业，由旗丁们看守其家族陵寝。有清一代，本地旗民多有天太山慈善寺魔王菩萨就是顺治皇帝出家的故事流传，甚至传说顺治出家最初就在隆恩寺北部山坡上的中峰庵，而且还下山参加过王家儿子的婚礼云云。（可参阅本文上一节有关民间传说的记载）

十一、乾隆后期睿亲王淳颖《红楼梦》诗

清末民初恩华著《八旗艺文编目》集类别部一著录："《身云室稿》、《虚白亭诗钞》睿恭亲王淳颖著。王号玉盈主人，乾隆四十三年（1778）命多尔博仍为睿忠亲王后，以其六世孙淳颖袭睿亲王。嘉庆五年薨，谥曰恭。睿恪亲王如松子。"

北京图书馆藏书中除刻本《虚白亭诗钞》外，还有刻本《淡香吟稿》一种，著录为"淳颖夫妇合集"。这部诗集前半部分之后钤有"福晋之章"、"淡香主人"两枚篆章；后半部分之后则钤有"宗令之印"、"玉盈主人"的篆章。诗稿上署"又次道人稿为淡香主人雅鉴"两诗，即载于此书的后半部分。

由此可知，诗卷上署名号的诗都是睿亲王淳颖所写，"身云室"是他的室号，"玉盈主人"、"又次道人"是其别号。"淡香主人"是其夫人的别号。

睿亲王淳颖《虚白亭诗钞》载有《读石头记偶成》七律诗一首（见胡小伟《光明日报》1986 年 7 月 15 日 3 版文章），据考是与《红楼梦》有关的一首诗文，诗曰："满纸喁喁语不休，英雄血泪几难收。痴情尽处灰同冷，幻境传来石也愁。怕见春归人易老，岂知花落水仍流。红颜黄土梦凄切，麦饭啼鹃认故邱。"

诗钞有"芑孙谨识"的跋语，应出自乾嘉时期江南名士王芑孙之手。王芑孙字念丰，号铁夫，又号惕夫、惕甫。"幼有异禀，年十二能操觚为文。既冠，为诸生，不屑为时俗科举文字，独肆力于诗、古文，纵横兀戛，力追古人。至京馆于董文恭公邸第。乾隆戊午，高宗巡幸天津，迎銮献赋，召试入格，赐举人，以官学教习除授华亭教谕。妇曹氏贞秀亦工诗善书，世方之'鸥波夫妇'云。"（《吴县志》卷六十八）其著述有多种，有《渊雅堂编年诗稿》二十卷等（《吴县志》卷五十七）。可见王芑孙一度到过北京，以幕馆身份周旋于权贵之间。

按记载乙巳即乾隆五十年（1785），"富春宫保"即董诰、"东武尚书"即刘

墉、“玉盈殿下”即淳颖。王芑孙在这一年（1791）春任淳颖的幕僚，淳颖将诗稿让他就正，由王芑孙跋以识语，自然也是合情入理之举。

睿亲王淳颖举止与众不同，复爵后的乾隆后期，他把墓地选在通往天太山慈善寺的大路边，即五里坨村北净德寺旧址。

长于王爷坟考察的冯其利称：入关第一代睿亲王多尔衮的坟地称“九王坟”，旧址在今东直门外新中街附近，占地300多亩，其中可耕地一百多亩。园寝坐北朝南，最南边为神桥一座，下边是月牙河，神道有华表、石人、石马。再北八、九米远是宫门三间，栅栏门，有围墙、子墙共两道。进宫门是东西朝房，碑楼两座，内有两块驮龙碑。正对宫门是享殿五间，享殿后有月台，月台上有大宝顶一座。大宝顶后有小坟头四座。宝顶北边是半圆弧的“跨栏”墙，墙北还有大山子为三合土夯筑的土山，高约十米余，院墙内外植有松柏树。整座墓葬南北长达百米。

而朝阳门外定福庄附近梆子井村，是睿亲王家族另一处坟地，占地一百余亩，依次葬有第八辈睿亲王瑞恩、第十辈睿亲王德长、第十一辈睿亲王魁斌、第十二辈睿亲王中铨。

第七辈睿亲王淳颖在嘉庆五年（1800）十一月薨逝，葬在他生前单独另选的墓地——西郊五里坨村北净德寺。其长子宝恩袭睿亲王，但仅年馀时间于嘉庆七年（1802）五月溘逝，年仅25岁，谥曰慎，葬在朝阳门外某村花园的小口坟地。宝恩四弟瑞恩再袭睿亲王，道光六年（1826）五月薨，享年39岁，谥曰勤。安葬在梆子井村墓地。

第九辈睿勤亲王仁寿，瑞恩长子，生于嘉庆十五年（1810），道光三年（1823）赏戴花翎，六年八月袭睿亲王，七年担任正白旗总族长。后担任镶白旗汉军都统、正红旗蒙古都统等职，管理过左右两翼宗学，作过玉牒馆总裁、镶黄旗领侍卫内大臣。他在“祺祥政变”中抓郑亲王肃顺时已52岁，三年后的同治三年（1864）去世，终年55岁。是参与慈禧太后第一次“垂帘听政”政治举措的宗室贵族，死后也葬在五里坨村北净德寺墓地。

睿亲王淳颖生前把墓地选在五里坨村北净德寺，与西北4里的饶毓敏亲王家族墓地遥遥相望。墓地的阳宅、阳宅则建在其南五里坨村东街，旧有两座东西并列的大宅院。从净德寺墓地往北，沿大道 4 里路可抵达天太山慈善寺。结合天太山的历史与传说，以及他与《红楼梦》有关的题诗，且睿亲王府中只有他把墓地选在西郊五里坨，与慈善寺最为接近，这些举措足以发人深思。

十二、锄月老人是清礼部侍郎秀楚翘（秀堃）

西山八大处五处龙泉庵，在康熙年间实为两座寺院，即龙王堂和慧云禅林。慧云禅林在不断的修建过程中，有众多善士出资赞助，其中清代礼部侍郎秀堃曾参与其事。寺院内听泉小榭檐下旧悬有诗匾，内容是锄月老人所做《甜水歌》，诗文颇有名气，抒发老人对龙泉庵清泉的极度留恋赞赏情怀。

“我来翠微陟其巅，上有古刹名龙泉。松柏郁郁布浓荫，千尺百尺森参天。苍皮黛色四十围，虬枝盘曲生风烟。四十不放日光入，盛暑不热风泠然。蓄以石罅泻石髓，涓涓泊泊流清泉。蓄以方池承以石，跳珠嘎嘎鸣琴弦。汲来烹茶香且冽，调羹饮黍味弥鲜。或曰饮之令人寿，揆之于理宜有焉。笑我饮此嗜且贪，自夏徂秋常流连。隆冬畏寒返庐舍，忽思此水口流涎。轻尘万丈风怒吼，京城苦水鬻论斗。安能移此一勺泉，甘美芳馨润众口。”

其实，这位锄月老人就是礼部侍郎秀堃（楚翘）。宝竹坡侍郎诗集《偶斋诗草》外集卷五，辑录有《龙泉庵》诗：“小榭听泉坐，翛然万念除。喜逢新霁后，正是仲春初。残雪不满树，寒潭时见鱼。永怀锄月叟，曾此结精庐。秀楚翘先生堃，别号锄月山人。”

此锄月山人即锄月老人，是秀堃的别号，宝廷此诗是最直接的证据。

显然秀堃侍郎在此筑有山居的精庐，即山居的别墅小院。《甜水歌》正是他创作的诗歌艺术杰作，可谓名人、古寺相得益彰。秀堃的史料见到以下几种，特予采撷，以益事功。

秀堃原名秀宁，字楚翘，号松坪。行二，乾隆三十九年（1774）生，嘉庆三年（1798）举人，六年（1801）进士，历任翰林院庶吉士编修、侍讲、侍讲学士、侍读学士。因为家谱自乾隆庚戌辛亥年（1790、1791）增修后，多年未及续修。秀宁在嘉庆辛未冬，改补礼部侍郎。后因公事稍简，遂取旧谱增补。祖父英德，始祖巴达巴颜，隶正蓝旗，与硕启长子岱图库哈里同族。

1. 秀堃，字楚翘，满洲他塔喇氏，任礼部侍郎，楚翘夫子，满洲正蓝旗人。秀堃亲手编订《他塔喇氏家谱》三卷;《近支宗谱》一卷;《本支家谱》一卷；现存清道光十五年（1835）抄本，藏大连市图书馆。

2. “嘉庆二十二年（1817），丁丑科会试考官有曹振镛、戴均元、姚文田、秀堃。”

3. 《巧对录》卷六:“嘉庆壬申、癸酉间（1812—1813），王文僖公（懿修）与铁冶亭（铁保）同为礼部尚书。而左右侍郎则英煦斋师及胡西庚（长龄）、秀翘楚（秀堃）、汪瑟庵（廷珍）四先生，又皆出冶亭先生之门。同堂六人，衣钵相承。时有”水部三堂三鼎甲，春官六座六师生”之对。

十三、秀堃与《红楼梦》后四十回著者高鹗是挚友

满洲鹤算，字砚畬，图们人，隶正白旗，官内阁中书，转礼部主事（《八旗艺文编目》)。鹤算著有《心逸轩诗钞》上、下两卷，北京图书馆藏手稿本一册。

另有清咸丰元年（1851）刻本《心逸轩诗钞》，前有杨文定序称:“先生学养素裕，稽京秩者四十载，恬淡寡营，优游自得。公退之余与高兰墅（鹗)、杨启庭、秀楚翘、桂香岩（龄）诸先辈以诗酒唱酬。”

鹤算，字砚畬，这个带砚字的名号是否与“脂砚斋”有关，尚不清楚。以他与高鹗的交往来看，高鹗续写《红楼梦》，挚友鹤算对《红楼梦》予以点评是顺理成章的事情。

而且《红楼梦》起首的疯僧，肯定与康熙年间天泰山慈善寺疯僧的传说有关。慈善寺内一定留有曹雪芹及敦诚、敦敏等人的足迹，张宜泉《春柳堂诗稿》即有“登天泰山夜宿魔王寺”诗，正是此种情景的最好证明。

这个诗序，真实地记录乾隆后期在北京高鹗、鹤算、秀楚翘、杨启庭、桂香岩等人的交往情况。以及在京城内他们“诗酒唱酬”，奇文互赏，酒酣耳热，吟诗作画的士大夫生活场景。高鹗乾隆六十年（1795）中进士，典内阁中书，鹤算也曾任中书，本是同事。秀堃任礼部侍郎，社会地位很高。他们相熟相契，以文会

友，诗文唱答，志趣风雅，给北京古老的历史增添了情趣与深邃。谁能说在翠微山间，没有留下他们聚会的印迹呢！

高鹗（1738—1815），字兰墅，一字云士，汉军镶黄旗内务府人，祖籍铁岭，先世清初寓居北京。因酷爱小说《红楼梦》，自号“红楼外史”。高鹗熟谙经史，工于八股文，诗词、小说，对戏曲、绘画以及金石之学，亦颇通晓。诗宗盛唐，词风近于花间派。论文则“词必端其本，修之乃立诚”，强调以立意为主。

高鹗乾隆五十三年（1788）考取顺天乡试举人，六十年（1795）进士。历官内阁中书、内阁侍读。嘉庆六年（1801）任顺天府乡试同考官。十四年（1809）由侍读选江南道监察御史，十八年升刑科给事中，在任以“操守谨、政事勤、才具长”见称，为官两袖清风。

高鹗的著述，除《红楼梦》后40回外，另有诗文著作多种。《清史稿·文苑》著录有《兰墅诗钞》。杨宗羲《八旗文经》著录有《高兰墅集》，今俱佚。现存《兰墅十艺》（稿本）、《吏治辑要》，还有诗集《月小山房遗稿》，词集《砚香词·簏存草》。

又据清代广东顺德无名氏著《燕京杂记》（北京古籍出版社版）记载：“贡院在城东……明远楼甚高，楼柱有联云：‘夜静文光冲北斗；秋来爽气挹西山’，秀楚翘先生所题也。”这是有关秀楚翘侍郎的又一历史记载。身居京城，他的思绪仍牵系着西山的风物，挚爱之情由此可见一斑。

据闻有《只自怡悦诗钞》一种，普通古籍，清锄月老人（秀堃）撰，清道光二十二年（1842）刊本。余未之见。

从目前研究现状看，学界对北京西山的寺观、园林胜迹与乾隆时期历史人物关联的研究尚不充分。依据清人文集留下的历史线索，扩大搜寻范围，从西山及八大处的方位角度出发继续追寻下去，对乾隆中后期京城士人身世交往情况加以深入研究，最终或许可以对“红学”研究有新的发现与突破呢！

修改补充旧作汇集成篇，2009年5月5日撰于京西九龙山下居庐

北京西山伽蓝名僧记

京西门头沟区、房山、海淀、石景山区，地处北京西部，山川雄秀，梵宇琳宫触目皆是，成为最优美的历史文物风景区。唐辽以来，无数的高僧大德在这片土地上，留下他们对佛教哲理的虔诚与追求，以他们的精进禅修，以他们对佛法的感悟自悟悟人，留下动人的事迹和法语，是一份丰厚的历史文化遗产，极大地丰富了中国佛教的历史。同时他们的言行修为也为佛教史籍所载录，彪炳青史，为后人所传颂。笔者注意这一领域史事有年，今据目力所及做一综合梳理，以推进北京市佛教史志的研究和整理。因囿于条件，本文仅限于历史上北京西山的范围之内。

一切宗教，因具有相对的稳定性、延续性，故而与历代史事有较多的关联，对这个领域积极深入的研讨，将有益于我们历史文化研究领域与视野，是促进文化发展的重要环节。佛教史研究，应该是我们目前必须着力加以重视的一个文化领域，并予以积极的推进。

一、后唐从实禅师倡法潭柘古寺

潭柘寺是北京地区历史最为悠久的寺院，建筑崇宏，法脉连绵，自西晋以来，每个历史时期都有丰富的佛教史实可资研究采撷。

据清乾隆四年（1739）《岫云寺志》记载："后唐从实禅师，师与其徒千人讲法潭柘，宗风大振，后示寂华严祖堂，建塔山中，余姚谢迁《嘉福寺碑记》载其事。"后唐从实禅师的骨塔，建在潭柘寺西南五里的莲花峰山腰，但因年久失修已塌毁无存。

关于从实禅师以及法脉弟子的情况，大典本《顺天府志》卷七寺院条目下有载录。其中“大万寿寺”条记述：

“大万寿寺，在旧城，按古记考之，本中都大万寿寺，潭柘禅师之古道场也。燕京之西有古刹，距京城百里，泉石最幽处名曰檀（潭）柘。师讳从实，自湖南来，乃曹洞二代孙，辽太宗会同年间至世宗天禄初（938—947），有开龙禅师智常弘潭柘之道于燕，创此寺。景宗保宁初（969）赐名悟空（寺），圣宗统和十九年（1001）改名万寿禅院，至太平年间（1021）改名太平寺，道宗太康中（1074）改名华严寺，……皇统初（1141）更赐名大万寿（寺）。”

大万寿寺辽代初年由开龙禅师创建，直至金元时期依旧繁盛，名僧辈出，法脉交接，连续不绝。历代高僧秉承后唐潭柘寺从实禅师曹洞宏旨，演法于此。大万寿寺历史悠久，代有尊宿，与潭柘古道场保持着宗风交流联系，培植起深厚的历史与佛教文化底蕴。

辽金元三代燕京城大万寿寺与潭柘寺之间僧众往返，不绝于途。这一切均起自于五代后唐时期从实禅师的弘法业绩，因从实禅师弘法潭柘，业绩卓著，故燕京士民皆以潭柘禅师称誉之，开北京地区曹洞宗禅法先河，对后世的影响极为久远。北京地区辽金元历史上，潭柘寺、昊天寺、宝集寺、庆寿寺、大万寿寺、圣安寺、铁壁银山、红螺寺、竹林寺、海云禅寺（普济院改）、仰山栖隐寺、慧聚寺（戒台寺）、旸台山龙泉寺、白瀑寺、云居寺、瑞云寺、谷积山院、延福寺，河北临济寺、柏林寺、开元寺，以及山西浑源州的大永安寺、大同华严寺、磁州大明寺、济南灵岩寺、嵩山大法王寺、锦州大明寺、辽宁医巫闾山玉泉寺等等，在北半部中国构成一个完整的佛教传承系统，僧众间进行合作与交流，弘扬光大法门，遗留下诸多珍贵的佛教史实。

后唐从实禅师之后，辽金元各代传法高僧均将潭柘寺视为祖庭，圆寂后皆以归葬是山为愿。今潭柘寺塔院内众多高僧古塔，正是这种佛教史实的体现与证明。

二、辽代法均大师弘法慧聚寺

马鞍山慧聚寺，即西山戒台寺，创建于唐武德五年（622），“时有智周揮师隐居于此，以戒行称”，唐代还有俊公和尚倡法于马鞍山寺，辽金元明清各代高僧辈出，在佛教界有崇高的威望。

戒台寺雄伟壮阔，与山峰秀色相得益彰，它与潭柘寺被誉为京西二巨刹。在北京地区寺院中史事突出，独树一帜，辽代法均大师声名卓著。

辽代佛教大兴，具其显著特征，一为重兴密教，二是重建律宗，三是禅宗承传不绝。

法均大师是燕京著名律宗巨匠，戒台寺有法均大师七级密檐塔，是为瘗藏其舍利建造的宝塔，塔下有《马鞍山故崇禄大夫守司空传菩萨戒坛主法均大师遗行碑记》，辽大安七年（1091）闰八月立。碑螭首，通高4.18米、宽1.16米，厚0.24米，下为龟趺，是典型的辽代石雕风格，历史艺术价值极为突出。

法均塔南部另有一座五级密檐砖塔，为金代初年风格，显然是寺僧具名望者之塔。

现据碑文记述将法均生平做一考证。

法均（1021—1075），辽重熙五年（1036）出家为僧。“前知则有京西紫金寺非辱律师，目击净器，收而教之。”考此“京西紫金寺”，是法均弟子所撰碑文中所称他的出家之地，且地处“京西”——即辽代南京城之西部，故不可在辽金故城中去寻求了。从“京西”这一地域推断，紫金寺当在辽玉河县的辖地以内。地处山区闭塞乡间，故史实失载。笔者认为紫金寺，是指今门头沟区田庄乡田庄村的一处古刹，名曰紫荆寺。据《宛署杂记》卷十九：“紫荆寺，在田家庄。相传隋田真、田广、田庆兄弟三人分居，议分紫荆，一夕枯死，兄弟感悟，复合，荆亦复荣，即此地也”。考其寺址，东向，位于村中部的坡地间，前为河谷。现仅存民国间庙院，名曰大佛殿，已非旧貌，盖即紫荆寺旧址。紫金系紫荆寺的讹误。京剧著名剧目《紫荆树》、《打灶分家》均以隋代田姓兄弟故事为原型，概源于此。

据此，法均显然是本籍人士，即辽南京玉河县人，16岁时他在邻近家乡寺院——紫荆寺，依非辱律师受戒。“虽行在毗尼，志尚达摩，因负笈寻师”。他不满足学习一些清规戒律的表象，因而四处游学，寻访高僧大德，精进不息。后果有所成，“以至‘名数相应’，‘吼金’、‘税石’等论宗旨明，曰义类条贯，其破邪则龙象之蹴踏；其辩正则狮子之哮吼。主盟后进凡十数季。”这一时期，学术修为大进，他在燕京佛教界佛理声名的地位由此确立。看来法均大师是位自学成才的僧侣，因遗行碑中竟未列举他参访的任何一位高僧的名号。

清宁七年（1061）春大师41岁，“朝命与能校定诸家章抄，师协舆论已在数中。会有人力争胜负，欲代师之次者。师因求退与息贪兢，时议多之。”同年秋，“燕京三学寺论场虚位，公选当仁，复为众推，辞弗获免，岁满始授紫方袍，赐德号曰严慧。”法均大师在三学寺担任住持时，得到辽道宗赏识，赐紫袈裟，并授“严慧”大师称号。离三学寺后，“亟辞毂下，来隐是山（慧聚寺、今戒台寺）。一之二之日，同行云奔；三之四之日，檀那景附。交尝甘露，互挹清风，月倍岁增，众常累百”。

咸雍五季（1069）冬，辽道宗以僧录司“僧务繁剧需人，诏委师佐录其事”。此时法均大师“始于此地肇建戒坛，来者如云，官莫可御。凡喑聋、跛伛、贪愎憍顽，苟或求哀，无不蒙利。至有邻邦父老，绝域羌浑，并越境冒刑，捐躯归命。自春至秋凡半载，日度数千辈。半天之下，老幼奔走，移家至户到。”此期间法均声名卓著，远近皆知，奠定了他在辽南京（今北京）地区佛教界至高无上的尊崇地位。

咸雍六年（1070）“师道愈尊，上心谒见，爰命迩臣敦勉就道，因诣阙，再传佛制。”十二月戌午“翌日特授崇禄大夫守司空加赐为今号（普贤大师）”。此后法均巡行各地，曾到上京、白城、柳城、平山、云中、上谷等地宣讲经律，“所到之处，士女塞途。皆罢市辍耕忘馁与渴，递求瞻礼之弗暇，前后受忏弟子五百万余众”。法均大师于“大康元年（1075）三月四日示寂，三月二十八日具礼荼毗于北峪，竞收灵骨，以当季五月十二日起坟塔于方丈之右。又创影堂，左右以石建尊胜陀罗尼幢各一，皆众愿所成。”

法均大师遗行碑立于大安七年（1091）闰八月，是大师示寂16年后所建立。法均荼毗于“北峪”，即按佛教仪轨火化于“北峪”，此“北峪”指慧聚寺（戒台寺）北部三里的一条山谷，即今西峰寺旧址。这里是唐辽金元时期慧聚寺僧众荼毗之所，慧聚寺僧人多建塔于此地。

《宛署杂记》卷十九记载：“西峰寺在李家峪，唐名会（慧）聚，元时改为玉泉，正统元年太监陶镕等重建，敕赐今名。有记。景泰四年赐护持敕谕，检讨危素记。”西峰寺遗址现存明代正统四年（1439）碑二，隆庆六年（1572）碑一。正统《重建西峰禅寺碑记》记载：“距都城西二舍许，地名李家峪，有古招提遗址在灌莽中、碑记剥落，无从考其创始之岁月。所见者惟两浮屠独存。一曰俊公塔，建于唐；一曰月泉新公塔，前元至元辛卯（二十八年、1291）所建。塔傍一池名胜泉，绀寒澄澈，大旱不枯。”

此西峰寺址正是唐代至元代慧聚寺（戒台寺）的下院，为慧聚寺僧荼毗之所。目前可以确认法均荼毗的“北峪”即此。明正统石碑所载唐代俊公塔，元代月泉新公塔，均是戒台寺高僧骨塔，俊公塔久已无存，月泉新公塔为石幢塔，民国早期已塌散，由戒台寺住持达文将塔身八棱石柱移回寺内，安装补配石件立于戒台殿院门口，至今仍存。唯仅有一段塔身石柱为元代之物，记载月泉同新禅师生平，而石柱上的八角形石雕人物石件是辽代之物，周刻八幅乐舞人，造型生动，是极为珍罕的艺术形象资料。

《宛署杂记》称西峰寺历史上称为“会聚寺”，亦是因这些石塔的记载而产生的讹传。又据《新城县志》收录辽幢刻文，称“法钧为燕京右街紫金寺僧，开坛传戒于京西马鞍山惠聚寺”。此文与寺内法均遗行碑不同处有三：钧应为均（《辽史》亦为钧）；右街紫金寺为京西紫金寺；惠聚寺为慧聚寺。其中法均出家的紫金寺，应以遗行碑所称京西为是，即辽燕京城西部地域去寻求。法均弟子们所称行状应较接近历史真实，这是必须考虑与遵循的。

据《法均大师遗行碑》记述，法均少年在京西紫金寺出家，“京西”这一称谓及地理概念，显然在辽代已经出现，是北京西部这一地理名称出现较早者。法均圆寂当年，其弟子们在寺内为他建造影堂、骨塔，并且在影堂前建造一对陀罗尼经幢，这两座经幢至今仍在寺内原址，一千多年未曾移动过。

经幢为六面形，通高 2.45 米，下为覆盆式幢座，幢身石柱上为六角形石雕幢盖，上覆一扁圆形幢刹，整体结构简洁明快，庄重大方。经幢首题：“奉为故坛主崇禄大夫守司空传菩萨戒大师特建法幢记”，经幢上除刻有经文外，在幢尾刻有僧众题名，于辽代佛教史实颇有补益。题记为：“门人传戒大师讲经律论赐紫沙门裕窥，三学寺经法师诠圆大德讲经律论沙门裕贵，大德讲经律论赐紫沙门裕标，净戒大德讲经律论沙门裕□，通净大德讲经律论赐紫沙门裕和，业论沙门裕净、裕正，赐紫沙门裕依，当寺圆通大德赐紫沙门裕住，崇国寺大兜率邑邑人前管内左街僧录净慧大师赐紫沙门裕方，邑人前东京管内僧录诠论大师赐紫沙门□□。”

这两座法幢是辽代独特佛教石雕建筑实物，颇具历史艺术价值。而经幢西部殿堂即当年法均大师影堂的位置。

从现有格局看，辽代法均大师影堂殿宇，在元明时期已被改做戒坛殿院的山门殿。

三、金代戒台寺悟敏、悟铢秉承法均衣钵

戒台寺内现存金天德四年（1152）《传戒大师遗行碑》，碑甚高大，汉白玉石为之。上为螭首雕龙纹，下为龟趺碑座，通高 4.1 米，宽 1.26 米，厚 0.28 米，是金代石碑中的佼佼者。此碑立于戒台寺内戒台殿院外南部，面东而立，详细记录着法均大师弟子的佛教传承史实，具有珍贵的历史艺术价值。此碑的撰文、书丹及篆额者都是金朝初年著名的大臣，并且在《金史》中都有传记，列举其官职及其功绩。撰文者“开府仪同三司致仕上柱国郓国公韩昉，《金史》称他“善属文，最长于诏册，作《太祖睿德神功碑》，当世称之。”[1] 书丹者是“朝列大夫行尚书吏部员外郎兼司计知铨骑都尉广陵县开国男高衎”[2]，高衎所书碑文遒劲秀润，其书法艺术价值颇高，不逊于金代各书法名家。篆额者“朝散大夫充翰林待制同知制诰上骑都尉清源县开国子王兢，”兢博学能文，善草隶书，工大字，两都宫殿榜题皆兢所书，士林推为第一云。[3]

此《传戒大师遗行碑》，记述法均诸弟子法脉单传状况，由辽入金，跨越两个朝代，是辽金佛教史的重要文物史料。普贤大师法均“始授高弟太尉大师裕窥，再传嫡孙悟敏者，即第三代也”。此碑为法均以下第三代悟敏大师的同门，“燕京

[1] 《金史》卷一二五《韩昉传》。

[2] 《金史》卷九十《高衎传》。

[3] 《金史》卷一二五《王兢传》。

管内右街僧录传菩萨戒文悟大师赐紫沙门悟铢”建造树立。

关于悟敏的事迹，史籍鲜见，其生平如下：

“师孙氏，父璋，母杨氏，临潢府临潢人也。幼聪警，八岁数书再阅辄成诵，宗党奇之。十四岁愿从浮图法，时普贤大师（法均）方召赴辇毂，一见录为门弟子，与之偕行。成为法均大师的侍童，师貌重言谨，洒扫应对，甚得其职，后执卷授经大部凡八秩，他人读之浃旬，仅同师一日而毕，其过人多类此。”

法均示寂后，悟敏从法兄经主大师裕窥至报德寺，二十岁进具（受具足戒）。又研习《唯识论》达七年之久，“即究通奥义，启席演说，剔疑析滞，辩若泉涌，宿学硕德叹息座下。”又经过五年讲肆时光，“益厌文字之说，感慨叹曰：此乃道之筌蹄，滞之则去道愈远，胡然务博以溺志为哉！”“乃遁居山林，养心缮性，至佛岩山谒通理策师，言下有省，豁然知所归。又造寂照感师，密受指迪，所资益深，黜聪明，堕肢体者又十年，而后出世。禅以自悦，戒以摄人。”此后“乃于雕山栖云寺招延高道，无远近之问，食者日众，而贮偫益多。久之太尉窥师（裕窥）顺世，遗命以戒本授师（悟敏），有司上闻可奏。明年选□天庆寺，又二年赐紫服、师号，传戒，时有辽天庆九年(1119)也。又二十载于皇朝皇统元年(1241）七月十八日示寂，右胁而终，寿八十五，夏腊六十五，其年十月八日葬于寺西北隅。”

他造访参学的通理恒策禅师，辽道宗年间以刊刻云居寺石经而名满天下。佛岩山即今北市西部的百花山。寂照感是辽末燕京宝塔寺的密宗大师，教内外影响巨大，地位崇高。

辽代雕山栖云寺，据考在今河北遵化市东北侯家寨乡，称鹫峰山，又称三台山。有前台、中台（即舍身台）、后台（即鹫峰岭），栖云寺建造在鹫峰岭上，保留有唐辽佛教史迹。

金朝僧录传菩萨戒文悟大师赐紫沙门悟铢建造此碑，他是辽金佛教界地位很高的僧官，与悟敏是法门兄弟关系。特建此碑并邀金代名臣撰文书丹篆额，记述辽金时期这段珍贵的佛教历史。

悟铢是金代僧人，临潢人，俗姓何，以戒律精严受丛林敬仰，藏通经论，洵为燕京佛教律宗巨匠，示寂于金贞元二年（1254）。事见《补续高僧传》卷十七。

四、金竹林禅寺、潭柘寺住持广慧通理

金代中都城内竹林禅寺，尊潭柘寺为祖庭，故示寂高僧多于潭柘寺塔院内安息，留下一批极为珍贵精美的石幢塔、砖塔，是金中都时期佛教史实的标示。

北京西山潭柘寺塔院现存金代“广慧通理禅师之塔”，为七级密檐式砖塔形制，是佛教仪轨中僧塔级别最尊贵者。

师号广慧通理，名圆性，俗姓侯，怀柔县灵迹里人，是金代最负盛名的高僧。师生于辽乾统四年（1104），九岁到潭柘寺依戒振禅师出家，十五岁受具足戒。

“天眷初年参佛日于汴梁，后还燕京，德行卓著，领竹林寺法席多年。金大定年间，僧善诲辈请师主潭柘法席，师念潭柘从实祖师古道场，禅学扫地二百余年，吾将复兴正在其时，遂往经划。历十有一年工始告成。大定十五年（1175）六月三十日，沐浴易衣说偈而逝。寿七十二，法腊五十七。师得法弟子五人：善照、了奇、圆悟、广温、觉本。广温著有《语录三编》行世，所著寺中规条，在清代潭柘寺僧众仍谨慎道行，不敢遗佚。”

金代名僧了奇、政言禅师，皆是在其门下参学，尔后名声鹊起成为卓著僧人的。

广慧通理禅师生前唱法于中都竹林寺、潭柘寺，禅法直接得自北宋汴梁佛日禅师，是金朝最著名的临济宗高僧。

五、中都潭柘山龙泉禅寺政言禅师

潭柘寺塔院中有政言禅师石幢塔。下有束腰石雕座，承以六角形幢身，幢身上为五层石檐天盖，顶部仰莲宝珠，通高近 4 米，造型优美，精巧坚固。塔额刻楷书大字“故言公长老塔”，下为线刻双扇三抹门窗。幢身镌刻“中都潭柘山龙泉禅寺言禅师塔铭”，通篇记述禅师生平事略。

师名政言，许州长社人（河南许昌市），俗姓王，约生于金天会三年（1125），九岁出家师事资福禅院净良祝发，侍师不去左右十余年。“一日告师欲游学法席，

许之，时浩公僧录居南京（开封）讲《唯识论》政言径谒之。居无几何，命师主席，义学云集，疑难蜂起，师应答如流，人人心服，闻所未闻。师时年二十一岁。诸方聆风景仰，竞请讲经决人之疑。初讲《唯识》《因明论》复以《上生经》交相发明，兼传大乘戒，凡十二年。后游方始居嵩山龙潭，禅居岁久，复结茅于汝州（河南临汝县）紫云峰，是时香山慈照禅师丛林大振，闻师精操，招延相见，请为首座。复命师游学金中都（今北京），礼竹林寺广慧通理禅师，后梁国大长公主及东京留守曹王请师住潭柘寺，继惠公法席焉，计为时三年。师著有《颂古》、《拈古》各百篇，《禅说金刚经注》、《金台录》、《真心真说》、《修行十法门》皆行于世。”

政言禅师大定二十五年（1185）圆寂，骨石一分葬在香山慈照塔旁，一分顶骨葬于潭柘寺，禅师一生“五主丛林，龙泉告老（龙泉寺即潭柘寺金代名称）”。“得法弟子法庆、重靖等六人，俗弟子几千人。”“大定二十八年（1188）六月祖深建塔”，“皇子曹王次子皇孙祖敬撰”，“（紫）云峰比丘□□书丹”。

六、中都潭柘山龙泉禅寺第九代相了禅师

潭柘寺塔院中有相了禅师石幢塔，六角形幢身，下为束腰石座，上为石檐天盖，顶有绶花宝珠，通高5米余。额篆书“故了公长老塔”六字，下刻有菱花板门，门一侧有一幅线刻带发修行者像，手持竹杖，为金代线刻人物造像最具艺术特色者，惜已有剥落和残损。

石幢塔系“金泰和四年（1204），门人善琼等建”；“大庆寿寺住持传法沙门德顺撰，柔弱翁书，文林郎前龙山县令吕景安篆额。”

塔文记载禅师生平行实如下：

师名相了，金代著名禅僧。初名行录，俗姓朱，义州人（今辽宁义县）。生于金天会十二年（1134），少年依祚公出家为僧，得度时年仅九岁。宗习《华严》、《圆觉》等经，神机明解，发于妙龄。十五岁代师开演，升座讲诵律。后至辽阳禅刹礼大导禅师，因缘不契，遂至咸平（辽宁铁岭）见定公。又往锦州大明寺参诱公。复又至懿州

（辽宁顺安）礼崇福超公，超公一见，问丛林主来何暮，乃唤维那向明窗下安排，此僧他日必焕吾宗。未几请为座元，后有省得超公印可，乃更名相了。北京留守司（今赤峰市北）具疏迁住松林寺。东京留守曹王（今辽宁辽阳）请讲经，居大寿安寺，困倦于应对，夜遁于闾山宁国寺，恬退自处。明昌年间会潭柘虚席，皖国大长公主请住持之，主持僧务达四年之久，复晦迹天王寺。冀国公主请居竹林寺（今宣武门区广安门外手帕口北街一带），未经岁退居城隈古寺。潭柘既知，复迎养老于寺中。僧众赞曰：师秉性纯质，加之慈恕，心不忤物，一生未尝略起嗔恚，纵遇呵毁，而容色不易。盖心如大地，八风叵动！虽五坐道场，唯信甘分，不务夏畦。”嗣其法者三人：道积、相崇、善惠，各唱法一方。圆寂于泰和三年(1205)秋，寿七十，腊五十二。临终偈曰：三十余年说法，弄巧成拙。临歧更为诸人，重重漏泄。本来无法与他人，依旧清风伴明月。

七、中都竹林禅寺第七代了奇禅师

潭柘寺塔院了奇禅师幢塔，为六角形幢身，下为束腰石座，上覆七层石雕天盖，顶为仰莲宝珠。通高4.2米，汉白玉石件叠砌而成。额题篆字“故奇公长老塔。”下为门楣，线刻双扇直棱窗，并有线刻了奇禅师立像，闭目恭手禅思，形象清腴风雅，僧衣线条流畅，履袜精细，堪称金代人物画像突出艺术杰作。

此幢塔建于“大定十九年(1179)四月中休日”，“中都大圣安寺西堂传法沙门广善铭，朝列大夫前宝坻盐使姚亨会书。”

师名了奇，俗姓潘，白霫富庶县人（辽宁建平县）。生于金天辅三年(1119)，年十三，上医巫闾山礼兴教寺校勘僧圆晓落发，踰年又至北京（今赤峰市北）圆宗寺事慧柔大师。年十六，试经得度，以华严经为业。其后参礼广慧通理禅师，与广慧移锡霫川云峰寺，此时与善照大师同时得法。

广慧禅师移居中都（今北京）竹林寺，了奇及善照同侍门下达十年之久。金大定三年(1163)，了奇已遍历诸方大尊宿五十余员。广慧通理大师邀师还竹林，复至潭柘西溪之上居止，破衲蔬食，灭迹绝累以度晚年。大定七年（1167）普照禅师退竹林，了奇师接位，于竹林寺弘法，学徒云萃，数常五千指。大定十年（1170）二月七日圆寂，世寿五十一，僧腊三十五。排竹林寺宗谱，为中都竹林禅寺第七代住持僧。圆寂后，弟子昭隆于大定十九年（1117）建幢塔潭柘祖庭塔院，侍其师广慧通理塔侧。“师操禅妙句，载开堂诸录”（塔铭语）。

八、金宛平县金城山白瀑禅院圆正法师

白瀑寿峰禅寺在门头沟区田庄乡淤白村北八里，所踞山名金城山。这里可东达昌平南口，北抵怀来境。寺院周围群峰耸翠，清泉甘洌流涌，松柏森森，人迹罕至，景色极为清幽。寺创建于隋唐间，因“泉水直突瀑涌而得名，寿峰者，为创寺僧有道者之号也，佛殿有壁画、古像，或以为吴道子所画”（明隆庆《重修自瀑寺大悲千佛碑记》）。辽寿昌间，圆正法师居止于寺址处，乾统初建当阳大殿，遂成梵刹。金元明清民国屡有修建，1985 年废毁。

寺址内现存金皇统六年建造圆正法师塔，砖石结构，高 12 米余。塔下基座皆饰以雕砖，座上部砖雕仰莲翘然生动，六角形砖塔身上承托三层密檐，密檐上有巨大的覆钵，其上为十三重相轮，此塔造型极为独特。与房山云居寺辽代所建北塔比较，其体量外形虽有差异，但具有继承关系，是金代僧塔中的特例。

白瀑寺旧有石幢塔二，一为金元之际的《源衍长老塔铭》；另一是元大德二年（1298）《勤公禅师塔铭》，都是异常珍罕的历史及佛教史文物，白瀑寺在北京佛教史研究中具有重要地位。

圆正法师砖塔间嵌塔记刻石，首题《大金燕京宛平县金城山自瀑院正公法师灵塔记》，“仰山栖隐寺退居嗣祖沙门希辩记，山主比丘道渊立，西盖医人庄彦和写”。

据塔记：圆正法师俗姓曹，辽中京黔州人（辽宁朝阳、义县间），咸雍三年（1067）生，少年时礼大崇仙寺僧正大师为师，十五岁具戒。始习律，次听华严大经，未久有超群之解，众推师为法主。辽寿昌间经游兹山，睹群峰秀异，溪水清甘，决心兴建寺院，“自后僧俗聚集，道风远播，仕庶咸归”。

辽乾统初，昌平，玉河、矾山、怀来四县檀信共请师建当阳大殿，从此庵房

厨库、什物器用翕然就绪，遂成禅刹。

金天会十二年（1134）三月十一日，师奄然而终，二十一日依法荼毗，灰烬中获舍利三百颗，塔葬其二。一灵骨者，院之外坟山；一舍利者，院之内西。度门人崇贵、崇行四十余人，传法于道渊，皇统六年（1146）立石。

仅知辽代大崇仙寺有沙门志福，撰《释摩诃衍论通玄钞》四卷，辽道宗作引文一篇。其后西辽时期，天佑皇帝耶律大石亦曾为《释摩诃衍论通玄钞》作序，刊布流行，题“大辽医巫闾山崇禄大夫守司徒通圆慈行大师赐紫沙门志福撰”。辽代在大崇仙寺为僧的圆证法师，辽末来到燕京金城山建造白瀑寺，金朝初年与仰山栖隐寺希辩亦有交往。

圆正法师弘法白瀑寺期间，弟子众多，皆以“崇”字辈为序，传法于道渊。历经金代，直到元代初年白瀑寺共传承 12 代，元初有源衍、本勤禅师等住持此寺。燕京白瀑寺与辽中京大崇仙寺的法脉传承关系值得进一步加以研究。

圆正法师塔是国内少见的金代僧塔实例，是北京地区古建筑艺术的典型范例。白瀑寺金元之际僧人源衍，大德年间僧人本勤，后文将予详细考证。为圆正法师撰写塔记的金代高僧希辩下节考述。

九、金代青州希辩禅师唱法仰山栖隐寺

仰山栖隐寺在北京门头沟区妙峰山当南樱桃村北山间台地上，地势高旷。金元两代寺院的地位名气极盛，寺有五峰八亭，金章宗皇帝屡临幸，并留下诗章。现已成一片遗址，寺西坡地广数百亩，旧有金元明三代僧塔六十余座，形制各异，其中高达十米以上砖塔三座，还有石幢塔数座，颇为壮观。现仅有三座僧塔残破存留。

青州希辩（1081—1149）为金代著名禅僧，江西洪州黄氏子，原为宋朝青州普照寺住持，值金兵南下，掳掠而至中都（今北京）。

据永乐大典本《顺天府志》寺院条目下记载：“（大万寿寺）大康中（1075—1084）改名华严寺，后有禅师希辩，宋之青州天宁长老也。耶律将军破青州，以

师归燕。初置之中都报恩寺，华严大众请师住持，服其戒行高古，以为潭柘再来（指后唐从实禅师道行而言）。至金天会间退居太湖山卧云庵，既而隐于仰山栖隐寺。骠骑高居安以城北园并寺前沙井并归之常住。天眷三年（1140）召师住持华严（即后来的大万寿寺）。皇统初（1141）更赐名为大万寿（寺），师再隐仰山，门人德殷续灯于万寿。（皇统）三年（1143）而退居于医巫闾（辽宁），又有省端上人继之，一如师存之日。希辩师本江西洪州黄氏，族系甚大，且多文人有闻于世者。（希辩）始参云门临济，得法于鹿门觉公，至沂州礼芙蓉和尚印证授记，后住青社天宁，城破乃北来，人称之为青州和尚。天德初示化于仰山。”

仰山栖隐寺旧有金代碑记，乃金翰林学士中靖大夫知制诰施宜生所撰。其文略曰：“潭柘老人（后唐从实）二百年后放大光明，芙蓉家风却来北方，薰蒸宇宙，岂其大事因缘，殊胜亦有数耶。教有废兴，道无废兴，人有通塞，性无通塞。师既来燕，潭柘寂然；师既往燕，曹溪沛然。人知寂然，而不知潭柘未尝去也。人知沛然，而不知青州未尝来也。若然则无碑亦无害，有碑亦无碍，遂为之说。贞元元年十月记”。

按此说，希辩大师显然圆寂于仰山，此碑立于仰山栖隐寺，久毁。1984 年文物调查时，著者在寺址内寻访到一个青绿色石碑额，弃草莽中。题曰：“辩公大师遗行碑记”，篆字清润秀朗。据分析此碑额即施宜生撰文贞元元年（1153）碑。

希辩大师所著《青州百问》一书，颇为著名，也是在仰山期间最后编成，流传很广。

据此，知青州希辩大师数度隐居仰山栖隐寺，并在天德元年（1149）示化于此。他在仰山期间，与皇统六年（1146）为白瀑寺圆正法师撰写塔记文，书写塔文的是位医生——“西盖医人庄彦和”。提到医生，这与希辩开创的一项制度有关，故予以考述。

金代因统治者尊崇提倡，寺院经济较发达，因此寺院常以余力举办公益事业，如舍药和赡饥二事。施药大多就寺内设置药局，施予贫民，其制之创，始于青州希辩，后各地相继效仿，很为普遍。

仰山栖隐寺因希辩创议，寺内开设药局，民国时期尚有药王殿，殿前铁药碾池一，铁轮大小各一，颇巨；并有药王、药上二童子像。这一切遗物的留存，皆是希辩大师仰山开创药局制度的延续与物证。栖隐寺此举不仅广泛联系社会下层，也起到扩大教化的作用。

金代希辩大师开创的这个制度，在门头沟深山区诸多乡间寺院得到推广延续，形成一种僧人以医术养寺的传统，至今仍有余绪可寻。如百花山显应寺、斋堂灵岳寺、上清水村双林寺，直到清末和尚们依旧既禅修举佛事，又为村民看病，为百姓解难。

京西寺院以医养寺是一大特色，清未双林寺曾开创中医班，学习的多为僧人，也有其他人，结业后学僧分赴山区各寺居止，服务乡民，直到民国时期仍较盛行。本地一些作古的乡村医生，生前多称是某和尚的徒弟，向师傅学习中医理论和中医术，为山村乡民服务，这是京西山村一种独有的社会现象。那么与希辩一起为圆正灵塔书写塔文的"西盖医人庄彦和"，必定是位医生，也就不值得奇怪了，也不会是偶然的巧合。

仰山栖隐寺元明两代均有名僧倡法于此。永乐初年有西域吉祥上师，存意鼎建，九十二岁示寂，其弟子智广宣德间立志重建，明正统二年（1437）开始，得到大太监王振、吴亮、吴琪等资助，予以大规模重修，至天顺二年（1458）工程告成。鼎新殿宇，庄严金像，古寺焕然一新，尊智广为重开仰山第一代住持。大学士刘定之记此事，现碑留存寺内。

碑铭曰："仰山高耸蟠苍龙，青州来做开山翁。万松接得曹溪水，泉声昼夜流无穷。章宗屡幸尝敬礼，营建八亭壮五峰。吉祥上师有盛德，贤徒智广阐宗风。宣帝赐敕主法席，内臣众施定梵宫。""青州来做开山翁"所指为青州希辩；"万松接得曹溪水"所指为金代后期高僧万松行秀。

宣德年间的智广，即大觉寺住持国师智光，其师是西域具生吉祥大师。仰山与大觉仅一山之隔，智光曾修此寺，存此备考。

十、万松行秀游踪在潭柘寺、万寿寺、仰山栖隐寺

万松行秀（1166—1246），金章宗时期著名僧人。俗姓蔡氏，河内解人（河南

沁阳)，十五岁出家，礼邢州净土寺赟公为师落发。师业五大部经，试于有司，二百人中众望所归，明年受具足戒。遂游燕（今北京）历潭柘、万寿诸刹，晚归西刘村寺（今广济寺）。初参大万寿寺胜默光禅师，半载无所入，后行脚至磁州大明请益雪岩满禅师，力参二十七日，豁然大悟。满以衣偈付之，传曹洞宗青源行思一系之禅。

旋还中都居万寿寺，金章宗明昌四年（1193）召万松行秀于内廷说法，奉锦绮大僧伽衣。承安二年（1197）复奉章宗诏，住中都仰山栖隐寺，泰和初（1201）移锡报恩寺，蒙古太宗二年（1230）奉敕主万寿，晚年退隐报恩寺筑从容庵幽室独处，于蒙古定宗元年（1246）四月四日示寂，寿八十一。

建塔于西刘村寺前(今西四砖塔胡同)。万松老人著有《从容录》，为禅学名著。

关于万松行秀在京西仰山栖隐寺事，耶律楚材《湛然居士集》有较详细记载。

“仰峤丛林为燕京之最，泰和中主事僧奏请万松老人住持，上许之。万松忻然奉诏，其后章庙秋猎于山，主事辈白师故事：车驾巡幸，本寺必进珍玩，不尔有司必有诘问。师曰‘富有四海，贵为一人，岂需吾曹珍货哉！’手录偈一章，有‘成汤狩野恢天网，吕尚渔矶浸月钩’之句，谒行官进之，大蒙称赏。翌日章庙入山行香，屡垂顾问，仍御书一章遗之。车驾还宫，遣使赐钱二百万，使者传敕命师跪听，师曰‘出家儿安有此例’？竟焚香立听诣旨。”

万松行秀在仰山栖隐寺状况，于此可见一斑。

金章宗曾作仰山诗曰:“参差云影几千重，高出云鬟迥不同。金色界中兜率景，碧莲花里梵王官。鹤惊清露三更月，虎啸疏林万壑风。试拂花笺为摹写，诗成任适自非工。”(《大典本顺天府志》)此诗曾刻石于寺。

十一、元仰山栖隐寺第二十六代住持行满禅师

元代赵孟頫《松雪斋集》记载一位元代高僧道行碑，系赵孟頫撰文并书丹，名为《仰山栖隐寺满禅师道行碑》。此碑记述元代仰山寺佛教史实，颇具史料价值。

仰山栖隐寺满禅师道行碑

师名行满，号万山，俗姓鲁氏。其先出东鲁，盖孟子之后。远祖仕江右，遂为吉州太和人。父讳应龙、字拱辰，号翠庭先生，由科举入仕，母乐氏。师生而颖异，不为儿嬉，龆龀，日记数千言，学问之暇，常默然宴坐，有出尘之态。先生曰：此儿非吾家可有！遂捨送云亭荡原弥陀院为童，行名福可。

至元庚辰（1280）至仰山，有会心处遂留薙发，礼泽庵□公为师，更今名，受具于大同大普恩之圆戒会。自是处丛林中策勤砥砺，为众之念甚于为己，旦夕参叩素庵璉公，至忘饥渴之节，寒暑之变，素庵深器之。

一日激之以洞山寒暑因缘，师应声云：寒则普天寒，热则普天热，刀斧劈不开，我又如何说。庵云：毕竟如何？师云：红炉一点雪！庵云：别、别。师云：有什么别处？庵云：若能恁么会，方始契如如。师扼声云：错！掩耳而去。庵付之以衣。颂曰：从我十年谈麈尾，荣勋一日占鳌头，如今分付无文印，续焰联芳万古秋，时至元庚寅岁也（至元二十七年，1290）。

尔后复参云门、临济，皆能得其骨髓。

大德癸卯（1303）仰山之学者请师归住旧隐，师以青州大刹非小因缘，力辞。众守之数日欲逃不可，不得已升堂说法，演无量义。自是声闻大振，四方求法者归之如流水，梵僧宣政使相迦失里、功德使大司徒荦真吃剌思相慕为道友，王公贵人皆稽首归敬。

武宗皇帝在北边时，下令施钞万贯造文殊菩萨像。既即位驾幸其寺，施金百两、银五百两、钞六万贯，赐号佛慧镜智普照大禅师。敕尚方造织成金龙锦缘僧伽黎大衣，穷极工巧，经岁乃成，召师至禁中，出以赐焉。

今上在春宫尝三幸其寺，命有司作尊胜塔于东岭，及建明远、观光二亭以备临幸。洎登极，亟命工部尚书臣郑伯颜领大匠修其寺，凡土木之故而敝者图画之，久而漫者咸易而新之。旁絫厓石以方广其基，高者至百余尺；造普贤、观音像，增建堂殿亭台；凡几格供张什器之物靡所不备，树碑于门，颂天子圣德。既又赐苏杭水田五千亩为常住业，又固安州鹊台福严寺自木庵公殁后，为他人所有，师奏得旨，复归仰山为下院。

皇庆元年（1312）制授师银青荣禄大夫、司空，师之大弟子曰觉用、曰善兴、曰文祥、曰海深、曰思赟、曰圆中、曰福添、曰广寿，各能弘扬宗旨，主席名山。其门资之盛，具列碑阴。

素庵之徒曰正义，正义之徒曰圆岢，倾心竭力谋立石以纪师行业，且彰天子宠锡之渥，臣伯颜以闻，诏曰可，乃命臣孟頫为文书于石。

谨按栖隐寺始建于辽，至师为二十六代。臣闻浮屠氏之道，言其广大则无所不容；言其变通则无所不入。以无生为有生之本，以不用为大用之原，至矣哉，非言语之所究也。

皇元建国之大，尽天地之所覆载，伦别类分悉为臣妾，出于水土，藏于山泽，悉为府库。数十年之间，斯民不闻鼙鼓之声，以圣继圣，以明继明，使民不知，日趋于为善，浮图氏之道大矣。夫道无盛衰，所以盛衰存乎其人，自四海一家，梵僧往往至中国。而师出于江左，能以其道鸣于京师，以承天子之宠命，真世所稀有。

铭曰：峨峨仰山，如青莲华，中有宝坊，古佛之家，天王卫门，地神扶栋，参差珠阁，葳蕤金凤，郁郁青松，罗苍玉林，清风过之，振海潮音，住此山中，有大禅老，宴处寂静，万缘皆了，天子时巡，乐此胜境，谓师之道，与境为称，乃施重宝，增饰阙宇，结构峥嵘，鸾轩凤翥，师道既弘，帝眷益隆，位以司空，实古三公，师以佛心，为国回向，遍河沙界，功德无量，天子谓臣，时汝能言，勒碑此铭，惟千万年。

著者按：此碑文证明木庵性英与仰山栖隐寺有关。金代著名诗僧木庵性英，字粹中，自号木庵。遗有《木庵诗集》，元好问作序，载师事略。木庵早年行踪在河南嵩山、少林寺一带，与虚明教亨等多有唱和。金末开兴元年（1232）曾任少林寺住持，两年后金朝灭亡，木庵流落到燕京，在仰山居止五六年之久，仰山即京西妙峰山南部的栖隐寺。

此碑文称:“固安州鹊台福严寺自木庵公殁后，为他人所有，师（行满禅师）奏得旨，复归仰山为下院”，说明木庵性英禅师曾在固安福严寺居止。仰山栖隐寺同样留下这位著名诗僧的行迹，足为仰山历史增色。

十二、金元之际白瀑寺第九代源衍长老

白瀑寺第九代住持源衍为金末元初（蒙古汗国时期）的僧人，寺内遗有其石幢塔，久已塌倒，1980 年著者下乡调查文物，在白瀑寺内发现这座幢塔，历史价值尤为突出。仅存八棱形幢身，砌筑在石墙间，蒙满马粪污泥，不堪卒读。在寺址前汲山泉洗刷后，其真实面目始得揭示。此后，将僧幢重要的历史价值公布于世，遂为文物、史学界所知。

据幢塔文记载:

“师讳源衍（？—1247)，洪洞县平水人，俗姓司氏。少年出家，投本府大慈恩寺罗公祝发，习圆觉、金刚经，深通玄奥。适因晋失守与师北行，至蔚州天王寺居之，其后至燕京参万寿寺超公，典悦众，末期超退，复请暠公，师充旧职。乃谒庆寿寺廓乐禅师，与海云印简诸尊宿，皆有相见机缘而器重之。以后至白瀑寺遂充座元，辛丑（蒙古太宗十三年、1241 年）偶白瀑虚席，有司请师遂法住之愿，甘苦同缘八年，退黑牛寺编茅自居，时柘水师知，复召领白瀑。

“未几，丁未（定宗二年，1247 年）春僚属闻师之道，斋疏请主蔚州天王寺，师忻然应之。至天王寺当年圆寂，门人聚骨石，一分葬天王寺祖坟，一分竖塔于白瀑寺西溪之上。”源衍师一生“四座道场，宗风普振”，幢塔建于“戊申岁五月，住持白瀑寿峰禅院本勤竖塔”。

幢塔额题“大周朝元元年，白瀑岭淤泥坑村敬建”字样，年号于史无证。

源衍生年无考，推算出生在金代，洪洞县人。因蒙古大军于太宗三年至五年(1231—1233 年）南进，进占山西、河南等地，源衍与师北行被掠来到蔚州（今河北省蔚县）天王寺，天王寺在蔚县小五台山。

后至燕京万寿寺、庆寿寺参谒诸宗师，并在白瀑寺任住持达八年，复退黑牛寺，又应请领白瀑，1247 年春回到蔚州天王寺，当年即圆寂在天王寺。其弟子在天王寺建塔一座，又在白瀑寺建幢塔一座。“戊申岁五月”，所指即蒙古定宗三年，即公元 1248 年。源衍圆寂后第二年，幢塔在白瀑寺建成，塔文中“大周朝元元年”即戊申岁这一年。

立塔的白瀑岭、淤泥坑是本地村落，解放后改称淤白村。塔文书写者是本寺第十一代住持僧本勤，这一切均说明源衍石幢塔是本地之物，由本地村落和寺僧所建造。

此“大周朝元元年”年号出现于僧塔之间，是极为珍贵的历史史料，记录了历史上的一个不被人们知晓的历史事件。且此政权不见史籍纪录，更增加了扑朔迷离的色彩。

从源衍生平分析，这个政权大致存在于蔚州及北京西部山地这片广阔的山间地带。这一时期蒙古族统治者内部政治斗争激烈，政治中心远离燕京地区。因此可能是一个对蒙古族占领地域实施武装割据的汉民族地方实力人物建立的政权。当时因蒙古定宗逝世（定宗三年，1248)，此后的三年多时间里，蒙古朝内一直无君主主持，“其行事之详，简策失书，无从考也。”[4]

源衍幢塔上出现的这个政权和年号，透露出在这个纷乱时期所发生的历史事件的信息，其重要性自不必赘言。这一时期，还有两座僧人幢塔文留存于我处，一为《归云大师塔铭》，一为《柏山寺通悟大师塔铭》，本地区这个历史时期的僧人及塔文亦有多个，可以丰富金元之交时期历史研究的课题内容。关于这个标示在僧塔上的“大周朝元元年”政权，其详情还有待更多的材料，以揭示其历史奥秘。

---

[4] 《元史宪宗本纪二》。

故衍公长老塔铭

大周朝元元年白瀑岭淤泥坑村敬建。

白瀑寿峰禅院第九代衍公长老塔铭，□□□□退堂隐岩撰，住持□□本勤书丹师讳源衍，晋□洪洞平水人也，俗姓司氏。生而有异，长而不群，□父□□之年□所慕出家，父从而投本府大慈云寺罗□□□□□祝发。习《圆觉》、《金刚》，深通玄奥，当时流辈咸宗让之。适因晋失守，与师北行，至蔚州天王寺，发心供护□福不倦、缁素咸称菩萨行师。一日自警曰嘉运难逢，身生不再，免脱大难，何久滞于讲肆求幻福耶。若有思惟心□度如来圆觉境界，如取萤火烧须弥，而终不能著。又《金刚经》曰：如我说□□□喻者，法尚应舍，何况非法，如来之语，岂□我哉。闻教外别传之旨，未知也！遂弃旧习游方，初参万□超公典悦众，未期超退复请嵩公，师充旧职，日亲意地未明，乃谒庆寿廓乐暨海云诸尊宿，皆有相见机缘而器重之，余疑莫释也。溢后至白瀑才见扣门啐啄相应，遂充座元，而历诸难。一日室中语契顿达妙旨，既衣传法付晦迹，随方保任，如囊锥颖露，果熟香飘。

辛丑初偶白瀑虚席，有司请师遂法住之愿。率身莅众，甘苦同缘八稔，退黑牛编茅自居。时柘水知，复召领白瀑。未几，丁未春蔚萝僚属闻师之道，斋疏请主天王，师忻然应之。自住晨香夕灯，诲人不倦，规范典形，诸方让善。□艾谓侍僧曰：有足具一对，吾欲行脚。值事虑师退席，弗□，三日再索，不得已应奉之，师微笑曰：时当至矣！乃投枕□□而逝。阇维日所现异瑞，不可具载。门人聚骨石，一分葬于天王祖坟，一分竖塔于白瀑西溪之上。法嗣曰辩曰理具告师状，求铭于余，余曰：昔与师未尝为友，恐失师之行业□□□之，为文之事素非所长，辩再三弗克□让，余怜二师□□□□乃谢聊为之铭：师性自天，不喜荤茹，由教入禅，吾门柱础，平水失守，缘系白瀑，刻意黑牛，终焉林麓，四座道场，宗风普振，柄临济禅，佩空王印，飞锡天王，周圆法岁，半载精严，厌人间世，三索芒鞋，□辈莫有，逝乃吉祥，通身无影，白瀑溪西，无缝塔封，清风明月，瞻仰寿峰。

门人了应、了定、了臻、了净、了惠、了英、了明、了庆、了济、了迥等。

戊申岁（1248）五月建住持白瀑寿峰禅院本勤竖塔。

十三、元初白瀑寺第十一代住持本勤禅师

上节考述的源衍长老，其圆寂后，为他立塔的即是本勤禅师。本勤是白瀑寺第十一代住持，亦有幢塔留存。其幢身1980年经村民提供线索，在寺外淤土中发掘而重见天日。据本勤塔铭：

师法讳本勤，号安静，俗姓刘。祖籍金相州（安阳市）临川之杨村。生于金大安元年(1209)。值金国扰攘与父母逃难仰山（北京门头沟区妙峰山乡南樱桃村），因家焉，留寓久之。一日游自瀑寺，矢志出家，年甫弱冠。礼懒牧归和尚为师，薙发受具。遍扣知识，拨草瞻风，凡入室次机锋迅捷，归公知其法器，遂为印可，以衣付之。庚戌（蒙古海迷失后二年、1250年）春偶白瀑虚席，僧众恳于庆寿寺海云印简宗师，即出疏开堂，请师出世，领白瀑之命。一主是山四十余载，缁素咸集，殿宇鼎新，金碧相辉，钟鱼玄答。至元二十一祀(1284)又赴潭拓之请，学徒奔趍，履满门外，潭拓兵革荒废之余，得师为盛。师力行古道，行解相应，两会谈法，振作丛林，龙象蹴踏，真现世优昙，末法大树也！

师寿八十二，僧腊五十二，至元二十七年(1290)正月十六日示寂。门弟子百有余人。

白瀑寿峰禅寺住持传法嗣祖小师崇喜竖塔，大德二年(1298)五月。

考述：本勤之师是懒牧野人悟归，悟归是其名，自号懒牧野人，为浑源州大永安寺住持。懒收归和尚与元初著名的海云印简禅师为同门第平辈僧人。而本勤在得到海云大禅师允准后担任白瀑寺住持。本勤在元朝初年应潭柘寺之请，开坛讲法，使潭柘古寺历史增添了新的内容。

海云印简、懒牧归和尚均是金代浑源州永安禅寺第一代归云大禅师的法侄，海云得到蒙古国诸君主的推崇，声名地位极高，曾住持大庆寿寺。而懒牧归和尚往返于浑源州永安寺及京西的白瀑寺、潭柘寺之间。归云大禅师在潭柘寺塔院遗有幢塔一座，是海云与道因建造，由懒牧归和尚书丹。

据现有材料可知，懒牧归和尚的弟子除白瀑寺住持本勤外，还有至元间大都竹林禅寺第二十三代住持道慧，皆是元初名僧而为僧史失载者。道慧亦有石幢塔，留存于潭柘寺塔院内。

余考察京西内外僧史，凡古塔，经幢、典籍多所留意。石景山、房山、门头沟、怀来、涿鹿县等地，深山古刹、断碑残碣均予访录，并予系统梳理辨析凡二十载，遂将金元时期这一地域的僧史法脉理出头绪，并多有新史料发见，或许有益于辽金元时期燕京地区佛教史的研究探索。

十四、潭柘塔院中的浑源州永安禅寺第一代归云大禅师塔

山西省浑源县即北岳恒山所在地，金元为浑源州，城内永安寺殿宇建筑崇宏壮丽，为金末归云大禅师所创建，大雄宝殿内壁画最为精绝，寺院是山西省文物保护单位。

归云大禅师塔，为汉白玉石幢塔，通高 3.3 米，顶为宝珠，仰莲，三层天盖石檐，下为 0.7 米高的六方形幢身（上下有明显收分），下为莲座，承以束腰石座，建造异常严谨优美。除具珍贵的文物艺术价值外，历史价值则更为突出，堪称国宝级的文物史料。因为它是由海云印简大禅师所建造，幢塔文记载金元时期临济宗史事，因此历史价值显得尤为重要珍稀。

归云大禅师塔建于蒙古定宗二年（1247），时因政局动荡，国体未备，仅署“丁未岁清明日立石”字样。幢塔由“寂通居士陈时可撰文，□然居士□德□篆

额，住持法侄懒牧野人悟归书丹。”

据《浑源州永安禅寺第一代归云大禅师塔铭》记载：

> 容庵老人得临济正派，以大手股本分炉捶锻，炼法子十有七人。其道行襟带杰然有闻，足以光佛祖庭，拳龙象者，浑源州之永安第一代归云大禅师是也。
>
> 师讳志宣，字仲徽，生于广宁李氏舍，资质不凡，少辞亲出家，师□□容庵于玉泉，禅学不辍。继容庵应命领燕山竹林，师参侍老人，日悟宗旨。会金氏□南迁燕民艰食，父子夫妇致不相保，唯师供老人弥谨，道粮不足，己则□藜□啖松柏，以粥饮奉老人，□□孝之誉，闻诸丛席。明年师毕大事于容庵之室，淘汰既精，容庵退卧西堂，庚辰岁也（1220）。
>
> 燕京行省请师（归云）开堂，传法竹林，容庵寂灭，遂谢事。应义州丛林之请，既而浑源州长官高公闻师道价，以本境之柏山请师居之。柏山——洞下精舍，大隐所建者。夷门破——大隐之孙，听公南来，缘锡未遂。师尽以其寺所有授之，远近高其义。
>
> 开山古香积北堂，今之永安也，栋宇重新，禅侣云集，久之□□□□柏林，增修堂庑，广常住田园。追念临济、赵州二大老，俱以平常语□人□□也，功成乃往□□□□居时□之。自□广宁之荐福，所坐凡七名刹，退休之所□□浸水则归云堂；西馆则归云庵，处处唯以□物□□为心。癸卯之春（1243），燕山居资戒会，天下禅教师德聚焉，师遵祖令，不振召而不赴，其重正法如此。
>
> 其在荐福也，浑源高公遣使请师复领永安，师嘉其诚，欲置公究竟常乐之地，不远二千里而来。一日化缘将昼□□□□门人以公□□□□此讵可强为哉，是必师以道感其心有不可解者矣。丙午（1246）季夏月四日，师召乐善居士高公，付之□□，其夜书偈辞世云：五十九年掣电，月钩云饵作伴。而今抛却纶竿，星斗一天炳焕。掷笔而逝，荼毗日获舍利百数。师春秋五十有九，夏腊三十

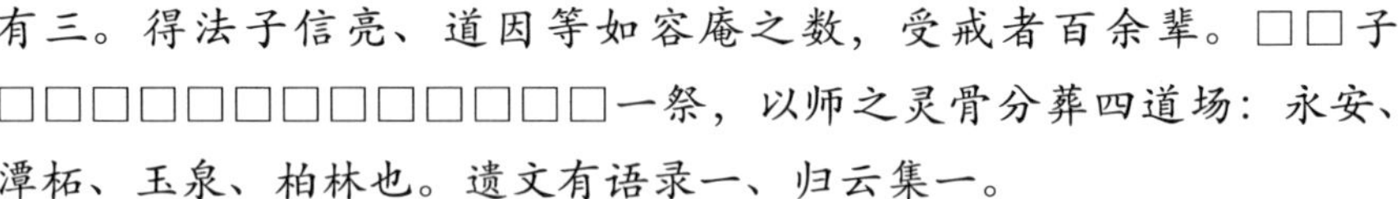

有三。得法子信亮、道因等如容庵之数，受戒者百余辈。□□子□□□□□□□□□□□□□□□一祭，以师之灵骨分葬四道场：永安、潭柘、玉泉、柏林也。遗文有语录一、归云集一。

海云禅师来求潭柘塔铭，寂通居士（陈时可）叹曰：归云起从医无虑山，霈为法雨，滋养燕赵，云中（今大同地区）后觉无负容庵矣！岂待老夫铭哉。

但师住持柏林时，尝以真际（赵州从谂禅师）语录寄老夫，其行状有云：吾出世之后焚烧了，不用净淘舍利。身且是幻，舍利何有！此赵州古佛临终戒群弟子语，足知吾归云安有意于此也！盖乐善居士高公护法精诚，暨一方信士志以奉佛致然。老夫谨以其始终铭之曰：开堂竹林春雷发音于嗟乎归云，示寂北堂玉德含光于嗟乎归云。

丁未岁（1247）清明日法侄海云印简同嗣法小师道因立石。

此幢塔即归云大师四塔之一。懒牧归和尚的行草书塔文，俊逸飘洒，颇可称道。尤为珍贵的是：归云大师塔由海云大禅师所建，海云是归云大师的法侄，于此可见归云大师在佛教界的尊贵地位。

归云大师塔文是金元时期北方临济宗历史的最珍贵史料，关于容庵老人的记述极具佛教史研究价值。

据考，永安禅寺在山西浑源；潭柘在北京西山；玉泉寺在归云家乡辽宁医巫闾山；柏林即赵县柏林寺，这些寺院都是归云大师弘法传禅的临济宗丛林。

十五、海云印简塔在潭柘寺塔院仍有留存

这是一个新的发现，佛教界、史学界尚未普遍了解。潭柘寺塔院中有一座七级密檐塔，青砖砌筑，六角形，高达 14 米多，塔身石额刻有“佛日圆明海云大宗师之灵塔”字样，额下门楣上方塑飞天二，生动传神。

据考，此塔为元初著名僧人海云印简的灵塔。“佛日圆明大宗师”是海云禅师

圆寂后，蒙古宪宗蒙哥汗赐予的谥号，海云为其字。

师字海云名印简，岚谷宁远人（山西五寨北），俗姓宋，生于金泰和二年(1202)，8岁出家。元太祖九年(1214)见成吉思汗于宁远，太祖十四年(1219)史天泽荐于国王木华黎，署号“寂照英悟大师”，居兴安（承德西）香泉院，号称“小长老”。次年奉木华黎命至燕京入庆寿寺，掌书记，（太宗七年，1235）奉旨主考僧徒，十一年(1239)主持庆寿寺。乃马真后元年(1242)应召赴忽必烈帐下，定宗二年(1247)奉皇太子命住和林，居太平兴国禅寺。宪宗二年(1252)奉旨领天下僧事，传临济禅法，授“佑圣安国大弹师”号，累封“燕赵国大禅师”、“光天镇国大士”等号。宪宗七年(1257)闰四月初四圆寂于大同华严寺，奉旨建塔于燕京大庆寿寺之西。“赐谥佛日圆明大宗师，诸大弟子分舍利葬燕赵间，为塔七。”

大庆寿寺骨塔1955年扩展西长安街马路时拆除，而潭柘寺之塔，即其弟子所建八塔之一[5]，效仿释迦佛圆寂八国分佛舍利建塔事。海云生前参与元朝初年政治达三十余年，奠定其在佛教界的崇高地位。其再传弟子刘秉忠，僧名子聪，入忽必烈幕府，参与军国大事，亦是元朝著名历史人物。海云主要事迹刊载与元初《海云大禅师碑》，旧在庆寿寺，后移北京南城法源寺中国佛学院内保存。

海云遗著有《杂毒海》语录文集。海云大师塔巍然屹立山表，标示着与潭柘古寺的大事因缘，足为山水增色。

十六、金元之交柏山寺通悟大师

柏山寺在北京市门头沟区深山区沿河城乡政府院落东北部山坡间，寺院创建于唐代，金元曾予重修，明清又予重修，现仅存有一片遗址，有明碑二，记载重修情况。寺址内旧有通悟大师砖塔，建于丁巳年（蒙古宪宗七年、1257年）三月二十七日。现门头沟区文物管理所存塔铭刻石二件，首题《德兴府矾山县圣泉柏山寺故通悟大师玄公塔铭并序》，“进士王庭琏撰并书篆”。

据塔铭：“师讳祖玄，通悟乃师号也，亦号龙溪老人，俗姓杨，祖居本土人士

[5] 元程矩夫《雪楼集》卷六《海云和尚塔碑记》。

也。初礼花严出家，赋性聪明，不待拈锤竖拂而悟，花严大师默而奇之，赐号曰通悟。及其壮也，游历四方，见之者无不钦服，佥曰师之学业一一有模范，师之书写字字有规式，在云燕之间鲜能及者。值兵革之际，天下大饥，人皆艰食，赖师恩育而得活者众。及其甫定，蒙本府官众请师住持法云等寺，师复完殿宇，重新佛像，来及完备，间有多中官众韩公、曹公辈递相谓曰：兵革之后，师居于他所，实为愧也！况乡中古刹已煨烬，乃徬徨而不忍见。今欲复完舍通悟大师之德力无有能者，乃修书状再三请师。师以乡间之故难以他辞，乃居于此，重新诸圣之法像，再紏白莲之社众。朱窝、结石、大明等寺（皆在门头沟西部深山区）复得修完者，皆师之德力也，迄今人皆称之。

戊申春（蒙古定宗三年、1248 年）蒙授紫衣师号，全无矜色。自是之后祝赞之礼愈恭，焚诵之心益厚，使四方龙象闻之，靡不跷足引领企仰者也。

师大定二十五年 (1186) 十二月二十五日生，至乙卯年 (1255) 三月二十七日遗颂辞其大众而终。颂曰：七十有二载，虚度过一生，五蕴已皆谢，地水及火风。万法无实体，诸缘尽是空，塌去便归去，明月与清风。

荼毗日得舍利许多，其圆明不让隋珠，弟子理公辈分为二份，一份奉归大明，一份奉归于此。理公等托本县僧官玮公，求之于进士王庭珪为之记，嗣法弟子道理等，丁巳年 (1257) 三月二十七日建塔。

十七、元初慧聚寺（戒台寺）月泉新公禅师

月泉新公幢塔原建于西峰寺旧址，民国期间戒台寺达文方丈移回戒台寺内保存，现立于戒坛殿院门外隙地。

幢塔铭文首题："大都鞍山慧聚禅寺月泉新公长老塔铭并序。大都万寿寺退隐林泉老人从伦撰，大都奉福禅寺南溪野衲居实书。"林泉从伦禅师是金末元初时期高僧，是万松行秀的法门弟子。而月泉新公是林泉从伦的法嗣弟子，倡法于济南灵岩寺和大都马鞍山慧聚寺，名标僧史，是杰出的曹洞宗僧人，他们师徒一系弘扬曹洞宗宏旨，与海云印简是同时期的僧人。

今据塔铭及《续指月录》卷九《月泉同新禅师传》记之："公名同新，字仲

益，号月泉，燕都房山神宁太平里双明居士郭君次子，母延氏。生于蒙古太祖十五年（1220），少年即立志出家，二亲设计欲沮其志，莫之可也。遂诣大安山依坚公（慵庵坚禅师）祝发，年满受具。每临众执役采汲炊舂，日加弥勤，侍师供众之余涉猎杂花（杂经、华严经），不一二载通五大经。乃师记曰：此子他日可兴吾此山矣！忽一日聪慧顿发，与同行人叙所得，众杂笑之，师愤甚，以偈书壁而去。偈曰：气宇冲霄大丈夫，寻常沟渎岂能拘，手提三尺吹毛剑，直取骊龙颔下珠。辞师奔燕，投诸讲肆，研穷奥义于悬谈中，六相十玄，颇获佳趣。径谒清安方公……自是师资缘会，机语相投，究妙穷玄，略无虚日。

“闻磁州大明暠禅师学该内外，名播诸方，即徒步往谒而亲依之，于杖拂之下多所发药而深肯焉。故淘汰最久，将成九仞，有一篑之碍，后参燕京万寿寺林泉伦公，遂承印记。

“癸丑（蒙古宪宗三年、1253 年）春，马鞍山（慧聚寺）尊宿具疏坚（慵庵坚公），请开堂演法而住持之。时海云（印简禅师）宗师同伸劝请，是日林泉（从伦）亦为引座度衣而已，在会权豪仕庶，翕然增敬。因兹云山改色，钟鼓新音，内外雍客，遐迩称善，未三五载增修产业，开拓山林，破垣颓屋无非济楚。

“丁卯（至元四年、1267 年）秋拂袖他之，便宜刘公相国具疏同众复邀住持。

“至元六年（1269）大元帝师拔合斯八法旨，命主济南十方灵岩禅寺，公既至，晨香夕灯，升堂说法，备依古式。

“至元二十二年（1285）五月初一日也，偈毕，俨然而逝。世寿六十有六，僧腊四十有八。偈曰：撒手纵横、云天苍苍。”

林泉从伦撰写塔铭，重要处在于开头对曹洞宗的总结。曰：“……曹溪之后，派而为五，源远流长，浩浩不绝者——临济、曹洞、云门者焉。今洞山之下，万松一枝，布列诸方，荫覆天下。举世咸谓：中兴祖道，法海之游龙也！松之法孙，月泉新公长老者，嗣续门风之一杰也。”

考述：月泉同新禅师是燕京曹洞宗僧人，大禅匠林泉从伦的弟子，万松老人法孙。其一生行止唱法于山东济南灵岩寺（今千佛山）、北京西山戒台寺。青年游学，曾至磁州大明寺暠公处参学，癸丑（蒙古宪宗三年，1253）得林泉从伦推荐，海云印简印可，出任慧聚寺住持，前后达十年之久。后应八思巴国师法旨，主持济南十方灵岩禅寺。除戒台寺幢塔外，济南灵岩寺亦建有月泉同新塔。其所处时代，正值金末元初，经历了金朝灭亡，蒙古族南下中原，并建都北京这一历史时期。月泉同新禅师以其修为唱法实践，在元代佛教史上留下动人的佳话。

十八、大都竹林禅寺第二十三代道慧禅师

在北京潭柘寺塔院中，是一座石幢塔，首题“大都竹林禅寺第二十三代慧公禅师塔”。幢塔通高 2.6 米，三层石檐承托于幢身上，上为宝珠，下为八方莲座，承以束腰石座，幢塔造型和谐优美，建于至元二十九年（1292）六月。“大万寿寺住持东川圆让铭，信聪书丹篆额。”

据塔铭略云：“师宣德府人（今河北宣化），俗姓史，五岁师本府龙华寺达公，训名道慧。既长丰质伟然，从亲教业《唯识》大论，洞明玄奥。后至奉圣州（今涿鹿县）龙岩寺，师从伯达伦公门下，伦公退席至燕，慧公畏及京师，与公作别。遍参诸方大德，后闻燕山浑恒间懒收归公法席之盛，挑囊奔扣礼牧公，勤于寺务。后值牧公寂逝，大都竹林寺云居倪公以偈语招之，乃入室领众。明年遣使法弟道海赉疏致请，就竹林开机缘，及本寺革律住持之。

“重修竹林禅寺，焕然一新，因自号龙华，云居倪公以年耄自称，命慧公授武。值年谷不登，艰于时事，而守道自固。自以年迈，称‘如其不寿，塔吾骨于潭柘祖茔，吾愿足矣。’

“慧公寿七十，幢塔由潭柘山第二十六代法侄德顺禅师建造。”

金元燕京竹林寺旧址，在今北京宣武区广安门外手帕口北街一带，这座寺院历代住持奉潭柘寺为祖庭，法脉交融，弘传燕京，禅门内外地位崇高。

道慧是临济宗耆宿懒牧归和尚弟子，与白瀑寺住持本勤为一师之传，塔文标示浑源州（山西浑源县）永安寺懒牧归和尚传承法脉与燕京竹林寺、潭柘寺之间的师承状况。

道慧禅师是潭柘寺住持德顺禅师的师叔，也是这种佛教传承的真实记录。这

一临济宗法脉可以上溯到竹林寺海西堂容庵老人，金末浑源州永安禅寺第一代归云大师。归云大师是懒牧悟归、海云印简之师叔，懒牧归禅师有弟子本勤、道慧，道慧以下有潭柘山二十六代德顺禅师。

在海云印简主持全国禅宗僧务时，朝廷给予这一系临济僧众极高礼遇与殊荣，均委任担当著名寺院住持。尤其在燕京、山西、河北诸多古寺，此现象最为突出，并一直延续到明代初期。

十九、潭柘山龙泉禅寺第二十三代宗公大禅师

潭柘寺塔院内存元代宗公禅师石幢塔，高达 3 米余，五层石檐，秀丽精良，为元至元九年（1272）建造。惟因年代久远，风剥雨蚀，幢身字迹多已漫沏磨灭，不可尽识。

宗公禅师行事之详，见《续高僧传》卷十四，但错讹较多，底本即来自此幢塔文。

师名觉宗，南姓，号秋溪（又一说松溪），为潭柘山龙泉寺第二十三代住持。陕西扶风人，父母奉佛，每年诣法门寺饭僧，时值 1231—1233 年蒙古大军攻金，社会动荡，宗公时当少年，被蒙古大军劫掠来到云中（今山西大同）一带。

其后稍长出家为僧，挈师到妫川青口山，不三年精通释典，尔后闻灵山法席大振，即挑囊往参，复往武州（今河北宣化）依英公传戒，时矾山（今河北涿鹿县矾山堡镇）县令遗书，请师住持圣因寺。不二年，又应潭柘山龙泉寺之请，出任住持一职。前后两次主持大法席，历时达十五年，至元九年前圆寂于潭柘寺，生卒年不详。

门人恒进为师建造幢塔，入室弟子有百余人之多，幢塔至元九年（1272）七月建造。

觉宗和尚出生在陕西，幼年被蒙古大军掠至燕京，自此生活于在今河北怀来县、涿鹿县、北京延庆县一带。而涿鹿一带金元属矾山县，元代后期县东有部分区域归入宛平县，即今北京门头沟区西部沿河城地段。如灵山、圣因寺（疑即灵

山东部清水乡韭山、椴木沟村，距燕家台村北龙门涧 30 里）等地。

北京第一高峰灵山主峰东侧，1982 年发现一个佛坑，发现埋于土中的唐代石坐佛三尊，头部已失。灵山南部大地沟风景如画，隙地间有唐代方形石塔，残存。北部沟谷的崖壁间有佛崖洞穴，残存石佛像，或许即圣因寺。明代重修称永翠寺，乡民俗称“剩银寺”，1984 年文物普查时遗址尚存。

二十、白铁山灵岳寺云庵禅师

白铁山灵岳禅寺，在门头沟区深山区斋堂镇所属灵岳寺村，地处山间坡地间。寺唐代创建，经五代、辽、金、元、明、清，历经重修，现存格局仍具壮阔面貌。寺院北部雄奇秀丽的白铁山如扇如屏矗立，有大气象。寺院旁清代民居宅院分置坡地间，具有浓烈的历史纵深感。

辽代称为白贴山院，僧众云集，寺院现状是元代初年重修后保留至今的旧有格局。

灵岳寺坐北朝南，前为砖雕券洞歇山顶式门楼，寺内前殿三间悬山式，梁架使用托脚、叉手，为元代遗构。其后正殿五间，为四大坡式庑殿顶，檐下施双昂五踩斗栱，高大崇宏。在两厢各有配殿六间，形成寺院完美格局。

灵岳寺历经明清重修，仍保存元朝建筑的典型法式风格，在北京地区是异常珍稀的元代古建筑范例。

灵岳寺后坡地间，旧存元初云庵禅师石幢塔，久毁，有塔记文留存。灵岳寺内存至元三十年（1293）《重修灵岳寺碑记》，为“通玄广照大禅师大都奉福禅寺退堂南溪老衲居实撰书”。

据塔记：“宗主云庵禅师，法讳缘恩，云庵号也。邓州（今河南邓县）双店张氏子，生不杂戏，性刚毅而慧，颇读书，家世务农，奉敬三宝。

“辛卯冬（蒙古太宗三年，1231）会天兵南渡归大元，壬辰（1232）春迁残民北来，抵燕而居。罹难之际，父母相继而亡，悲悼深思，拟报无计。

“癸卯春（乃马真后三年，1243）闻西宛平瑞云寺作水陆大会，拔济亡灵，情意豁然，若有所得，未知所向，访善众相携而来。投坛插简，上荐祖先考妣诸灵。预斯会靓升堂演法佛事，加持炬烛，荧煌播花，间错庄严种种实未见闻。仍自思惟欲行檀施贫其能为，我若出家躬行玄道，岂不为极思之渐也，邪愤然发心，确然而不回。师听言揣志，委的无妄，因下发、训是名，亲依左右，梵修精进。

“丙辰春（蒙古宪宗六年，1256）缘恩诣官府告争灵岳寺，时寺院被道士占据。至戊午春（1258）官府将灵岳寺归还僧众，缘恩禅师遂任灵岳寺住持。经近40年的募化建设，缘恩将灵岳寺修建一新，并广置田园、恒产以为香火供众之资，至元三十年（1298）示寂。”

百花山瑞云寺在百花山以南的房山区史家营乡曹家房村，是缘恩禅师祖庭。史家营明清时期属京都宛平县，1952—1958年隶属北京市京西矿区，1958年改为门头沟区时，将史家营乡划归房山县。

明《宛署杂记》记载：“瑞云寺为唐李克用、李存勖建亭百花山之所。有碑记云：寺始汉明帝时，历唐宋辽金元至我明，重建三十八次。元有赐敕，今不存。”

瑞云寺地处百花山南麓，是北京西山最重要的寺院，历史悠久，名僧辈出，所存元代佛教历史文物最著名。瑞云寺与北京西山的莲花庵、延福寺、护国显光寺、清水双林寺、斋堂灵岳寺构成西部山地的佛教体系格局。因历史上北朝灭佛，僧人多投奔幽州，幽州及西山佛教得已兴盛。

瑞云寺现存蒙古汗国时期《故大行禅师通圆懿公道行碑》，是寺僧有修为者，与缘恩禅师是同时期僧人。缘恩初始在瑞云寺禅修，其后到灵岳寺担任住持，并把寺院修复一新。

据灵岳寺至元三十年（1293）重修碑记称：“丙辰春（1256）遇上颁诏，勘当先生（道士）占住寺院，有无多寡，诸路通籍见数计四百八十二处，至戊午（1258）奉圣旨改正，将先生所占寺内二百三十七处断付僧人，余皆廻免。”

灵岳寺是这个历史事件中，由道士归还佛教的寺院之一。

缘恩禅师并把此事刻诸碑阴：

“大元岁次戊午（1258）奉钦奉圣旨改正此寺时知见耆老人员：东斋堂：王升、

王运兴、贾禄、王兴、王坚、李仲元、刘资秀、刘文义、口提领。西斋堂：聂元帅、韩甫元、史仁信、李资秀，杜琳、齐整、杜玉、祖荣、杜资禄，曹用。落发小师：显福、显遇，显令、显利、显真、显如、显妙、显觉、显从、显乡，显净、显就、显元、显志、显安、显顺、显孝、显敬、显来、显柔、显相、显正、显勤、智兴。住持宗主云庵禅师遗嘱：小师辈并十方僧众，勿论年甲大小，戒腊前后，非礼谋夺甲乙主持倪无……（碑斜失一角）举有道心，向常住能干办之人，纵年卑戒近，众当礼请住持之。伏望寺门兴盛，法道流行，幸各遵依……之人，当聚众烧衣出寺。各处官司请依遗诫，毋得受礼（理）。大元至元三十年月日遗诫，灵岳寺住持宗主云庵禅师。”

（著者注：本文发表于 1994 年，刊载在北京市文物研究所编辑《北京文物与考古》第四辑。此后寻找到两位曹洞宗高僧事略，应北京佛教文化研究所诚约，编辑这本文集时新增补入，都是金元之际万松老人嫡传弟子，具重要史料价值。复考虑云峰从檀禅师幢塔太过重要，内容涉及金元时期大报恩寺史事，可以廓清寺史迷雾，遂独立成篇，以示其重。从檀禅师事迹不仅广济寺大德愿看到，唱法西山龙泉寺的学诚法师也为寺史寻到了源头！）

二十一、万松老人弟子迴光从信禅师幢塔

迴光从信禅师幢塔现存于北京顺义区文物管理所，仅存幢身。据塔铭略云：

> 特赐宣授洞奥兴福开山祖师讲主迴光信公灵塔。……时大元宣授洞奥兴福大师讲三学传戒沙门、大广济寺开山祖师迴光之灵塔铭。……故我祖师信公者，乃顺州温阳郡河濒乡奉伯村蔺温之子也，母曰杨氏。生而聪敏，容貌秀丽，始于龆龀之岁，不与童戏，语出超群。父母观瞻似宝，六亲视之如珠，耆艾喟然嗟之！叹曰：俗业无缘，空门有分。蔺乃礼到通州净安寺开山住持传法祖师万松和尚为师，落发披缁，训讳从信。每日侍巾洒扫，朝暮习诵经文。弱冠，三教尽穷通授，具群书、皆备览，遍讲肆、参访明师道业，成隆安嗣法。开演奥旨，雅尚性宗之造。阐扬论文，优通治要之精。度徒

具于万指，饘僧素亿百千。□灵修道，开人天之正路。

隆安茸阁涌珍宝，神鬼通语五台。手内焚香，纤毫无损。所住名蓝，遍刹倾心。僧俗求戒于当时，道风远布乎。

元国睿智□□特赐法号，曰宣授洞奥兴福大师，道号迴光，金字戒本、锦襕法衣。自尔戒光不坠，持□□□□□力也！

□□□□□僧腊不惑馀，迄于至元二十三年九月中示其微疾辞众，……门徒分骨于六处，时常放光于图……

特赐宣授普明净慧大师讲经律论沙门大都大崇国寺住持孤峰学吉祥，特赐宣授圆通妙辩大师讲经沙门通州大净安寺住持炼霞明吉祥……大都路顺州河濒乡北采大广济寺住持讲经沙门瑞严祥吉祥……

至正八年（1348）岁次戊子丁巳月乙□日法孙瑞严、王纲同立石。

著者考记：此篇塔铭追述迴光从信禅师金元之际经历，他在万松老人门下受戒，并成为金元时期曹洞宗盘山系高僧隆安善选国师的法嗣。金元两代，燕京南北崇国寺一脉相承，以隆安善选为祖师，隆安善选塔建在崇国寺塔院，即今北京西郊八宝山前。元初著名高僧海云印简青年游学，曾在隆安善选国师门下参学。